Ina Karg
Orthographie

Germanistische Arbeitshefte

Herausgegeben von
Thomas Gloning und Jörg Kilian

Band 46

Ina Karg
Orthographie

―

Öffentlichkeit, Wissenschaft und Erwerb

DE GRUYTER

Wissenschaftlicher Beirat zu diesem Band:
Prof. Dr. Christina Noack (Osnabrück)
Prof. Dr. Dieter Nerius (Rostock)

ISBN 978-3-11-037442-1
e-ISBN (PDF) 978-3-11-036667-9
e-ISBN (EPUB) 978-3-11-039438-2
ISSN 0344-6697

Library of Congress Cataloging-in-Publication Data
A CIP catalog record for this book has been applied for at the Library of Congress.

Bibliografische Information der Deutschen Nationalbibliothek
Die Deutsche Nationalbibliothek verzeichnet diese Publikation in der Deutschen Nationalbibliografie; detaillierte bibliografische Daten sind im Internet über http://dnb.dnb.de abrufbar.

© 2015 Walter de Gruyter GmbH, Berlin/München/Boston
Druck und Bindung: CPI books GmbH, Leck
♾ Gedruckt auf säurefreiem Papier
Printed in Germany

www.degruyter.com

Inhalt

Einleitung —— 1

1 Grundlagen und Grundfragen —— 3
1.1 Was ist Orthographie? —— 3
1.2 Sinn und Zweck von Orthographie, von orthographischem Wissen und Können —— 5
1.2.1 Schreibkompetenz —— 5
1.2.2 Orthographisches Wissen: gespeichert, gelernt – und beiseite gelegt —— 9
1.2.3 Orthographisches Können —— 10
1.3 Geschichte der (amtlichen) Orthographieregelungen in Deutschland —— 11
1.3.1 DUDEN – eine Erfolgsgeschichte —— 12
1.3.2 Rechtschreibreformen im 20. Jahrhundert: Wie es zu der letzten Reform kam —— 13
1.3.3 Die wichtigsten Neuerungen der letzten Reform —— 14
1.4 Aufgaben —— 17

2 Popularität der Orthographie —— 18
2.1 Das Interesse der Öffentlichkeit an der ›richtigen‹ Sprache —— 18
2.2 Der Orthographie-Diskurs 1996-2006 —— 22
2.3 Reputation der Orthographie und Wirklichkeit des Schreibens —— 28
2.3.1 Falsche Vorstellungen vom richtigen Schreiben —— 28
2.3.2 Neue Kommunikationsmedien und Orthographie —— 33
2.4 Die Umsetzung der jüngsten Orthographiereform —— 35
2.4.1 Einige Befunde aus dem Bericht des Rats für deutsche Rechtschreibung —— 35
2.4.2 Was Kinder finden – eine kleine Korpusuntersuchung —— 35
2.5 Aufgaben —— 40

3 Orthographie in der Sprachwissenschaft —— 42
3.1 Sprechen und Schreiben: Lautsystem und Schriftsystem —— 42
3.2 Die deutsche Orthographie: Prinzipien der Verschriftung —— 48
3.3 Diskussion der Möglichkeiten von Einteilungen und Zuordnungen —— 70
3.4 Orthographie als Verbindung aller Bereiche des Sprachsystems —— 72
3.5 Aufgaben —— 78

4 Orthographiedidaktik und Orthographieerwerb —— 80
4.1 Von den Möglichkeiten, Orthographie zu lehren —— 80
4.1.1 Drei Verfahren im Grundsatz —— 80
4.1.2 Orthographiedidaktik aus historischer Perspektive —— 81
4.2 Orthographiekenntnisse erwerben —— 85
4.2.1 Grundsätzliches zum Erwerb der Schriftsprache —— 85
4.2.2 Modellierung des Erwerbsprozesses —— 87
4.2.3 Erwerbsmodelle als Diagnoseinstrumente? —— 91
4.2.4 Fehlertypologien als Möglichkeit des Erkenntnisgewinns —— 93
4.3 Pädagogische Psychologie, Phonologische Bewusstheit – und die Folgen —— 96
4.3.1 Forschung zur Phonologischen Bewusstheit —— 96
4.3.2 Populäre Test- und Förderprogramme —— 99
4.4 Vermittlung von Orthographie —— 102
4.4.1 Unterricht in Orthographie —— 102
4.4.2 Orthographie in den Vorgaben für den Deutschunterricht —— 106
4.4.3 Fragen, die sich für die Vermittlungsarbeit in der Schule stellen —— 109
4.4.4 Diktate, Diktatkritik, Alternativen – und deren Kritik —— 111
4.5 Aufgaben —— 115

F4 Additum —— 118
Förderung der Orthographiefertigkeiten von Lernenden —— 118
F 4.1 Didaktik-Poster —— 119
F 4.2 Schlagzeilen —— 120
F 4.3 Didaktisierte Texte —— 121
F 4.4 Wortwirbler —— 122

5 Andere Länder und lebenslange Aufmerksamkeit —— 123
5.1 Schriftsysteme und Orthographie —— 123
5.1.1 Englisch —— 124
5.1.2 Französisch —— 125
5.1.3 Tschechisch —— 128
5.1.4 Finnisch —— 129
5.2 Lebenslange Aufmerksamkeit – Lebenslanges Lernen —— 131
5.3 Aufgaben —— 135

6   Lösungshinweise —— 136

Bibliographie —— 141

Sachindex —— 151

Personenindex —— 153

Einleitung

Das vorliegende Arbeitsheft thematisiert einen Bereich der Sprache, der vermeintlich klar erscheint wie kein anderer: Man hält sich an Regeln und schreibt richtig. Tatsächlich laufen aber Situationen, die schriftsprachlich zu bewältigen sind, so nicht ab. Orthographie ist daher alles andere als unproblematisch. Der Bereich hat wie jeder andere unserer Sprache unterschiedliche wissenschaftliche Positionen hervorgerufen und Kontroversen erfahren. Dazu kommt, dass er in der Öffentlichkeit vor allem im Zuge von geplanten und dann tatsächlich durchgeführten Neuregelungen der Schreibung sehr präsent ist und seine Diskussion in der Gesellschaft mitunter von heftigen Emotionen begleitet war und ist. Nicht zuletzt ist Orthographie eine wichtige Komponente im Bildungsauftrag der Schule. Denn wie auch immer man ihre Bedeutung einschätzen mag, so ist es doch eine Tatsache, dass der Schriftspracherwerb für Kinder in einer heutigen Gesellschaft zu den unverzichtbaren Grundlagen für eine erfolgversprechende Lebensbewältigung gehört. Und schreiben können bedeutet auch, so schreiben zu können, dass eine kompetente Teilhabe an der schriftsprachlichen Kommunikation garantiert ist. ›Richtig‹ schreiben, es lernen und es können, ist wichtig. Gerade deswegen bedarf es eines differenzierten Blicks auf den Gegenstand.

In den folgenden Kapiteln dieses Arbeitsheftes wird Orthographie aus verschiedenen Perspektiven bearbeitet: Zunächst werden einige grundlegende Überlegungen angestellt, dann richtet sich der Blick auf die öffentliche Sphäre, auf die Sprachwissenschaft und auf didaktische Aussagen zum Erwerb und zur unterrichtspraktischen Tätigkeit. In einem letzten Kapitel werden die Orthographien einiger anderer Sprachen betrachtet, wobei eine Beschränkung auf solche erfolgt, die für ihre Schriftstücke – wie im Deutschen – das lateinische Alphabet nutzen. Komponenten der einzelnen Kapitel werden immer wieder aufeinander bezogen und teilweise auch auf ihre historischen Hintergründe und ihre Genese befragt. Auf eine Geschichte der deutschen Orthographie als Narrativ allerdings wird verzichtet.

Das Arbeitsheft will Einsichten in das Gegenstandsfeld vermitteln; es appelliert an einen fundierten, kritischen Blick auf diesen facettenreichen Bereich der Sprache und versteht sich vor allem auch als anwendungsorientiert. Daher werden illustrierende Beispiele einbezogen wie etwa ›Fundstücke‹ aus dem Alltag und kleine Arbeiten von Lernenden. Das Buch nennt auch Ansätze für Fördermöglichkeiten im Unterricht, auch mitunter aus kritischer Sicht, wo dies erforderlich ist, und gibt anhand von veranschaulichend-konkreten Übungsmaterialien in einem Exkurs Hinweise für Lehrpersonen, selbst Fördermaterial herzustellen. Angesprochen sind Studierende der Germanistik, insbesondere des Lehramts (aber nicht nur), Referendarinnen und Referendare, Lehrerinnen und Lehrer des Faches Deutsch sowie Verantwortliche für schulinterne Lehrerfortbildung. Wissenschaft und Praxis, Modellbildung und Befunde aus der gesellschaftlichen und schulischen Realität werden aufeinander bezogen – dies nicht im Sinne eines Verhältnisses von Gebenden und Nehmenden, sondern in wechselseitiger Sinnzuweisung und Verantwortung.

Der Bereich Orthographie ist eingehend bearbeitet. Weder die Forschungsliteratur zur sprachwissenschaftlichen Bearbeitung noch die fachdidaktischen Aussagen und erst recht nicht alle Unterrichtsmaterialien, die Lehrenden für die verschiedenen Anliegen bzw. Jahrgangsstufen und Kompetenzniveaus ihrer Lernenden im Angebot der Verlage und des Buchhandels zur Verfügung stehen, können hier einbezogen oder auch nur annähernd aufgeführt werden. An einschlägigen Stellen ist jedoch auf wichtige Arbeiten hingewiesen. Was für die Literatur gilt, das trifft auch für den Gegenstand Orthographie selbst zu: Die Vielfalt, die der Titel mit den Komponenten »Öffentlichkeit, Wissenschaft und Erwerb« signalisiert, kann im vorgegebenen Umfang dieses Arbeitsheftes nicht mit dem Detailreichtum ausgeführt werden, der eigentlich erforderlich wäre. Doch über die Aufgaben, die sich an jedes Kapitel anschließen, können Interessierte ihre Sicht noch einmal erweitern. Da sie zur Weiterarbeit gedacht sind, gibt es in vielen Fällen keine ›Lösungen‹ im herkömmlichen Sinne. Vorgeschlagen werden daher lediglich Wege, die für die Arbeit zu beschreiten wären.

1 Grundlagen und Grundfragen

1.1 Was ist Orthographie?

Auf diese Frage hat Julius Georg Schottelius 1676 folgende Antwort gegeben:

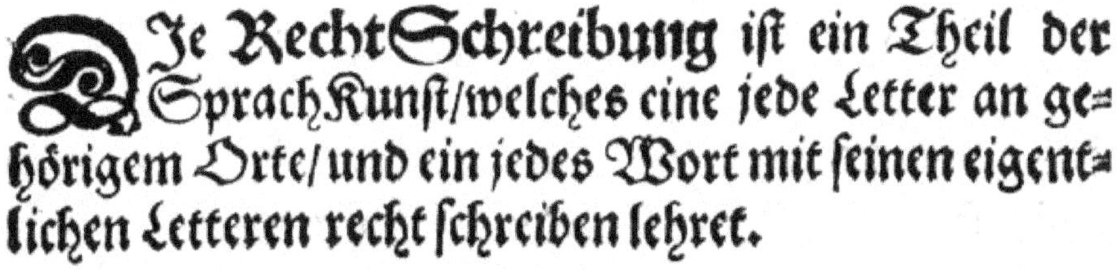

> Die RechtSchreibung ist ein Theil der SprachKunst/ welches eine jede Letter an gehörigem Orte/ und ein jedes Wort mit seinen eigentlichen Letteren recht schreiben lehret.

Abbildung 1: »Rechtschreibung« bei Julius Georg Schottelius (1676: 16)

So einfach die Antwort klingt, so schwierig ist es, das zu tun, was sie besagt, nämlich »eine jede Letter an gehörigem Orte« zu setzen. Was ist »recht schreiben«?

Die Schwierigkeit beginnt bereits mit dem Wort *Orthographie*. Denn mit der Entscheidung für die Schreibung <Orthographie> begibt man sich mitten in eine Diskussion um das richtige Schreiben und man könnte sagen, dass damit schon der Kern dieses Buches, seiner Inhalte und seiner Nutzung getroffen ist. Gleichzeitig erweist sich dadurch die Auffassung, bei der Orthographie handle es sich um den am einfachsten zu bewältigenden Bereich sprachwissenschaftlicher, sprachdidaktischer oder unterrichtlicher Arbeit, als unzutreffend. Was bewegt eine Verfasserin oder einen Verfasser eines Schriftstücks, <Orthographie> zu schreiben und nicht etwa <Orthografie>? Und was hindert sie oder ihn daran, eine der folgenden Schreibungen zu verwenden?

*orthographie – *orthografie – *Ortographie – *Ortografie – *ortographie – *ortografie

Die Antwort, so einfach sie aussehen mag, bringt zugleich einen weiteren Aspekt des komplexen Bereiches der Sprache in den Blick: Entscheiden *konnte* sich die Verfasserin dieser Zeilen für <Orthographie> und gegen <Orthografie>, da ihr die amtlichen Regeln (Deutsche Rechtschreibung 2006) die Wahl erlauben, und sie sich ferner in einer Publikation für den Bildungsbereich im Rahmen ebendieser amtlichen Regeln bewegen muss. Die Schreibungen *orthographie – *orthografie – *Ortographie – *Ortografie – *ortographie – *ortografie scheiden damit aus, selbst wenn die Verständlichkeit der Aussagen, die in dem Schriftstück getroffen werden, durch die Entscheidung für eine dieser Varianten nicht gefährdet wäre. Dies wäre erst der Fall, wenn es zu einer völligen Entstellung des Wortes käme. Dabei sind jedoch die Grenzen fließend, und das tatsächliche Verständnis wie auch die Toleranzgrade sind je nach Rezipient oder Rezipientengruppe unterschiedlich: Durch die Lektüre von Schülertexten beispielsweise erwerben Lehrerinnen und Lehrer eine spezifische Verstehenskompetenz, auch solche sprachlichen Erscheinungen zu verstehen, die mit dem amtlichen Regelwerk (Deutsche Rechtschreibung 2006) nicht konform sind, dürfen sie aber qua Bildungsauftrag nicht auch schon in Akzeptanz umsetzen. Das amtliche Regelwerk gilt als Zielvorgabe vor allem für sie. Die deutschsprachige Öffentlichkeit schreibt häufiger <Orthographie> als <Orthografie>. Am 11.03.2014 spielt das DeReKo des Instituts für Deutsche Sprache, Mannheim (W-öffentlich – Archiv der geschriebenen Sprache) folgende Treffer zurück:[1]

Tabelle 1: Häufigkeit der Schreibungen *Orthographie/Orthografie*

Stichwort	Treffer	Texte	Dokumente	Jahrgänge	Quellen
Orthographie	2.841	1991	1352	30 (1946-2013)	38
Orthografie	950	782	602	19 (1995-2013)	30

Die Zahl der Treffer für <Orthografie> sind klar in einen zeitlichen Zusammenhang mit der jüngsten deutschen Orthographiereform zu bringen. Die Variante taucht vor dem Jahr 1995 im W-Archiv nicht auf.

Entschieden *hat* sich die Verfasserin dieses Arbeitsheftes für die amtlich zugelassene Variante <Orthographie>, da sie um die Bestandteile dieser Variante als Zusammensetzung weiß und die Herkunftssprache der beiden Komponenten kennt: Altgriechisch bedeutet ὀρθός ›richtig‹ und γράφειν ›schreiben‹. Das griechische Schriftzeichen <θ> wird in der lateinischen Schrift als <th> realisiert, das Schriftzeichen <φ> als <ph>. Es wäre höchst merkwürdig, wollte man für den ersten Bestandteil von <Orthographie> die Herkunftssprache noch signalisieren und damit ein etymologisches Verschriftungsprinzip geltend machen, für den zweiten hingegen nicht.

Zieht man vorläufig Bilanz, so kann Folgendes bereits festgehalten werden:
– Die Verständlichkeit ist sicherlich ein wichtiges Kriterium für Schriftstücke, alleine reicht sie jedoch nicht aus. Denn das Kriterium ist ›weich‹, d.h. verschiedene Kommunikationspartner können unter ›Verständlichkeit‹ Unterschiedliches verstehen.
– Daher gibt es Festlegungen, die eine Sprechergemeinschaft trifft, um allgemein die Verständlichkeit der schriftlichen Kommunikation sicherzustellen. Diese Vereinbarungen zu formulieren, wird mittlerweile Experten als Aufgabe übertragen, um zu gewährleisten, dass Entscheidungen *wissenschaftlich* erfolgen –

---

[1] https://cosmas2.ids-mannheim.de/cosmas2-web <11.03.2014>; siehe ›Release-Chronik‹ zur aktuellen bzw. verwendeten Version unter http://www.ids-mannheim.de/DeReKo.

nicht etwa willkürlich oder durch bestimmte, möglicherweise ideologisch geprägte Interessen getroffen werden. Nicht immer war dies so.
- Bei diesen Festlegungen gibt es Spielräume, auch und gerade innerhalb des gegenwärtig im deutschen Sprachraum bzw. in der Bundesrepublik Deutschland gültigen amtlichen Regelwerkes (Deutsche Rechtschreibung 2006).
- Kriterien für Entscheidungen, die Verfasser von Schriftstücken innerhalb der Spielräume treffen müssen, erfordern die Kenntnis von Orthographieprinzipien. Am Beispiel von <Orthographie>/<Orthografie> betrifft dies das etymologische und ästhetische Prinzip: Ersteres beruht auf Wissen, Letzteres auf Geschmack und Gewohnheit.
- Auf jeden Fall hat der Bereich Orthographie auch eine nicht zu vernachlässigende historische Komponente. Zu unterschiedlichen Zeiten waren die Vereinbarungen unterschiedlicher Art, und bei einer Orthographiereform werden auch nicht notwendigerweise alle bisherigen Publikationen umgeschrieben. Die Mitglieder einer Sprechergemeinschaft stoßen daher im Alltag immer wieder auch auf Varianten, die nicht dem gegenwärtig gültigen amtlichen Regelwerk (Deutsche Rechtschreibung 2006) entsprechen – auch und gerade Kinder, wenn sie Büchereien nutzen oder einander Bücher ausleihen.
- Daher ist es wichtig, sich noch einmal klar zu machen, was Sinn und Zweck von Orthographie, orthographischem Wissen und Können ist.

1.2 Sinn und Zweck von Orthographie, von orthographischem Wissen und Können

1.2.1 Schreibkompetenz

›Orthographie‹ bedeutet schlichtweg nichts anderes als richtig zu schreiben. Es geht also darum, dass jemand etwas aufschreibt, das von anderen gelesen werden kann, und dass er sich dabei an die vorgegebenen Festlegungen hält, die mittlerweile die meisten Sprechergemeinschaften in unterschiedlich verbindlicher Form getroffen haben. Es wäre unsinnig, etwas falsch zu schreiben oder nicht – nach Möglichkeit – zu garantieren, dass der Verfasser selbst oder ein anderer zu gegebener Zeit das Aufgeschriebene wieder lesen kann. Um dies zu gewährleisten, benutzt ein Verfasser die in seiner Sprachgemeinschaft üblichen Zeichen bzw. lernt die einer anderen, um ggf. kommunikativ erfolgreich handeln zu können, und nutzt sie so, dass er die Verständlichkeit im oben beschriebenen Sinne garantiert. Auf der anderen Seite steht derjenige, der auf ein Schriftstück trifft und seinerseits mit den Zeichen und Zeichenkombinationen vertraut sein muss, um tatsächlich auch das verstehen zu können, was er verstehen soll oder will. Schrift, verstanden als potentiell Sinn generierender Zeichenvorrat, dessen Elemente ausgewählt und kombiniert werden, um tatsächlich Sinn zu schaffen, ist eine kulturelle Errungenschaft und hat eine Reihe von Funktionen. Es sind dies private, öffentliche und eine Verschränkung von beiden. Die Gewährleistung von Verständlichkeit ist unabdingbar für alle Funktionen von Schrift. Darin liegt auch die Begründung für die Notwendigkeit, um die Orthographie, d.h. das richtige und Verständlichkeit gewährleistende Verfassen von Schriftstücken, zu wissen, und dieses Wissen auch anwenden zu können (vgl. Hinney 2011: 195). Orthographie dient dazu, dass jemand etwas so schreibt, dass er und andere es lesen können, und zwar dauerhaft. Dies betrifft alle Funktionen des Schreibens.

1. Die Funktion des richtigen Schreibens für ein Individuum
Nur wenn jemand ausschließlich für sich etwas schreibt oder aufschreibt, wäre es ihm vollkommen selbst überlassen, so zu schreiben, wie er will. Falls er jedoch zu einem späteren Zeitpunkt sein Schriftstück wieder lesen möchte, muss er im Falle einer völligen Missachtung aller Regeln, Konventionen – auch ggf. selbst gesetzter – ein großes Erinnerungsvermögen haben, um noch zu wissen, was er geschrieben hat. Ein Kind in der so genannten ›Kritzelphase‹ (vgl. Kapitel 4.2.2) wird möglicherweise spontan erklären, was es aufgeschrieben hat, wird aber nach Wochen nicht unbedingt mehr dieselben Erklärungen geben (Karg 2008: 137ff.). Die völlige Idiosynkrasie mit keinerlei Kommunikationsfunktion wäre als einzige Situation denkbar, in der richtiges Schreiben nicht von Bedeutung wäre.

2. Die Funktion des richtigen Schreibens für die Alltagskommunikation
Selbst bei einem vollkommen idiosynkratisch verfassten Einkaufszettel, für dessen Abfassung auf den ersten Blick gesehen keine Kenntnis der Orthographie erforderlich zu sein scheint, müssen Festlegungen einer Sprechergemeinschaft zu den schriftsprachlichen Normen bedacht werden. Andernfalls kommt es beim Abgleich mit den Waren im Supermarkt möglicherweise zu Irritationen. Denn in dem Moment, in dem der Verfasser eines Schriftstücks sich in der Öffentlichkeit bewegt und mit anderen in Kontakt tritt, kann er auf Regelungen, Vereinbarungen und ihre Beachtung nicht gänzlich verzichten. Menschen tauschen Botschaften aus – mittlerweile auch wieder eher schriftlich bzw. in einer besonderen Schriftform per Fax und E-Mail als per Telefon. Auch wenn sich dabei in der Schreibkultur ein historischer Wandel vollzogen zu haben scheint und in den westlichen Kulturen zumindest die Kalligraphie zugunsten der Orthographie an Bedeutung verliert, so spielt doch auch bei einem mit dem Textverarbeitungsprogramm verfassten Schriftstück die Optik zumindest keine unerhebliche Rolle. Ganz abgesehen davon wäre es nachlässig, sich voll und ganz auf die Orthographieprüfung des Textverarbeitungsprogramms zu verlassen.

3. Die Funktion des richtigen Schreibens als ›kulturelle Teilhabe‹

Über die unmittelbar nützliche Alltagskommunikation hinaus ermöglicht die Kenntnis der Schrift und ihres konventions- und vereinbarungsgemäßen Einsatzes eine weitergehende kulturelle Beteiligung derjenigen Menschen, die schreiben können. Nur in einer Schriftkultur kann die Existenz und die Weitertradierung eines ›kulturelles Gedächtnisses‹ (Assmann) garantiert werden. Schrift hat die Chance, Bestand und Dauer zu schaffen. Neben der Auswahl eines stabilen Trägermediums gehört dazu wiederum die Verständlichkeit, und wo sie nicht (mehr) unmittelbar gegeben ist, die Möglichkeit, sie herzustellen. Dass die Nachwelt Botschaften vergangener Kulturen ›lesen‹ konnte, hatte zur Voraussetzung, dass die einstigen Verfasser regelhaft und systematisch ihre Zeichen gesetzt haben. Durch die Kenntnis und Nutzung von Schrift schreibt sich jeder Verfasser in das kulturelle Geschehen der Gegenwart ein und trägt dazu bei, dass davon etwas bewahrt werden kann. Lässt die deutsche Bezeichnung ›Analphabetismus‹ für Schreibunkundige dabei an eine allgemeine Unkenntnis der Buchstaben denken, so liegt die englische Bezeichnung *illiterate* für Personen, die des Lesens und Schreibens unkundig sind, näher bei dem lateinisch-mittelalterlichen Unterschied zwischen *literatus* und *illiteratus* und weist auf Teilhabe an der Schriftkultur hin: Wer das Können hat, gehört zu einer Gruppe, die sich durch ebendieses Können von anderen unterscheidet. Für demokratisch sich verstehende Gemeinschaften kann diese Teilhabe kein Privileg sein, das bestimmten Gruppierungen vorbehalten ist. Orthographie ist kein Zusatz, sondern die Voraussetzung jeder gesellschaftlichen Teilhabe. Der systematische Gebrauch vereinbarter Zeichen der Schriftkultur verleiht dem menschlichen Dasein demnach Bedeutung über die Flüchtigkeit des Alltags hinaus. Orthographie unterstützt in nicht unerheblichem Maße diese Bedeutungsgenerierung und -bewahrung. Eine Orthographiereform ist, so besehen, eine Störung in der Kontinuität schriftlicher Zeugnisse. Es gibt Sprachen bzw. Sprechergemeinschaften, die möglicherweise aus diesem Grund den bewahrenden Charakter ihrer Schrift ernster nehmen als andere und keine Orthographiereformen durchführen (vgl. Kapitel 5.1.1 und 5.1.2).

4. Die Funktion des richtigen Schreibens in der ›kognitiven Biographie‹ eines Menschen

Die Schrift zu lernen und sie nutzen zu können ist ein wichtiger Schritt in der geistigen Entwicklung eines jeden einzelnen Menschen. Damit verschafft er sich einen neuen Zugang zu und eine andere, reflektierte Wahrnehmung von Sprache. Dies liegt daran, das im Unterschied zum Sprechen das Schreiben als Kommunikationsform verlangsamt ist. Denn welches Trägermedium auch immer genutzt wird: Schreiben erfordert gegenüber dem mündlichen Ausdruck mehr Zeit und ermöglicht – um nicht zu sagen: erfordert – ein Mehr an Überlegung, um den Ausdruck zu wählen, der für den Ausdruck*wunsch* angemessen erscheint und den kommunikativen Erfolg garantiert. Die Garantie ergibt sich zumindest nicht immer selbstverständlich, sondern verlangt nicht selten bewusste Entscheidungen und damit Kenntnisse der

Entscheidungs*optionen*, die ein Verfasser überhaupt hat. Schreiben ist stets auch eine metakognitive Tätigkeit, die das Instrument Sprache nicht nur spontan und unwillkürlich gebrauchen lässt, sondern den Gebrauch reflektierend begleiten kann. Nicht von ungefähr lernen daher Kinder nicht mit dem Sprechen zugleich auch schon das Lesen und das Schreiben, sondern brauchen dafür erst die entwicklungspsychologischen Voraussetzungen. Allerdings ist gerade die metakognitive Tätigkeit eine wichtige Komponente in Bildungsprogrammen (oder sollte das zumindest sein), die für die jungen Adressaten eine auf Kenntnissen beruhende Gestaltung schriftlicher Ausdruckwünsche gewährleisten muss. Orthographiekenntnisse gehören zur Sprachreflexion. Menschen sollten die Möglichkeit haben, zu wissen, was sie tun und warum sie es tun, wenn sie etwas tun.

5. Richtiges Schreiben in ordnungsstiftender Funktion: »Sprache – Denken – Wirklichkeit«
Das Zitat der Arbeit von Benjamin Lee Whorf (2008) soll keine Wiederbelebung der harten These signalisieren, dass die Sprache mit Wortschatz und Grammatik ein bestimmtes Weltbild festlege. Dennoch wird zu betonen sein, dass Sprachaneignung und Welteignung nicht getrennt verlaufen. Dadurch, dass die Schriftsprache und ihre Verwendung dem Individuum Reflexionsmöglichkeiten zur Verfügung stellt, bietet sie eine Unterstützung der Konstruktionsarbeit, die zu leisten ist, um sich in der Welt zurechtzufinden. Dies bedeutet keine Festlegung auf bestimmte Weltsichten, sondern vielmehr eine metakognitive Begleitung der Wechselwirkung von Sprachvermögen und Weltsicht. Andererseits ist damit jedoch auch nicht gemeint, dass dem Schreiben eine heuristische Funktion zuerkannt wird, denn dadurch, dass jemand etwas aufschreibt, denkt er nichts Neues, sondern bringt Ordnung in sein Denken und gibt ihm Struktur. Schreiben ist Unterstützung, nicht Ersatz für Denken. Je ›ordentlicher‹ das Schriftstück verfasst ist, desto mehr ist dies der Fall.

Schreiben objektiviert nicht nur die Gedanken eines Einzelnen und macht sie damit der Betrachtung zugänglich, die weder bei einem meditativen Gedankenfluss noch in mündlicher Sprache zu leisten wäre: Auch für die Gemeinschaft hat die Schriftsprache eine ordnungsstiftende Funktion: Zu denken ist an Gesetzestexte, Vereinbarungen, Protokolle und Kommentierungen bis hin zu Begrifflichkeiten als Grundlagen dafür, dass das Zusammenleben geordnet verläuft. Hierfür müssen Aufzeichnung und Wiedererkennung bzw. Erfassung dauerhaft gewährleistet sein. Gegenüber anderen Codes der Fixierung beruhen Alphabetschriften auf einer Art ›generativem Prinzip‹, d.h. mit vergleichsweise wenigen Zeichen kann eine unendliche Zahl an Ausdruckswünschen umgesetzt werden.

6. Die Funktion des richtigen Schreibens in der Therapie und in Ausnahmesituationen

Schreiben kann als Therapie zur psychischen Gesundung dienen, bei der sich Patienten von seelischen Belastungen befreien können (sollen). Allerdings wäre auch dabei zu garantieren, dass mit Worten, Sätzen und Texten Sinn entsteht oder zumindest entstehen kann, der eine Rückbindung an die gesellschaftliche Kommunikation erlaubt. Auch potentiell sinngenerierendes Schreiben ist ohne die Regularitäten, die für Wort, Satz und Text gelten, nicht denkbar. Denn wer Expressivität nicht in sinnvolle Worte, Sätze und Texte gießen kann, wer sich dabei als Individuum isoliert und keinen Anschluss an die gesellschaftliche Kommunikation und ihre Diskurse findet, für den hat sein ›Schreiben‹ auch keine sinnstiftende und damit auch keine therapeutische Funktion.

Orthographie ist so besehen ein Code, d.h. eine aus Details bestehende Vereinbarung mit Verbindlichkeit und Nachhaltigkeit, die die schriftsprachliche Verständigung in einer Gesellschaft aktuell und mit langer Dauer gewährleistet. Schriftlose Kulturen galten mitunter als ›primitiv‹ oder im Zuge der Globalisierung als hoffnungslos unterlegen. Dies wird inzwischen differenzierter gesehen. Vor allem muss festgestellt werden, dass sie andere funktionierende Codes entwickelt haben, um stabile und verlässliche Vereinbarungen zu treffen und sich zu verständigen (Haarmann 2011: 11ff.). In demokratisch sich verstehenden, modernen Gesellschaften ist prinzipiell niemand von der Schriftkultur ausgeschlossen. Andere und frühere Kulturen mögen ihren Zugang anders geregelt haben. Die bewahrende Funktion von Schrift ist auch ein religiöses Moment gewesen und nicht zuletzt bedeutete (und bedeutet noch) der Zugang zur Schrift einen Zugang zum Wissen.

1.2.2 Orthographisches Wissen: gespeichert, gelernt – und beiseite gelegt

> Das folgende amtliche Regelwerk, mit einem Regelteil und einem Wörterverzeichnis, regelt die Rechtschreibung innerhalb derjenigen Institutionen (Schule, Verwaltung), für die der Staat Regelungskompetenz hinsichtlich der Rechtschreibung hat. Darüber hinaus hat es zur Sicherung einer einheitlichen Rechtschreibung Vorbildcharakter für alle, die sich an einer allgemein gültigen Rechtschreibung orientieren möchten (das heißt Firmen, speziell Druckereien, Verlage, Redaktionen – aber auch Privatpersonen). (Deutsche Rechtschreibung 2006: 7)

Mit diesen Worten leiten die Verantwortlichen das neueste amtliche Regelwerk (Deutsche Rechtschreibung 2006) für die Deutsche Rechtschreibung ein, das als Ergebnis der ausführlichen Diskussionen über eine Neuformulierung der deutschen Orthographie verabschiedet wurde. Bekanntlich hat sich die Diskussion über 10 Jahre hingezogen. Vorläufer hat es schon viel früher gegeben.

Wie sieht nun die Wirklichkeit der öffentlichen Kommunikation in den deutschsprachigen Ländern aus? Aufschlussreich ist erneut der Umgang mit dem Wort *Orthographie* und potentielle Varianten.

Tabelle 2: Vorkommen gültiger und nicht gültiger Schreibvarianten zu *Orthographie*

Variante	Treffer	Texte	Dokumente	Jahrgänge	Quellen
orthographie	25	21	21	5 (2007-2011)	1
orthografie	10	8	8	3 (2008/10/11)	1
ortographie	3	3	3	3 (2008/10/11)	1
ortografie	----	----	----	----	----
Ortographie	47	41	40	11 (1995-2011)	8
Ortografie	53	44	42	12 (1992-2011)	11
Orthografie	950	782	602	19 (1995-2013)	30
Orthographie	2.841	1991	1352	30 (1946-2013)	38

Die Befunde legen die Vermutung nahe, dass die deutsche Spezialität der Großschreibung von Substantiven als wichtiger erachtet wird als die etymologische Herkunft eines Wortes bzw. seiner Teile. Ganz offensichtlich ist in der öffentlichen Kommunikation die Großschreibung präsent; dies bedeutet jedoch keineswegs eine stets korrekte Anwendung! Außerdem weiß man offenbar von der Tatsache neuer Vereinbarungen, die für die Rechtschreibung getroffen wurden, gekannt werden sie allerdings nicht unbedingt.

1.2.3 Orthographisches Können

Die Zielvorstellung für das orthographische Können besteht sicher darin, dass von einem Mitglied der Sprachgemeinschaft, die in welcher Phase ihrer kulturgeschichtlichen Entwicklung auch immer eine Schrift hervorgebracht hat, billigerweise verlangt werden kann, möglichst viele Schriftstücke möglichst richtig zu schreiben. Orthographiekompetenz ist funktional, wie bereits dargestellt wurde, und ist eingebettet und nicht zu trennen von einer zunächst schriftsprachlichen, dann aber auch generellen sprachlichen Kompetenz. Dies bedeutet jedoch nicht, zu jeder Zeit und an jedem Ort stets für jedes Wort, jeden Satz und jeden Text die richtige Schreibung tatsächlich auch präsent zu haben; schon gar nicht heißt dies, in jedem Fall und explizit Gründe für eine richtige Schreibung in Form eines Regelwissens nennen zu können. Wer ein Schriftstück verfasst, verfügt über Routinen und hat das Abfassen von Texten automatisiert. Dabei ist zu hoffen bzw. nimmt der routinierte Schreiber an, dass es tatsächlich auch richtig, d.h. den geregelten Vorgaben entspricht, was er schreibt. Die Kenntnis dieser Vorgaben allerdings verschafft sich ein Schreiber nicht erst aus Anlass seines Schreibwunsches. Sie wird vermittelt und ist vermutlich die größte Anstrengung für Lehrende und Lernende in den ersten Phasen der Primarstufenzeit. Das bedeutet aber nun wiederum nicht, dass sich ein Verfasser eines Schriftstücks bei der Umsetzung seines Ausdruckswunsches in Sicherheit wiegen sollte: Denn kaum wird ein Schreiber dazu kommen, alle Wörter einer Sprache jemals geschrieben zu haben; ferner hat gerade die jüngste deutsche Rechtschreibreform zu einigermaßen deutlichen Verunsicherungen geführt – auch bei bislang erfolgreichen Verfassern. Zum Können gehört demnach noch zweierlei, nämlich zum einen die Fähigkeit der Aufmerksamkeit, d.h. sich selbst zu kontrollieren, und zum anderen, sich aus einschlägigen Quellen zu informieren. Das orthographische Können ist daher auch nie abgeschlossen, sondern ein stets weiterzuführender Optimierungsprozess: Solange man Schriftstücke verfasst, sind sie immer auch potentiell inkorrekt.

›Orthographisches Können‹ bedeutet demnach nicht, dass jemand alles immer richtig schreibt. Doch bedeutet es, vom Code zu wissen, der die Aufzeichnungs- und Erfassungsfunktion der schriftlichen Sprache garantiert, und auf dieses Wissen möglichst automatisiert in möglichst vielen Anwendungssituationen zugreifen zu können. Auch gehört die Kenntnis darüber dazu, wo der Code aufbewahrt ist und nachgesehen werden kann.

1.3 Geschichte der (amtlichen) Orthographieregelungen in Deutschland

In Johann Wolfgang von Goethes »Urfaust« von 1775 kann man folgende Verse lesen:

> NACHBAARINN HAUS.
> Marthe.
> Gott verzeihs meinem lieben Mann,
> Er hat an mir nicht wohl getahn!
> Geht da stracks in die Welt hinein
> Und lässt mich auf dem Stroh allein.
> Täht ihn doch warrlich nicht betrüben,
> Täht ihn, weis Gott, recht herzlich lieben.
> *sie weint.*
> Vielleicht ist er gar todt! - O Pein! - - - -
> Hätt ich nur einen Todtenschein! (Goethe 1897: Nachbaarinn Haus)

Auch Lehrerinnen und Lehrer können heutzutage in Schriftstücken ihrer Schülerinnen und Schüler auf mehrfach unterschiedliche schriftliche Repräsentationen ein und desselben Wortes stoßen. Zulassen können sie dies allerdings nicht. Noch zu der Zeit, als (der) »Duden« noch kein Buch, sondern Gymnasialdirektor in Hersfeld war, ging es mit der Orthographie liberaler zu als heute. Eine einheitliche Rechtschreibung der deutschen Sprache gibt es erst seit etwas mehr als 100 Jahren und ihre gegenwärtig gültige Form ist gerade einmal ein paar Jahre alt.

Dennoch reicht das Ringen um eine Festlegung weiter zurück. Bestrebungen zur Vereinheitlichung der Orthographie begannen nach Erfindung des Buchdrucks, was verständlich ist, wenn man sich vor Augen führt, dass der gedruckte Text ganz automatisch eine einheitliche Schreibung fördert, da er eine bestimmte Auflage identischer Produkte schafft, die im Unterschied zu Handschriften nicht durch fehlerträchtiges Abschreiben individueller Texte zustande kommen. Auch haben Bücher eine breitere Wirkung als Handschriften, da sie so vertrieben werden können, dass sie vielen Menschen zur Verfügung stehen, vorausgesetzt, sie sind schriftkundig. Trotzdem blieben die Vereinheitlichungen zunächst willkürlich, unsystematisch und hatten bis zum Beginn des 20. Jahrhunderts auch in Deutschland keine amtlichen Grundlagen. Vielmehr handelte es sich weitgehend um Initiativen von Verlagen und Einzelpersonen – durchaus mit hehrem Sinn und z.T. auch in amtlichem Auftrag. Dass die Geschichte der Festlegungen bzw. ihrer Versuche nicht unbedingt glücklich verlaufen ist, kann hier nur angedeutet werden (Maas 2011; Mentrup 2007).

1.3.1 DUDEN – eine Erfolgsgeschichte

Das für die Rechtschreibung verbindliche Wörterbuch schuf erstmals Konrad Duden im Jahr 1880. Allerdings lagen diesem Wörterbuch noch immer keine amtlichen Regelungen zugrunde, nachdem eine Erste Orthographische Konferenz, die 1876 – nach der Gründung des Reiches 1871 – einberufen worden war, zu keiner Einigung geführt hatte. Erst Dudens spätere Auflage des Wörterbuches von 1902 gilt als erstes Nachschlagewerk der Orthographie, das sich auf amtliche Regeln stützte, da sie die Ergebnisse der so genannten II. Orthographischen Konferenz, die 1901 in Berlin stattfand, einbezog (Auflagen und ihre Bedeutung 2013; Nerius 2002). Da der Verlag Konrad Duden hierfür Mitarbeiter zur Verfügung stellte, betrachtet man dies als die Geburtsstunde der Dudenredaktion. Sie führte nach dem Tod des Gründers die Arbeit fort und ergänzte das Wörterbuch laufend. Nach dem Zweiten Weltkrieg erschien im Westen der »Duden« der Mannheimer Redaktion und in der DDR der Leipziger »Duden«. Der Unterschied bestand in erster Linie in den Stichwörtern. Vereinheitlichungen und Unterschiede erscheinen aus dieser Perspektive aufgrund der historischen Markierungspunkte als Politikum. Die Notwendigkeit der einheitlichen Orthographie war offenbar in dem Moment dringend, als sich mit der Reichsgründung 1871 ein deutscher Staat etabliert hatte. Die Teilung Deutschlands wiederum wirkte sich auf den Wortschatz in Ost und West aus und machte unterschiedliche Nachschlagewerke erforderlich.

1.3.2 Rechtschreibreformen im 20. Jahrhundert: Wie es zu der letzten Reform kam

Hatte die Erste Orthographische Konferenz von 1876 zu großen Kontroversen geführt und war daher ohne Einigung geblieben, so waren Kompromisse und mehr Vorsicht die Folge für den zweiten Versuch. Beide Konferenzen zeigen die Schwierigkeit, die dieses Thema sowohl den Experten als auch der Öffentlichkeit bereitet hat (Dokumente bei Nerius 2002). Dies ist der Fall bis in die Gegenwart der letzten Orthographiereform der Jahre 1996-2006.

Eine konsequente Systematik orthographischer Regelungen ist nicht zu erreichen, was darin begründet ist, dass die menschliche Sprache ein natürliches, gewachsenes und soziales Phänomen ist. Daher wird jede Festlegung zu neuen Kontroversen hinsichtlich bestimmter Erscheinungen einerseits und der Perspektive, unter der sie betrachtet werden sollen, andererseits führen. Dabei hatten extreme Reformbestrebungen, die vorsahen, grundsätzlich etymologisch zu schreiben, d.h. eine alte Sprachstufe zu bewahren (*das lieht*), oder phonetisch vorzugehen (jedem Laut wird nur ein Buchstabe zugeordnet: *er hop, das bot, der kol*), noch nicht einmal eine reale Chance. Auch für die konsequente Kleinschreibung, d.h. alles, auch ein Wort am Satzanfang, mit kleinen Buchstaben zu schreiben, gilt dies, obwohl einzelne Schreiber sie über Jahre hinweg praktizierten.

Nach dem Zweiten Weltkrieg wäre die Möglichkeit einer neuen Reform gegeben gewesen. 1955 erschütterte der Bremer Lexikograph Lutz Mackensen mit seinem Wörterbuch den bis dahin bestehenden Alleinvertretungsanspruch des »Duden« und versuchte gleichzeitig, verschiedene Ungereimtheiten zu beseitigen (*das Beste, Kopf stehen*). Doch stand die »Duden«-Redaktion Kopf und beschwor ein Szenarium herauf, das chaotisch anmutete: keiner wisse mehr, was nun richtig sei, und der Willkür werde Tür und Tor geöffnet. Daraufhin erklärte die KMK den »Duden« für verbindlich. Eine Reform wurde ins Auge gefasst und angekündigt, aber nicht durchgeführt. Merkwürdig ist dabei, dass ein privater Verlag (der zwar sachkundige Mitarbeiter in Form des »Duden«-Teams hat) entschied, wie amtlich zu schreiben war und jedermann – zumindest im Bildungsbereich – schreiben musste.

Dass dies eine eigenartige Situation war und dass die Schreibung unzählige Inkonsequenzen hatte, war rasch klar geworden. Dennoch blieben Vorschläge und Bestrebungen zur Reform Verbalansagen ohne entscheidende Folgen.

Ein Interesse an einer Änderung der Orthographienorm im Hinblick auf Vereinfachung hatten verständlicherweise insbesondere Lehrer und Lehrerinnen, wohingegen der Buchhandel ebenso verständlich eher Widerstand leistete. Verschiedene Beratungen verschiedener Kommissionen fanden an verschiedenen Orten statt, die in die Geschichte der erfolglosen Reformbestrebungen als »Konferenzen« oder im Ergebnis als »Empfehlungen« eingingen – kursorisch sind zu nennen: Erfurt 1931 – Leipzig 1931 – Stuttgart 1954 – Wiesbaden 1958 als deutsche Orte; doch auch in Österreich (1961/62) und der Schweiz (1963) wurde diskutiert. Verwiesen sei auf die internationale Konferenz, die 1973 die »Wiener Empfehlungen« zur Kleinschreibung, zu *das/daß*, zur Kommasetzung und zur Worttrennung formulierte, die jedoch keine Akzeptanz fanden (vgl. Kopke 1995; Mentrup 2007).

Ein entscheidender Schritt erfolgte schließlich im Jahre 1986, als die KMK das Institut für Deutsche Sprache in Mannheim beauftragte, Vorschläge zu erarbeiten, wie eine Reform aussehen könnte. Das einberufene Expertenteam führte Gespräche mit Vertretern der damaligen DDR, Österreichs und der Schweiz. Bereits 1988 legte man für einige Bereiche der bis dahin gültigen Orthographie Reformvorschläge vor. 1994 fand in Wien eine Internationale Konferenz zur Orthographie statt (»Dritte Wiener Gespräche«), in deren Abschlusserklärung eine Unterzeichnung durch die Vertreter der beteiligten Länder für das Jahr 1995 angekündigt wurde (Stenschke 2005: 102ff.). Betroffen waren die Zeichensetzung, die Worttrennung, die Getrennt- und Zusammenschreibung, die Fremdwortschreibung, die s-Schreibung und eine vereinfachte und als konsequenter als die bisherigen Lösungen erachtete Laut-Buchstaben-Zuordnung. In einer Extraausgabe des »Sprachreports« (1994/1) wurden die »bevorstehenden Änderungen« zusammengefasst (vgl. Heller 1996a). Nicht herangewagt hatte man sich an die Groß- und Kleinschreibung, allenfalls im Zusammenhang mit Zusammen- und Getrenntschreibung wurden dazu Änderungen angeboten. Des Weiteren hat man sich gegen eine Beseitigung der (bundes-) deutschen Besonderheit des <ß> entschieden, obwohl nicht gerade wenige Gründe dafür gesprochen hätten, wie etwa die Tatsache, dass die s-Schreibung generell nicht als Tabu erachtet worden war, oder aber, dass der Schweizer Schriftsprachgebrauch auch ohne <ß> auskommt und Textverarbeitungsprogramme einfacher zu handhaben und zu übertragen gewesen wären.

1.3.3 Die wichtigsten Neuerungen der letzten Reform

Am 1. August 1998 traten trotz heftigster und kontrovers geführter Debatten im Umfeld einzelner Verlautbarungen die Neuerungen in Kraft. Sie bezogen sich schließlich auf die s-Schreibung, die Fremdwortschreibung, die Getrennt- und Zusammenschreibung, die Groß- und Kleinschreibung sowie die Kommasetzung. Getrennt zu schreiben sollte der Normalfall sein und die Großschreibung sollte konsequenter umgesetzt werden als bislang – etwa bei Ausdrücken wie *des Weiteren, im Übrigen*.

Die Reform rief bekanntlich Gegner auf den Plan, Zeitungen und Zeitschriften kündigten an, sie würden sich nie darauf einstellen, Eltern von Schülerinnen und Schülern wandten sich mit Beschwerden an die für ihr Bundesland zuständigen Ministerien, Schleswig-Holstein machte einen Alleingang und stoppte für die Schulen die Umsetzung der Reform (Stenschke 2005: 102ff.; insbes. 108). Was waren die Probleme?

– Einigen Gegnern ging die Reform nicht weit genug: vom <ß> war schon die Rede. Erwartet hatte man sich eine konsequente Änderung der Groß-/Kleinschreibung, wie sie z.B. der Sprachdidaktiker Jürgen Baurmann seit Jahren

praktiziert hatte. Andere Länder wie etwa Dänemark hatten auch in jüngerer Zeit die Großschreibung (außer bei Namen und Satzanfängen) abgeschafft, warum sollte dies in Deutschland nicht möglich sein?
- Inkonsequenzen wurden nicht beseitigt: *des Weiteren, im Weiteren* aber *ohne weiteres* (*ohne* ist kein Artikel, hat aber als Präposition ein Nomen zur Folge); oder: *im Voraus, im Nachhinein, von vornherein,* und nach wie vor schreibt man auch in ein und demselben ›Wort‹, so es in verschiedenen Formen, etwa den Zeitstufen des Verbs, vorkommt, verschieden: *erschließen/erschloss* – gerade durch die neuen Regeln – *Stange/Stängel, abwägen/abwägig* (???), *aufwendig/aufwändig*.
- Die Varianten und die Liberalität konnten nicht als Fortschritt wahrgenommen werden, v.a. was so genannte ›Fremdwörter‹ anging. Angesichts ›festgelegter Varianten‹ hätte man gleich sagen können, dass mehr Toleranz herrschen sollte. In der Praxis war und ist dies ohnehin der Fall – und nicht nur bei bildungsfernen Menschen, sondern gerade bei Wissenschaftlern, die mitunter immer schon *der Einzelne, der Andere, im Folgenden, im Dunkeln* usw. schrieben.
- Die drei identischen Grapheme (Buchstaben), die bei Komposita aufeinander treffen, wenn der erste Teil auf einen Doppelkonsonant/-vokal endet und der zweite mit demselben Vokal/Konsonant beginnt, waren anfangs ungewohnt und sind für manche Sprecher des Deutschen noch immer eigenartig: *Wolllappen, Schifffahrt, Zooorchester, Stalllaterne, klebstofffrei, Abfalllagerung*. Manche wird man vermeiden können, andere nicht.

Nachbesserungen erfolgten, und mit dem »Rat für deutsche Rechtschreibung« wurde ein Gremium geschaffen, das einerseits die Umsetzung der Reform beobachten und andererseits (dadurch) an der Weiterentwicklung der Orthographie arbeiten sollte. Obwohl im Jahr 2006 die überarbeitete Version des Regelwerks »Deutsche Rechtschreibung. Regeln und Wörterverzeichnis« im Gunter-Narr-Verlag, Tübingen, erschien, erweist sich dennoch diese derzeit letzte Orthographiereform als ein nicht abgeschlossener und wohl auch nie abzuschließender Prozess, der hohen Diskussionsbedarf zeigt. Dies wird allein schon dadurch deutlich, dass Dokumente aus den verschiedenen Phasen über die Webseite des Instituts für Deutsche Sprache Mannheim aufrufbar sind. Unter dem Titel »Dokumente zu den Inhalten der Rechtschreibreform« finden sich:[2]
- das überarbeitete Regelwerk in der Fassung von 2006 mit weiteren Aktualisierungen aus dem Jahr 2011, d.h. die Regeln, das Wörterverzeichnis und die Extra-Ausgabe des »Sprachreports« von 2011,
- das amtliche Regelwerk in der Fassung von 2004,

---

[2] http://www.ids-mannheim.de/service/reform/ <11.03.2014>.

– der Hinweis auf den Rat für deutsche Rechtschreibung mit der Angabe eines Links (www.rechtschreibrat.com) und das Angebot, sich »bei allen Fragen zur Rechtschreibreform« an Frau Dr. Kerstin Güthert, Geschäftsführerin des Rats für deutsche Rechtschreibung, wenden zu dürfen.

Ferner hält das Institut für Deutsche Sprache Presseerklärungen präsent (09.08.2013), die ein eindrucksvolles Bild von der heftigen Debatte während der Jahre 1996 bis 2006 geben, selbst wenn – oder gerade weil – die Information vom August 2000 offenbar beruhigend wirken sollte und noch soll, wenn es heißt:

> Presse-Information, August 2000
> Die aktuelle öffentliche Diskussion der deutschen Rechtschreibung ist überflüssig.[3]

Auch unter den Experten wurde die Reform zunehmend zum Streitfall. Theodor Ickler, der ursprünglich an den Reformentscheidungen beteiligt war, wandelte sich zu einem der heftigsten Gegner der Reform (z.B. Ickler 1997; Ickler 2006). Die Webseite http://www.schriftdeutsch.de/orth-akt.htm <20.07.2014> ist eine Fundgrube für Interessenten an einer ernsten und sarkastischen Diskussion. Munske (2005) zeichnet die Entstehung der deutschen Orthographie nach und plädiert für mehr Freiheit und weniger ›staatliche‹ Regelungen.

Die Notwendigkeit dieser Reform erschließt sich demnach noch immer nicht vollständig. Nicht von der Hand zu weisen ist die Tatsache, dass sie Verwirrung hervorbringen kann, weil sie – wie jede andere Festlegung vorher auch – kein konsequentes, Widersprüche ausschließendes System darstellen kann. Sie kann alle diejenigen verwirren, die gegenwärtig deutsch schreiben lernen: Die Übergangszeit hat nicht nur bis zum offiziellen Termin von 2005 gedauert, sondern hält gegenwärtig immer noch an. Wer wissenschaftlich oder auch publizistisch arbeitet und Zitate verwendet, muss diese in der ihm vorliegenden Ausgabe nachweisen. Bis sämtliche Ausgaben sämtlicher wissenschaftlicher und wissenschaftlich verwendeter Schriften auf die neuen Regeln umgeschrieben sind, wird es Jahrzehnte dauern, abgesehen davon, dass dies in vielen Fällen gar nicht wünschenswert ist. Im Wissenschaftsbetrieb kann man in Zitaten die ›alten‹ Formen nicht nur ›ertragen‹, denn man weiß, dass ein Zitat aus einer Quelle älteren Datums stammen kann, und man hat auch Bezüge zu noch wesentlich älteren Texten als denen, die vor 1996 erschienen sind. Doch man denke an Handbücher, Nachschlagewerke, Schulbücher und Kinderbücher. Digraphien sind in solchen Lese- und Informationsangeboten störend und lästig, und die Stimmen der Kritik an den amtlich geregelten Veränderungen hören nicht auf. Noch selten zuvor hat Orthographie in der Öffentlichkeit ein so großes Interesse gefunden.

---

3 http://www1.ids-mannheim.de/aktuell/presse/pr000804.html <11.03.2014>.

Weiterführende Literatur:
Auflagen und ihre Bedeutung (2013), Haarmann (2011), Karg (2008), Kopke (1995), Mentrup (2007), Nerius (2002), Stenschke (2005)

1.4 Aufgaben

A 1.1
Recherchieren Sie zu den Reformbestrebungen von Erfurt 1931, Leipzig 1931, Stuttgart 1954, Wiesbaden 1958, in Österreich 1961/62 und der Schweiz 1963. Fassen Sie in einem Essay zusammen, was diskutiert wurde, und geben Sie einen Kommentar dazu ab.

A 1.2
Entwerfen Sie ein kleines Forschungsprojekt und führen es aus, etwa: »Umfrage zur neuen Rechtschreibung: Keiner weiß mehr, wie man schreibt.« Testen Sie den Inhalt der Aussage, indem Sie Varianten geben! Schreiben Sie einmal etwas völlig falsch und sagen Sie dann Ihrem Gegenüber: Das ist neue Rechtschreibung!

A 1.3
Lesen Sie das Heft 2 von 1994 der Didaktikzeitschrift »Der Deutschunterricht«. Beurteilen Sie das Orthographieverhalten der Beiträger in diesem Heft.

A 1.4
Lesen Sie die beiden Versionen des folgenden Textes:
(1) GEMÄSSIGTE KLEINSCHREIBUNG BEDEUTET IM WESENTLICHEN, DASS NUR WÖRTER AM SATZANFANG UND NAMEN GROSSGESCHRIEBEN WERDEN. IN DEN VERSCHIEDENEN REFORMBESTREBUNGEN FAND DIES IMMER WIEDER BEFÜRWORTER.
(2) Gemäßigte kleinschreibung bedeutet im wesentlichen, dass nur wörter am satzanfang und namen großgeschrieben werden. In den verschiedenen reformbestrebungen fand dies immer wieder befürworter.

Was konnten Sie bei Ihrem Leseprozess beobachten?

A 1.5
Recherchieren Sie zu alternativen Codes der Fixierung von Aussagen. Inwiefern sind diese der Schrift in unserem Sinne überlegen oder unterlegen?

2 Popularität der Orthographie

2.1 Das Interesse der Öffentlichkeit an der ›richtigen‹ Sprache

Sprache ist ein wesentlicher Teil des menschlichen Daseins. Ein Kind erwirbt nicht nur keine Sprache, sondern stirbt, wenn niemand mit ihm spricht. Zumindest zeugen davon Berichte aus der Vergangenheit, die jedoch insbesondere auch Aufschluss über eigenwillige Interessen an der Sprachlichkeit des Menschen, vor allem aber an der ›richtigen‹ Sprache geben. Sprache ist jedoch nicht nur in spektakulären Geschichten aus vergangenen Zeiten kein isloiertes Phänomen. Gerade die jüngste Orthographiereform ist in ein gesellschaftliches und politisches Spannungsfeld geraten, in dem man Kuriosität und Halbwissen ebenso aufspüren kann wie ernsthaftes Bemühen.

Der antike, griechische Geschichtsschreiber Herodot, dessen Lebenszeit man im fünften vorchristlichen Jahrhundert ansetzt, berichtet von einem Pharao namens Psammetichus, der sich aus politischen Gründen dafür interessierte, ob es ein Volk gebe, das älter ist als sein eigenes. Obwohl nicht linguistisch motiviert, nutzte der altägyptische Herrscher Herodot zufolge ein sprachpsychologisches Experiment:

> Zwei neugeborne Knäblein von den nächsten besten Leuten gab er einem Hirten, um sie bei seinen Heerden auf die Art zu erziehen, daß er ihm aufgab, Niemand dürfe vor ihnen einen Laut hören lassen, sie müßten für sich in einer einsamen Hütte liegen, und er zur Stunde ihnen Ziegen zuführen; wenn er sie aber mit Milch gesättigt, seinen sonstigen Verrichtungen nachgehen. Das that Psammitichus und gab es so auf, um an den Knäblein, wenn sie über das undeutliche Lallen hinaus wären, zu hören, in welchen Laut sie zuerst ausbrächen. So geschah es denn auch. Denn als es eine Zeit von zwei Jahren war, daß der Hirt Dieß vollzog, und Derselbe die Thür öffnete und eintrat, fielen die beiden Knäblein ihn an, mit dem Laut B e k o s, wobei sie die Hände ausstreckten. (Herodot's von Halikarnaß Geschichte 1828: 186)

Von einem ähnlichen und geradezu grausamen Versuch erzählt der mittelalterliche Chronist Salimbene von Parma (1221 bis etwa 1288), den er Friedrich II zuschreibt und diesen u.a. damit in anekdotischer Weise als einen eigenartigen Herrscher und als eine an Kuriositäten interessierte Persönlichkeit stilisiert. Mit Experimenten an Säuglingen habe er die ›Ursprache‹ der Menschen herausfinden wollen – Hebräisch, Griechisch, Latein und Arabisch standen zur Disposition – und er habe geglaubt, sie zeige sich bei Kindern dann, wenn sie keinem Einfluss einer bestimmten Sprache ausgesetzt seien. Die Kinder durften gefüttert und gepflegt werden, aber es durfte mit ihnen nicht gesprochen werden. Sie hätten nicht nur nicht gesprochen, sondern erst gar nicht überlebt (vgl. Houben 2008: 144ff.).

Beide Experimente bzw. Geschichten haben auf den ersten Blick nichts mit Orthographie zu tun, denn sie beziehen sich ausschließlich auf Laute, d.h. auf die mündliche Sprache der untersuchten Personen. Auch haben sie andere als wissenschaftlich-linguistische Anliegen. Und doch dienen beide immer wieder in Wissenschaft und Öffentlichkeit als Anlass, über Sprache nachzudenken.

Sprache ›funktioniert‹ normalerweise problemlos d.h. sie wird genutzt, ohne dass sie viel Aufmerksamkeit erfährt (Cherubim 2000). Für die mündliche Sprache gilt dies mehr als für die Schrift, da Reparaturen, die ggf. die Kommunikation stören könnten, unmittelbar vorgenommen werden können. Allerdings zeigen die Berichte über jene antiken und mittelalterlichen Experimente, dass es bestimmte Interessen, aber auch bestimmte Anlässe gibt, die die Aufmerksamkeit auf Sprache als Gegenstand lenken und sie sogar zum Thema öffentlicher Diskussion machen können. Gegenwärtig geht es dabei immer auch, ja sogar vorrangig um Orthographie. Drei Beispiele sollen dies veranschaulichen:

1. Wahrgenommen wird auf jeden Fall der Spracherwerb eines Kindes durch seine Bezugspersonen, die mitunter – je nach Engagement – auch steuernd eingreifen. Einen Erfolg einer bewussten, systematischen, reflektierten und reflektierenden Einflussnahme verspricht man sich spätestens seit der Einführung einer allgemeinen Schulpflicht (vgl. Adick 2003). Sprachlicher Unterricht erfolgt gegenwärtig zunächst in der Muttersprache bzw. der amtlichen Sprache des Landes, in dem ein Kind lebt; muttersprachlicher Unterricht in einer ggf. anderen Herkunftssprache wird zunehmend angeboten oder doch gefordert, und im Laufe der Schulzeit erfolgt auch Unterricht in weiteren Sprachen. Sprachunterricht ist Teil des Bildungsprogramms und macht Sprache über das Medium der natürlichen Alltagskommunikation hinaus zur ›Sache‹, d.h. zum Objekt, dessen Vermittlung auf wissenschaftlichen Grundlagen beruhen sollte. Daher lernt ein Kind mit dem Eintritt in die Schule seine Sprache gleichsam neu, wenn es mit der Instruktion zur Schrift in Berührung kommt. Die Instruktion zur Schrift ist das Erlernen der Buchstaben und der Orthographie. Wie ein Bereich in Vorgaben für den Unterricht ausgewiesen ist, gibt einen Hinweis auf seine gesellschaftliche Wertschätzung. Denn bei Bildungskomponenten handelt es sich um die Ausstattung, die eine Gesellschaft ihrer nächsten Generation mit auf den Weg in die Zukunft geben möchte. Auch wenn alle mittlerweile vorliegenden »Bildungsstandards im Fach Deutsch« der KMK einem integrativen Prinzip folgen, ist die Orthographie als Kompetenz im Bereich ›Schreiben‹ nicht nur explizit erwähnt, sondern wird für den Primarbereich unmittelbar nach den »Schreibfertigkeiten« genannt:

Schreiben
– über Schreibfertigkeiten verfügen
– richtig schreiben
– Texte planen
– Texte schreiben
– Texte überarbeiten (Bildungsstandards im Fach Deutsch 2004: 7)

Auch für die Sekundarstufe findet man Aussagen zur Orthographiekompetenz:

> In der mündlichen Äußerung beachten sie wichtige Regeln der Aussprache, in den schriftlichen die der Orthographie und Zeichensetzung. (Bildungsstandards im Fach Deutsch 2003: 9)

> Die Schülerinnen und Schüler können Texte orthografisch und grammatisch korrekt sowie fachsprachlich präzise, prägnant und stilistisch angemessen verfassen. (Bildungsstandards im Fach Deutsch 2003: 16)

Die hohe gesellschaftliche Reputation der Orthographie lässt sich auch an der Tatsache erkennen, dass in Eignungstests bei Bewerbungen für berufliche Laufbahnen explizit die Rechtschreibung als eine bedeutsame Kompetenz erachtet wird.[1]

Beispiel: Einstellungstest der Polizei

> **Einstellungstest / Eignungstest online. Polizei und Bundespolizei**
>   Sprachverständnis
> Rechtschreibung
> In diesem Abschnitt werden Ihre Rechtschreibkenntnisse geprüft. Ermitteln Sie bitte bei den Aufgaben jeweils die richtige Schreibweise.
> Beantworten Sie bitte die folgenden Aufgaben, indem Sie die richtige Antwort anklicken.
> Frage 1
> Bitte wählen Sie die richtige Schreibweise.
>   Publikumm
>   Puplikum
>   Pupliekum
>   Publikum
> Keine Antwort ist richtig.

In ähnlicher Weise müssen in diesem Test neben *Publikum* auch noch Entscheidungen über die Wörter *Protokoll, Konkurrenz, Objektivierung* und *Vehikel* getroffen werden.

2. In der jüngeren Geschichte gehört zu den aktuellen Anlässen von Sprachaufmerksamkeit die Wiedervereinigung Deutschlands, bei der man nicht nur wahrnehmen konnte, dass es Spezifika des Sprachgebrauchs in West und Ost gab, sondern dass auch das Nachschlagewerk für die Rechtschreibung in zwei Versionen vorgelegen hatte, die erst am 26. August 1991 als 20. Auflage wieder zum so genannten »Einheitsduden« zusammengeführt wurden (Schaeder 1994).[2] Die Wiedervereinigung

---

[1] http://www.ausbildungspark.com/einstellungstest/polizei/ <04.08.2014>.
[2] Geschichte des »Duden«: http://de.wikipedia.org/wiki/Duden <04.08.2014>.

Deutschlands, gesellschaftliche und weltpolitische Veränderungen sind in erster Linie dafür verantwortlich, dass dieser »Duden« wesentlich mehr Stichwörter enthielt als jede andere Auflage zuvor. Bei jeder Aufnahme ging es logischerweise immer auch um die Festlegung der Schreibung. Der »Einheitsduden« schaffte jedoch keine neue Orthographie.

3. Aufmerksamkeit erfährt und zu mitunter hitzigen Debatten führt bekanntlich seit geraumer Zeit vor allem der Einfluss des Englischen durch Technologie und die anglo-amerikanische Kultur. Übernahmen im Bereich des Wortschatzes werfen stets auch die Frage nach der Orthographie auf; Pluralbildung (mit <s>) und die Verwendung des Apostrophs (*Wir reparieren Ihre Birkenstock's*) betreffen Syntax und Formenlehre. Sprache gerät dabei in ein Spannungsfeld zwischen schleichender Veränderung und Trauer über den (angeblichen) Sprachverfall. Laut Umfrage der Gesellschaft für deutsche Sprache von 2008 sehen jüngere Menschen die Entwicklung der Sprache weniger skeptisch als die ältere Generation.[3] Bekannt geworden sind insbesondere die Publikationen und Kolumnen von Bastian Sick (z.B. Sick 2004). Wissenschaftler distanzieren sich verständlicherweise von populär-spektakulären Äußerungen. Authentisch und witzig sind Sicks Beispiele jedoch allemal (vgl. auch unten).

4. Eine weitere Erscheinung, die die Aufmerksamkeit auf Sprache lenkt, ist die Diskussion um eine zunehmend kulturell heterogene Gesellschaft: Die Debatte um Zuzug und Eingliederung sowie eine Unterstützung der Kinder von Menschen aus anderen Kulturen ist stets mit einer sprachlichen Komponente versehen.

Zum »Deutsch-Test für Zuwanderer« gehört die »Beherrschung von Orthographie« in der schriftlichen Prüfung (vgl. Perlmann-Balme [u.a.] 2009). Dabei werden die Kompetenzen gemäß den Niveaus des »Gemeinsamen Europäischen Referenzrahmens für Fremdsprachen« formuliert. Der Bereich Orthographie ist für die Stufen A1 bis B1 folgendermaßen ausgewiesen:

> A1 Kann vertraute Wörter und kurze Redewendungen abschreiben.
> A2 Kann kurze Wörter aus seinem mündlichen Wortschatz ›phonetisch‹ einigermaßen akkurat schriftlich wiedergeben.
> B1 Rechtschreibung, Zeichensetzung und Gestaltung sind exakt genug, sodass man sie meistens verstehen kann. (Perlmann-Balme [u.a.] 2009: 60)

Während es jedoch beim Einstellungstest für die Polizeilaufbahn um Wissen über ›richtig‹ und ›falsch‹ geht, wird für den Test für zuwanderungswillige Menschen von einem Konzept der sprachlichen ›Angemessenheit‹ ausgegangen. Dies ist alles andere als unproblematisch, denn es muss immer jemanden geben, der eine sprachli-

---

3 http://www.gfds.de/fileadmin/gfds_download/GfdS_Studie_Spracheinstellung.pdf <13.11.2014>.

che Äußerung für eine bestimmte Situation und im Hinblick auf den kommunikativen Erfolg als ›angemessen‹ beurteilt. Was für einen Prüfer ›erfolgreich‹ sein kann, muss in der Wirklichkeit kommunikativ zu bewältigender Situationen noch längst nicht zum Erfolg führen und umgekehrt.

Unterricht im Fach Deutsch kann sich der Tatsache nicht verschließen, dass inzwischen mit einer beträchtlichen Zahl von Kindern und Jugendlichen zu rechnen ist, deren Herkunftssprache nicht oder nicht ausschließlich Deutsch ist. Sie gemäß dem bekannten pädagogischen Motto ›abzuholen‹ heißt, die Bedingungen ihrer sprachlichen Herkunft zu verstehen und daraus Unterricht abzuleiten, der ihnen Wege zur sprachlichen Kompetenz in ihrer derzeitigen Umgebung ermöglicht. Gerlind Belke (2001) hat gezeigt, wie Kinder türkischer Herkunft, aber auch solche, die mit anderen Sprachen oder auch mehrsprachig aufgewachsen sind, anders und ›anderes‹ hören als Kinder, deren Muttersprache Deutsch ist. Die ›phonetisch akkurate‹ Schreibung wäre in diesen Fällen etwas völlig anderes als für Kinder mit deutscher Herkunftssprache, wobei nicht unerwähnt bleiben darf, dass das Problem auch die Regionalvarietäten betrifft (Belke 2001: 100ff.).

Insbesondere aber hat die jüngste Rechtschreibreform erheblich dazu beigetragen, dass das Thema ›Sprache‹ die Öffentlichkeit beschäftigt.

2.2 Der Orthographie-Diskurs 1996-2006

Einen ersten Überblick gibt der Artikel eines bekannten Rechercheorgans:

> http://de.wikipedia.org/wiki/Reform_der_deutschen_Rechtschreibung_von_1996.

Den Kern der Sache trifft folgendes Zitat aus einer wissenschaftlichen Abhandlung:

> Kein Diskurs über ein sprachliches Thema hat jemals ein so lebhaftes und lang anhaltendes Interesse in der Öffentlichkeit hervorgerufen wie der Streit über die Rechtschreibreform. (Stenschke 2005: 285)

Mit diesen Worten zieht Oliver Stenschke Bilanz aus seinen Untersuchungen zum Rechtschreibdiskurs der Jahre 1998-2004, denen er ein umfangreiches Korpus aus verschiedenen Zeitungstexten zugrunde gelegt hat (vgl. die Übersicht ebd.: 303ff.). Er stellt dabei fest, dass die Art der Redeführung von zwei Faktoren geprägt ist, nämlich von »Selektivität« und »Emotionalität«. Dies bedeutet, dass in der öffentlichen Auseinandersetzung immer wieder und immer nur bestimmte Details der (anvisierten) Reform zitiert wurden, die aber wiederum mit einer starken, ja geradezu ausschließlich gefühlsstarken Steuerung verhandelt wurden. Welche Aufmerksamkeit die in den 1990er Jahren begonnene Überarbeitung der deutschen Orthographie in der Öffentlichkeit erhalten hat, wird allein zahlenmäßig durch die Treffer deutlich, die man im DeReKo des Instituts für Deutsche Sprache, Mannheim (W- öffentlich - Archiv der geschriebenen Sprache) für die einzelnen Eingaben als Suchanfragen bekommt. Die Recherche wurde am 14.06.2014 durchgeführt und bezieht sich auf die Jahre zwischen 1985 und 2013. Angegeben sind für jedes Stichwort die Zahl der Treffer/Texte.[4]

Tabelle 3: Wahrnehmung der letzten Orthographiereform

Jahr	Eingabe – Stichwörter						
	Rechtschreibreform	neue Rechtschreibreform	neue Orthographie	neue Orthografie	neue Rechtschreibung	Rechtschreiben	richtig schreiben
1985						1/1	
1986						2/2	2/2
1987							1/1
1988							
1989							
1990	3/2						1/1
1991						1/1	2/2
1992	14/7					4/4	4/4
1993	17/13				3/3	6/6	2/2
1994	36/27					7/4	3/3
1995	143/85	1/1	3/3		8/7	5/4	4/4
1996	684/417	8/7	7/7	9/7	120/87	10/8	11/11
1997	2185/1146	17/16	18/18		234/180	15/15	16/16
1998	1410/753	8/8	7/7	2/2	228/174	15/15	13/13
1999	642/373	9/9	3/3	3/3	271/206	11/11	27/24
2000	421/254	3/3	1/1	3/3	180/126	13/13	16/15
2001	65/46	1/1			20/17	5/5	11/11
2002	61/35			1/1	15/12	4/3	14/13
2003	51/43		1/1	1/1	13/11	14/14	7/7
2004	710/352	4/4		10/10	153/96	11/11	20/20
2005	329/207	4/4		7/5	92/70	9/9	13/13
2006	361/255	7/5		5/5	78/61	5/5	24/24
2007	166/117	1/1		1/1	45/39	9/8	17/17
2008	224/108	6/6			64/52	7/7	35/33
2009	272/112	1/1	1/1	1/1	82/67	27/16	30/30
2010	417/209			1/1	121/86	12/11	70/69
2011	1409/604	3/3	10/10		276/195	37/30	122/119
2012	20/19	1/1			5/5	8/8	18/16
2013	10/8				1/1	1/1	10/9

---

4 https://cosmas2.ids-mannheim.de/cosmas2-web <14.06.2014>; siehe ›Release-Chronik‹ zur aktuellen bzw. verwendeten Version unter http://www.ids-mannheim.de/DeReKo.

Man sieht sehr deutlich den Anstieg des Interesses zu dem Zeitpunkt, als bekannt wurde, dass Reformbestrebungen angedacht sind. Ein Höhepunkt liegt im Jahre 1997 unmittelbar nach Bekanntwerden der Entscheidung über das Reformvorhaben; ein zweiter Gipfel zeigt sich für das Jahr 2004, als eine Revision des Beschlusses in Angriff genommen und angekündigt wurde. Dazu muss gesagt werden, dass die Zahlen auch vom Umfang des Korpus abhängen und sich die Trefferzahlen der letzten Jahre (v.a. 2011) auch mit Korpuserweiterungen erklären lassen und nicht allein mit gesteigertem Interesse. Dennoch ist der Befund aufschlussreich.

Was »Selektion« und »Emotionalität« angehen, die nach Stenschke die Rede über die Rechtschreibreform prägen, so stellt er fest (Stenschke 2005: 69), dass zum einen immer wieder dieselben Beispiele herangezogen werden, um die Reform zu demonstrieren. Dabei handelt es sich um geplante Veränderungen der Lautrepräsentation bzw. der Laut-Buchstabenzuordnung (*belämmert; Stängel; dass*), um die nunmehr erlaubten Dreifachvokale und -konsonanten (*Schifffahrt; Zooorchester*), um die Schreibung von sprachhistorisch älteren oder neueren Übernahmen aus anderen Sprachen (*Ketschup; Spagetti; Potenzial; Orthografie*).

Abgesehen von der Konjunktion *dass* sind es meist wenig alltagsrelevante Wörter, die als Beispiele für eine misslungene Reform dienen. Stenschke (2005: 151) stellt fest,

> dass ein beträchtlicher Teil der Beispiele bzw. der Bereiche der Rechtschreibreform, denen im *Sprachreport* ein erhöhtes Maß an Aufmerksamkeit zukommt, für den alltäglichen Schreibgebrauch gar nicht wichtig ist. Wörter wie *belämmert, Quäntchen, quadrofon, Tollpatsch, Flanelllappen, Differenzial, Buklee, Frigidär, Myrre, Zoo-Orchester, Hairstylist* und *Ich-Form* sind von den meisten Sprachteilhabern vermutlich auch nach alter Rechtschreibung noch nie geschrieben worden. Auf der anderen Seite wird Bereichen, die repräsentiert werden durch Beispiele wie *irgendetwas, alles Übrige, heute Mittag, so viel, in Bezug auf*, Anredepronomen wie *du* und *ihr*, relativ wenig Aufmerksamkeit gewidmet.

Dass in der öffentlichen Debatte um die Reform undifferenzierte Auswahl und Gefühle zusammenspielen, wirkt sich für das eine wie für das andere steigernd und verstärkend aus. Offenbar wird es geradezu als Bedrohung empfunden, wenn Gewohnheiten aufgegeben werden sollen. Gewohnte Schreibweisen, auch wenn sie gar nicht zum gängigen Repertoire eines Sprachnutzers im täglichen Gebrauch gehören, werden dem Beharrungswillen unterworfen und Neuerungen erfahren eine Kampfansage. Kenntnisse entpuppen sich dabei häufig nur vermeintlich als solche.

Ob nun die öffentliche Aufregung oder die interne Diskussion der Experten dazu geführt hat, dass man einige der zunächst beschlossenen Festlegungen wieder revidiert hat, sei dahingestellt (Stenschke 2005 bewegt sich auf der Basis des Beschlusses von 1996). Ursprünglich sollte der Beschluss von 1996 innerhalb der folgenden fünf Jahre umgesetzt werden. Dazu kam es aber nicht, so dass erneut diskutiert wurde und schließlich mit den Festlegungen von 2006, deren Umsetzung ab 2007 in den Schulen, Behörden und Bildungseinrichtungen erfolgen sollte, diese

Phase beendet wurde. Eine ganze Reihe von einstigen Veränderungen wurde wieder rückgängig gemacht bzw. eine Lockerung vorgenommen, so dass im amtlichen Regelwerk ab 2006 (Deutsche Rechtschreibung 2006) in bestimmten Fällen auch Varianten nebeneinander zugelassen sind.

Problematisch sind nach wie vor Publikationen, die in der Interimsphase erschienen sind. Dazu gehören Schülerduden, die vor 2006 veröffentlicht wurden und die man Kindern nicht ohne Weiteres in die Hand geben kann. Überhaupt ist auf Quellen außerhalb des amtlichen Regelwerks kaum Verlass: Der Ausdruck *ohne Weiteres* wie im oben formulierten Satz wird von der Grammatikprüfung des Textverarbeitungsprogramms Microsoft Word 2010 nicht akzeptiert; *ohne weiteres* wird von der »Duden«-Rechtschreibprüfung online als fehlerhaft markiert.[5] Dazu findet sich im Hilfe-Programm von Word 10 folgender Hinweis:

> Es gibt feste Ausdrücke, in denen Wörter trotz vorangehender Präposition (*von, vor* usw.) nicht als Hauptwörter gebraucht und daher kleingeschrieben werden. Das Fehlen von *der/die /das/ein* in einem solchen Ausdruck kann ein Hinweis dafür sein, dass das Wort hier nicht als Hauptwort gebraucht wird. Statt: Vor Kurzem ging sie noch zur Schule. Besser: Vor kurzem ging sie noch zur Schule. Statt: Das liegt zum Einen am Wetter, zum Anderen an mangelndem Interesse. Besser: Das liegt zum einen am Wetter, zum anderen an mangelndem Interesse.

In den amtlichen Vorgaben (Deutsche Rechtschreibung 2006) ist in allen diesen Fällen Groß- und Kleinschreibung zugelassen.

Zu einem problematischen Bereich gehört vor allem auch die Kinder- und Jugendliteratur, bei der der Vermerk »mit neuer Rechtschreibung« ebenfalls nicht zuverlässig ist, solange nicht klar ist, welche Variante der »neuen Rechtschreibung« tatsächlich verwendet wurde. Selbst wenn dies mit dem Erscheinungsjahr des Buches klar sein müsste, ist noch lange nicht gesagt, dass auch tatsächlich die zu diesem Zeitpunkt gültige Rechtschreibung verwendet ist. Cornelia Funkes populäre »Tintentrilogie« erschien in Folge »Tintenherz« 2003, »Tintenblut« 2005, »Tintentod« 2007. Man findet beispielsweise:

> Funke, »Tintenblut«, S. 90: »Wenn Mo Recht hatte, war Basta jetzt dort, wo auch sie bald sein wollte.« (Buchpublikation 2005, damals korrekt)

> Funke, »Tintentod«, Buchdeckel/Rückseite: »Vielleicht hast du recht. Vielleicht verändert diese Geschichte ihn, aber er verändert auch die Geschichte.« (Buchpublikation 2007, korrekt)

Konsequenz für alle Neuerungen ist ohnehin auch innerhalb einer Phase der Veränderungen nicht zu erwarten. Vehemente Gegner der Orthographiereform gründeten sogar im Jahre 1997 einen Verein, dessen Hauptziel darin besteht, »Widerstand

---

5 http://www.duden.de/rechtschreibpruefung-online <12.03.2014>.

gegen die Rechtschreibreform von 1996 zu leisten und sie rückgängig zu machen und zu einer am Gebrauch orientierten Beschreibung der Orthographie zu finden.«[6]

In der bereits oben erwähnten Untersuchung von 2008, die in Kooperation zwischen der Gesellschaft für deutsche Sprache, dem Deutschen Sprachrat und dem Institut für Demoskopie Allensbach durchgeführt wurde und bei der 1.820 repräsentativ ausgewählten Personen Fragen zum Thema ›Deutsche Sprache‹ gestellt wurden, ging es u.a. auch um Einstellungen zur jüngsten Orthographiereform. In der Presserklärung heißt es dazu:[7]

> Mit der Rechtschreibreform haben sich nur Wenige angefreundet (9 Prozent), die Mehrheit, 55 Prozent, spricht sich auch jetzt noch dagegen aus. Vielen ist die Rechtschreibreform letztlich ›egal‹ (31 Prozent).

Die Menschen sind verunsichert hinsichtlich der korrekten Schreibweise, und die Befunde zeigen, dass sich gegnüber 1997 im Jahr 2008 die Zahl derer, die sich für die Reform aussprechen, von 70 Prozent auf 10 Prozent verringert hat, während die Zahl der Gegner von 10 Prozent auf 55 Prozent gestiegen ist.

Interessant ist, ob und wie die emotional diskutierten Neuerungen oder auch die Verunsicherungen bewirkenden Erscheinungen in der Kommunikation der Sprechergemsinschaft angekommen sind. Für einige davon spielt das DeReKo am 12.03.2014 folgende Treffer zurück:

Tabelle 4: Häufigkeit verschiedener Schreibvarianten

Rad fahren / radfahren			
Variante	Treffer	Texte	Jahrgänge
Rad fahren	4.342	3.931	24 Jahrgänge (ab 1988; nicht 1989 und 1991)
radfahren	698	677	30 Jahrgänge (kontinuierlich ab 1990; 1998 Spitzenwert)
eislaufen / Eis laufen			
Variante	Treffer	Texte	Jahrgänge
Eis laufen	283	252	21 (ab 1992; nicht: 1993)
eislaufen	351	339	21 (ab 1991; nicht: 2002, 2003)
Stängel / Stengel			
Variante	Treffer	Texte	Jahrgänge
Stängel	5.902	4.458	19 ab 1995 durchgehend
Stengel	5.506	3.617	40 ab 1790; ab 1990 durchgehend

Einbezogen sind auch Namen oder aber auch Aussagen über die Rechtschreibreform, die *Stengel* / *Stängel* als objektsprachliche Einheiten beinhalten.

---

[6] http://www.nuernbergwiki.de/index.php/Verein_f%C3%BCr_deutsche_Rechtschreibung_und_Sprachpflege <04.08.2014>.

[7] GfdS-Umfrage: http://www.gfds.de/presse/pressemitteilungen/130608-einstellung-der-deutschen-zur-sprache/einstellung-der-deutschen-zu-der-rechtschreibreform-und-den-rechtschreibfaehigkeiten/ <12.03.2014>.

alles Übrige / alles übrige			
Variante	Treffer	Texte	Jahrgänge
alles Übrige	137	134	20 ab 1987; ab 1996 durchgehend
alles übrige	252	230	40 ab 1992; durchgehend

Sowohl vor als auch nach der neuesten Orthographiereform finden sich in den Texten, die ins Korpus eingegangen sind, aber auch anderswo in der Öffentlichkeit, jeweils beide Varianten nebeneinander, wenn auch mit je unterschiedlicher Häufigkeit. Die Umsetzung der neuen Rechtschreibfestlegungen ist angesichts dessen alles andere als vollzogen. Wer aufmerksam seine Umgebung beobachtet, findet dies nur bestätigt, wie folgende Fundstücke aus dem Alltag der Öffentlichkeit in Deutschland zeigen. Auch wenn Verstöße gegen die Orthographie keine rechtlichen Folgen nach sich ziehen, wird aus Gründen des Schutzes der Geschäftsinhaber und –inhaberinnen keine Adresse genannt.

Geschäfte informieren potentielle Kunden über ihren Service und werben für ihre Produkte. Für sie sind die Angebote wichtig, nicht die Sprache – und für die möglichen Interessenten wohl auch. Solange die Aussagen verständlich sind, dürfte es wohl keine Probleme mit der Verständigung geben.

Beispiel: Party-Service

> Summertime – Picnic Time
> Wir bieten Ihnen liebevoll zubereitete Leckereien mit Allem, was Sie für einen entspannten Sommertag benötigen

Beispiel: Bäckerei

> Wir sind Sonntags für Sie da
> von 7.45 Uhr bis 11 Uhr
> Probieren Sie unsere Sonntagstüte für nur € 3,45
> - 3 Kaiser
> - 2 Körner
> - 1 Breze
> - 1 Butter- und 1 Laugencroissant

2.3 Reputation der Orthographie und Wirklichkeit des Schreibens

2.3.1 Falsche Vorstellungen vom richtigen Schreiben

Die Art der Wahrnehmung von Sprache in der Öffentlichkeit hat Dieter Cherubim in seinem Vortrag beim Germanistentag 1999 in Lüneburg das »normative Paradigma« genannt (Cherubim 2000). Man könnte ebenso gut von einem ›normativen Syndrom‹ sprechen, das allgegenwärtig ist und kaum Chancen hat, sich auflösen zu lassen. Dahinter steht die Auffassung, dass
– die deutsche Sprache ein exakt begrenzter Satz von Regeln sei,
– dass es klare Kriterien für das gebe, was richtig und was falsch sei,
– dass Autoritäten, wie etwa der Duden, einem zu sagen hätten, wie man v.a. schreiben hat.

Der normative Charakter von Sprache scheint sich für Laien gerade in der Orthographie am deutlichsten zu manifestieren. Das hohe Ansehen, das sie genießt, passt in das »normative Paradigma«, gründet sich jedoch nicht immer auf einen soliden Kenntnisstand. Denn trotz der einerseits hohen Reputation, die die Orthographiekenntnisse haben, gewinnt man andererseits eher den Eindruck, dass die Sprachnutzer zufrieden sind, wenn verständlich ist, was sie ausdrücken wollen. Ob dahinter Gleichgültigkeit oder mangelnde Kenntnisse stehen, ist nicht zu entscheiden. Gelegentlich herrschen jedoch schlichtweg falsche Vorstellungen von vermeintlich selbstverständlich korrekter Schreibung. Bei dem bereits erwähnten Eignungstest für Bewerber und Bewerberinnen, die sich für eine Laufbahn bei der Polizei interessieren, stößt man auf eine Komponente, die zur Erkenntnis über die Fähigkeit der Kandidatinnen und Kandidaten dient, die Bedeutung von Sprichwörtern zu verstehen. Wohlgemerkt: Es geht hier nicht um einen Orthographietest, bei dem etwa Fehlschreibungen erkannt werden sollen. Vielmehr gehen die Aufgabenkonstrukteure natürlich davon aus, dass sie in ihren Aufgabenformulierungen alles richtig schreiben.[8]

---

[8] http://www.ausbildungspark.com/files/einstellungstest_polizei.pdf. <14.03.2014>

Ein weiteres Beispiel aus dem Einstellungstest der Polizei:

> **Einstellungstest / Eignungstest online. Polizei und Bundespolizei**
> Sprachverständnis
> Bedeutung von Sprichwörter
> Bei den nächsten Aufgaben geht es darum, für die jeweiligen Sprichwörter die richtige Bedeutung zu erkennen.
> Beantworten Sie bitte die folgenden Aufgaben, indem Sie die richtige Antwort anklicken.
> Frage 6
> Freunde in der Not gehen tausend auf ein Lot.
> Gute Freunde sind immer für einen da.
> Es ist schwer, gute Freunde zu finden.
> In schweren Zeiten stehen einem nur wenige Freunde wirklich bei.
> Freunde sind etwas wichtiges.
> Keine Antwort ist richtig.

Offenbar sind die Testkonstrukteure nur in den Bereichen und für die Beispiele der Orthographie firm, die sie testen wollen. Für die ausgewählten Wörter im o.g. Beispiel haben sich die Aufgabenkonstrukteure sicher kundig gemacht. Ob gerade diese Wörter allerdings auch sinnvoll ausgesucht worden sind, erschließt sich nicht immer. Angesichts einschlägiger Beispiele ist höchst fraglich, ob gerade die Wörter, deren richtige Schreibung verlangt wird, erstens solche sind, die man ›kennen muss‹, und zweitens peripheres Sprachmaterial, noch dazu in isolierter Form und ohne Kontext, geeignet ist, um Aufschluss über Kompetenzen der Sprachnutzer zu geben. Unter

> http://www.paukerpage.de/EignTest.pdf <13.04.2014>

lässt sich ein »Test« aufrufen, für den auf dieser Seite niemand verantwortlich zeichnet, der jedoch in mehr oder weniger abgewandelter Weise auch auf Webseiten von Unternehmen anzutreffen ist, die damit offenbar Interessenten eine Vorstellung von dem geben wollen, was bei einem Test im Rahmen einer Bewerbung auf sie zukommt. Unter anderem besteht die Rechtschreibkomponente aus einer Liste von Wörtern mit jeweils zwei Schreibvarianten. Die Testperson hat die ›richtige‹ Variante zu finden; die Optik wurde in der folgenden Darstellung angepasst.[9]

---

[9] https://www.sparkasse-herford.de/module/einstellungstest/uebungen_deutsch1/index.php?n=<04.08.2014>; die Optik ist hier etwas anders dargestellt als im Original.

Beispiel: Eignungstest bzw. Einstellungstest

Einfach mal testen
Online-Einstellungstest
Und deshalb heißt die Devise: Üben, üben, üben. Mit unserem Online-Einstellungstest haben Sie jetzt die Möglichkeit, sich auf den praktischen Teil einer Bewerbung vorzubereiten. Sie beantworten die Fragen und erhalten sofort Ihr Ergebnis.
Aufgabe 1

Welche Schreibweise ist richtig?	
abspuhlen – abspulen	sympathisch – symphatisch
Autopsie – Autobsie	totkrank – todkrank
fröhnen – frönen	grölen – gröhlen
achzig – achtzig	Prophezeiung – Prophezeihung
Barock – Barok	nummerieren – numerieren
Gries – Grieß	ausgehöhlt – ausgehölt
aprubt – abrupt	Alliierte – Allierte
Zenit – Zenith	Athmosphäre – Atmosphäre
Panther – Panter	Wohlust – Wollust
apellieren – appellieren	Karosserie – Karrosserie
Siffon – Siphon	Armartur – Armatur
Polyklinik – Poliklinik	Akkordeon – Akordeon
spührte – spürte	Parallele – Paralelle
Sabbat – Sabbath	Omlette – Omelette
Rokoko – Rokkoko	Lybien – Libyen
Alphabeth – Alphabet	Katarrh – Kathar
Abonnement – Abonement	Rhabarber – Rabharber
Stanniol – Staniol	Temperatur – Temparatur
Abzeß – Abszeß	cellephaniert – cellophaniert
Triumphirat – Triumvirat	simullieren – simulieren

Zweifellos handelt es sich in einigen Fällen um Wörter, die im aktiven Wortschatz präsent sein sollten, und dies auch in der richtigen Schreibung (*abspulen, achtzig, spürte*). Ob dies für *Zenit, Rokoko, Wollust* und manch andere auch gilt, ist zumindest fragwürdig. Nicht wahrgenommen haben die Testkonstrukteure, dass seit den Revisionen zur Reform von 1996 Varianten zugelassen sind: Zwischen *Panther* und *Panter* ist nicht nach ›richtig‹ und ›falsch‹ zu unterscheiden und von den Alternativen *Abszeß* und *Abzeß* ist keine richtig. Und schließlich wird für falsch eingestufte Schreibungen dieses Tests ein Leser in der Öffentlichkeit ganz prominente Beispiele finden:

Für *Polyklinik / Poliklinik

> Polyklinik Südpark
> Melchendorfer Straße 1
> 99096 Erfurt
> http://www.polyklinik.com/

Für *Kravatte / Krawatte

> Die Kravatte günstig einkaufen im Online Shop –
> Der Spezialist für die modische Kravatte
> http://www.kravatte.org/

Für *fröhnen / frönen

> Hobby: Modelleisenbahn
> Zwanglos dem schönen Hobby fröhnen…
> http://www.hobbymap.de/hobbys/modellbau-handarbeiten/modellbaurc-modellbau/modelleisenbahn/bremec-modelleisenbahn-zwanglos-dem-schoenen-hobby-froehnen

Die deutsche Öffentlichkeit bzw. der gehobene Journalismus hat bekanntlich ausgiebig Kenntnis von der neuen Reform genommen. Dass Zitate in Originalversion wiedergegeben werden müssen, scheint allerdings unbekannt. Im folgenden Ausschnitt aus einem Zeitungstext, der sich bei der Recherche im DeReKo unter den Treffern für die Eingabe »Ortographie« (12.03.2014) findet, wird nicht nur Johann Christoph Adelung falsch zitiert, sondern Halbwissen ist mit Unwissen gepaart:

> Zwar gab es Richtlinien, die vor allem dem Gelehrten Johann Christoph Adelung (1732 bis 1806) und seinem »Wörterbuch der Hochdeutschen Mundart« sowie dem Werk »Vollständige Anweisung zur deutschen **Ortographie**« zu verdanken waren. Doch ausgerechnet der Sprachforscher Jacob Grimm, besser bekannt als eine Hälfte der Märchen sammelnden Gebrüder, machte sich für die Verwendung des Mittelhochdeutschen stark. Diese reichlich altertümliche Version bediente sich noch Worten wie Leffel statt Löffel, obwohl das ö bereits gesprochen wurde, Mand statt Mond, Liecht an Stelle von Licht oder Boum für Baum. **(NUZ04/OKT.00191 Nürnberger Zeitung, 01.10.2004; Erst vor 100 Jahren kam Ordnung in die deutsche Sprache - Als der Löffel noch Leffel hieß.** (DeReKo »Ortographie« 12.03.2014)

Aus der ersten Phase der Verlautbarungen über die neue Orthographiereform stammt der folgende Text:

> In sechs Bundesländern, darunter in Bayern, werden die neuen Rechtschreibregeln schon ab dem kommenden Schuljahr eingeführt. Nach einer siebenjährigen Übergangsfrist soll dann grundsätzlich die neue »Orthografie« (bisher durfte man nur »**Ortographie**« schreiben) gelten.

(Hintergrundbericht Seite 2, Fortsetzung Seite 4) **(NUN96/JUL.00089 Nürnberger Nachrichten, 02.07.1996, S. 1; Ab 1998 neue »Orthografie«.** (DeReKo »Ortographie« 12.03.2014)

Zeigt schon allein die Aufregung über die neue Reform auch die hohe Reputation, die die Orthographie in der Öffentlichkeit genießt, so kann weiter angeführt werden, dass man offenbar von Berufsanfängern u.a. Orthographiekompetenz erwartet. Jedenfalls weisen Rechtschreibanteile in Eingangstests, die Firmen bei Bewerbungen verlangen, darauf hin, dass man auf die Überprüfung der Rechtschreibkenntnisse großen Wert legt.

Orthographiekenntnisse bzw. die Tatsache, dass die Rechtschreibfähigkeiten der Bevölkerung angeblich nachgelassen hätten, gibt auch den Grund für die Auffassung ab, dass die deutsche Sprache verfalle. Die bereits erwähnte Umfrage der Gesellschaft für deutsche Sprache widerlegt dies jedoch klar:

> Die Rechtschreibkenntnisse der Bevölkerung jedenfalls haben sich in den letzten 20 Jahren nicht verschlechtert, aber auch – trotz Explosion der höheren Bildungsabschlüsse in diesem Zeitraum – nicht verbessert. Wörter wie ›Lebensstandard‹ oder ›Rhythmus‹ konnte damals wie heute nur jeder Zweite bzw. knapp jeder Dritte korrekt schreiben. Und auch Jüngere, Unter-30-Jährige, schneiden bei diesem Test nicht schlechter ab als Altersgleiche vor gut 20 Jahren. Zwar reicht dieser kleine Rechtschreibtest nicht aus, das allgemeine Gefühl eines Verfalls der Sprachkultur in Deutschland zu widerlegen, weckt allerdings Zweifel an Pauschalurteilen.[10]

Man kann allerdings, wenn man aufmerksam seine Umgebung beobachtet, nicht unbedingt zu diesem Ergebnis kommen. Folgende Beispiele haben nichts mit der jüngsten Orthographiereform zu tun und es handelt sich dabei auch nicht um etymologische Schreibungen bzw. Übernahmen aus anderen Sprachen wie bei dem von der GfdS genannten Wort *Rhythmus*.

Beispiel: Fotostudio

> Ab Montag den 29.04.2013 gelten volgende Öffnungszeiten
> Mo. - Fr. 9:00-12:00 & 14:00-18:00 Uhr
> Sa. gerne nach Termin

Beispiel: Design-Service

> **Semikolon;**
> Semikolon gibt es seid 25 Jahren und ist eine Marke für zeitgenössisches Design geworden.

---

[10] http://www.gfds.de/fileadmin/gfds_download/GfdS_Studie_Spracheinstellung.pdf <21.07.2014>.

Das Design und das Farbsystem gibt Ihnen die Möglichkeit, die Bücher, Alben und Kartonagen nach Ihrem Geschmack zu kombinieren, und auch zu sammeln.
Schaun Sie vorbei und überzeugen Sie sich von der Auswahl das Semikolon Ihnen bietet.

Beispiel: Gastronomie

Unsere Bar ist vorrübergehend geschlossen

2.3.2 Neue Kommunikationsmedien und Orthographie

Allerdings scheint man sich zumindest in *einem* Bereich der Kommunikation zunehmend weniger um Orthographieregelungen zu kümmern: Gemeint ist die Kommunikation über E-Mail und im Internet.

Bekanntlich hatten Koch/Österreicher (1985) ein Modell vorgelegt, das die Kommunikationsformen nach ihrer medialen Umsetzung einerseits und ihrer Konzeption andererseits unterscheidet. Dem zufolge kann man (medial) *entweder* sprechen *oder* schreiben. Konzeptionell allerdings ist von einem Kontinuum auszugehen, in dem sich ein Text (gesprochen oder geschrieben) ansiedeln lässt: Die Extrempole wären ein Gesetzestext (konzeptionell schriftlich) und ein lockeres Plaudern unter Freunden (konzeptionell mündlich). Beides könnte medial mündlich wie schriftlich umgesetzt werden, wobei der konzeptionelle Unterschied davon nicht betroffen wäre. Doch bedürfte es vermutlich eines erheblichen Aufwandes hinsichtlich der Entscheidungen, wie ein konzeptionell (und zunächst auch medial) mündlicher Text in eine schriftliche Form zu bringen wäre. Dass dieses Problem nicht trivial ist, zeigt sich seit geraumer Zeit anhand der Entwicklung neuer Medien der Kommunikation und den daraus resultierenden Folgen. Denn die Grenzen zwischen Schriftlichkeit und Mündlichkeit werden fließend, wenn Chat, Instant Messaging und bedingt auch SMS und E-Mail eine zeitlich fast synchrone Kommunikation zumindest möglich machen (Dürscheid 2003: 13; Thaler 2003; Dürscheid 2006). Sichtbar betroffen ist davon insbesondere die Orthographie. Die Geschwindigkeit der Nachrichtenübermittlung und die Nutzung eines Geräts haben zur Folge, dass Regelungen weniger ernst genommen werden. Man findet
– die generelle Kleinschreibung, die absichtsvoll gewählt sein kann, um sich die Abfassung zu vereinfachen,
– ein Wissen um die Tatsache der deutschen Groß- und Kleinschreibung, jedoch ebenso ein Nichtwissen um die Regelungen im Einzelnen oder Unbekümmertheit ihnen gegenüber,
– die Auflösung von Satz- und Wortgrenzen,
– eine mangelnde Kenntnis von Wortarten und syntaktischen Erfordernissen,
– Buchstabenauslassungen,

– Erscheinungen, die an das erinnern, was im Schriftspracherwerb als ›Skelettschreibungen‹ benannt wird (vgl. Kapitel 4.2.2).

Nicht nur die Nachricht an Bekannte und Freunde erfordert inzwischen offenbar weniger Aufmerksamkeit seitens derjenigen, die sie verfassen. Ähnliches gilt mittlerweile auch für Anzeigen, mit denen sich Anbieter, an eine im Grunde genommen weltweite Öffentlichkeit wenden. Über die Adresse »kleinanzeigen.meinestadt.de« können beispielsweise Tausende von Angeboten aufgerufen werden, für die Menschen interessierte Käufer oder Nutzer suchen. Betrachtet man solche ›Kleinanzeigen‹, so erkennt man, dass alle o.g. Erscheinungen präsent sind, wobei festzustellen ist, dass meistens Fachbegriffe korrekt und auch in ›neuer Rechtschreibung‹ wiedergegeben werden (z.B. *Schnellladegerät*).

Unter »kleinanzeigen.meinestadt.de« wurden am 04.08.2014 folgende Angebote gefunden. Die Auswahl ist zufällig.

Beispiel 1: »Hund«

> Beschreibung
> Ich biete zum verkauf einen acht Monate alten rüden an.10.11.2013 geboren
> Er ist stubenrein, lieb, kann alleine bleiben
> Er ist kinderlieb
> Verträglich mit jedem Hund.
> Er ist nicht kastriert
> Er hört auf sitz platz und kann ohne leine laufen
> am besten für ihn wäre ein haus mit grossen garten
> Er braucht viel Bewegung
> Ich gebe ihn nur mit einem schutzvertrag ab.
> Bei weiteren Fragen einfach melden

Beispiel 2: »Gastherme«

> Beschreibung
> Wegen neu Anschaffung Gastherme zu verkaufen.
> Die Gastherme wurde fachmännisch ausgebaut.
> Kann weiter benutzt werden oder als Ersatzteil Spender benutz werden.
> -Brennersteuerung UBA kostet als Ersatzteil Neu ca.416EUR
> -Dreiwegeventil Buderus mit Antrieb Motor
> Neu ca.260EUR
> -Ionisationselektrode Buderus
> Neu ca.25EUR
> -Glühzünder Neu ca.55EUR
> -Raumregler und Wasserpumpe....EUREUREUR

sie können alles Komplet für 450EUR haben.

Bei Interesse an bestimmten teile bitte Anfragen..

außer Ionisationselektrode und Glühzünder wird auch Einzel verkauft.

2.4 Die Umsetzung der jüngsten Orthographiereform

2.4.1 Einige Befunde aus dem Bericht des Rats für deutsche Rechtschreibung

Der Rat für deutsche Rechtschreibung nennt in seinem Bericht über den Zeitraum von März 2006 bis Oktober 2010 vorab, er habe die Absicht gehabt, keine weitere »Variantenführung« (Rat für deutsche Rechtschreibung 2010: 4) vornehmen zu wollen, sondern den Sprachgebrauch zu beobachten, um herauszufinden, wie die neuen Regelungen angenommen würden. Die Beobachtungen sollten sich auf Korpora professioneller Schreiber sowie auf Schülertexte stützen. Der Zugang zu schulischer Arbeit (und Arbeiten aus dem Schulunterricht) erwies sich jedoch als äußerst schwierig. Man konnte nur Aufgaben stellen, keine authentischen Schülertexte einbeziehen, und zudem wird die Probandenzahl als nicht repräsentativ angegeben (ebd.: 28), so dass mit gesicherten Aussagen über die Umsetzung der jüngsten Regelungen in Texten der nachwachsenden Generation nicht zu rechnen ist. Untersucht wurden in den Korpora der professionellen Schreiber einige Bereiche der Orthographie, in denen es (auch emotional begleitete) Veränderungen gegeben hatte. Als Ergebnis erhält man die Aussage, dass die Laut-Buchstaben-Zuordnung, weitgehend dem neuen Regelwerk (Deutsche Rechtschreibung 2006) konform erfolge (drei identische Konsonantenzeichen, <ph>/<f> und s-Schreibung). Die Zusammen-/Getrenntschreibung hingegen sei »nicht gefestigt« (ebd.: 18). Bei der Groß-/Kleinschreibung gebe es deutliche individuelle Unterschiede, doch »Remotivierungen« (*Gämse*, etc.) hätten sich etabliert, wenn auch nicht alle im gleichen Maße. Die Neuregelung bei einigen Fremdwörtern werde zunehmend akzeptiert, auch der Verzicht auf die englischen Plurale (*Teddys*) habe sich etabliert. Eine zukunftsvisionäre Ansage besteht darin, das amtliche Regelwerk als »Textsorte« optimieren zu wollen (ebd.: 29ff.).

2.4.2 Was Kinder finden – eine kleine Korpusuntersuchung

Den folgenden Aussagen liegt eine Untersuchung von zwei kleinen Textkorpora zugrunde. Ihr Zweck liegt darin, herauszufinden, inwiefern junge Leserinnen und Leser, die die spezifischen Angebote ihrer Lokalzeitung wahrnehmen, auf Texte stoßen, in denen die jüngste Orthographiereform umgesetzt ist. Gesammelt wurden die Seiten »Junior« der Mittelbayerischen Zeitung, Regensburg (http://www.mittelbayerische.de/e-paper/), zwischen dem 09.07.2012 und dem 12.09.2012 (MZ 2) sowie dem 02.05.2014 und dem 16.06.2014 (MZ 3). Für Abonnenten der Zeitung ist ein online-Zugang einen Monat lang frei; das Speichern der Seiten ist erlaubt.

»Junior« erscheint täglich und richtet sich vorwiegend an junge Menschen zwischen 6 und 12 Jahren. Die Auflagenhöhe der Zeitung beträgt nach eigenen Aussagen 130.000 Exemplare täglich[11] und erreicht ca. 400.000 Leserinnen und Leser im Raum Oberpfalz und Niederbayern. Der Kernbereich der Leseangebote für die Jugend besteht aus Texten des von der Deutschen Presseagentur angebotenen Kinder-Nachrichtenmaterials, bei dem pro Tag ca. 25 Texte zur Verfügung stehen (»Textangebot – Erklärstücke und Hintergründe kindgerecht geschrieben«)[12] und die von den Zeitungen genutzt werden können. Die Mittelbayerische Zeitung ergänzt diese dpa-Texte mit »Nachrichten aus deiner Stadt«. Welche Zeitung im deutschen Sprachraum das grundsätzlich zur Verfügung stehende dpa-Angebot nutzt, bedürfte einer aufwendigen Recherche, doch laut Aussage des Bundes deutscher Zeitungsverleger publizieren 77% der Zeitungen in Deutschland regelmäßig Seiten für ihre nachwachsende Lesergeneration, wenn auch nicht nur auf der Grundlage des dpa-Materials.[13] Doch dürfte wohl davon ausgegangen werden, dass vielen potentiellen jungen Leserinnen und Lesern in allen Regionen der Bundesrepublik die dpa-Texte zur Verfügung stehen. Interessant ist der Befund allein schon im Hinblick auf die Texte der dpa für junge Menschen.

Untersucht wurde in beiden Korpora eine Auswahl von Erscheinungen der Orthographie, die im Zug der jüngsten Reform besonders interessant geworden sind.

Tabelle 5: Korpusuntersuchung – Dreifachkonsonanten

Fall	MZ 2 – Dreifachkonsonanten		MZ 3 – Dreifachkonsonanten	
	Zahl der Texte mit Beispielen	Beispiele	Zahl der Texte mit Beispielen	Beispiele
fff	2	*Personenschifffahrt, Kunststofffasern*	---	---
mmm	1	*Schlammmonster*	---	---
ppp	---	---	---	---
rrr	---	---	---	---
lll	1	*Fußballliga*	---	---
nnn	1	*Brennnessel*	1	*Brennnessel*
sss	3	*Motorcrossstrecke, Flussschildkröten, Messstellen*	---	---
ttt	---	---	1	*Profilballetttänzer*

---

11 http://www.mittelbayerische.de/index.cfm?pid=10419 <18.07.2014>.
12 http://www.dpa.de/dpa-Nachrichten-fuer-Kinder.229.0.html <18.07.2014>.
13 http://www.bdzv.de/junge-leser <18.07.2014>.

Tabelle 6: Korpusuntersuchung – weitere Veränderungen durch die neue Orthographiereform

Erscheinung	Zahl der Texte mit Fällen MZ 2	Zahl der Texte mit Fällen MZ 3
-graf	6 (*Fotograf, Geografie,* auch: Name *Graf; Graffiti*)	8 (*Fotograf, Choreograf, Fotografie, fotografieren*)
-graph	---	---
-fon	7 (*Telefon*, auch Verb, auch Zusammensetzungen)	4 (*Telefon*)
-phon	---	4 (*Smartphone*)
-fot	59 (*Foto*; auch in Zusammensetzungen, Verb)	37 (*Foto*; auch in Zusammensetzungen, Verb)
-phot	---	---
Tip	---	---
Tipp	25 (Zusamnensetzungen: *Freizeit-Tipp, Veranstaltungs-Tipp, Hörbuch-Tipp, TV-Tipps, Film-Tipps*)	8 (auch Zusammensetzungen, *tippen*)
Potenzial	1	---
Potential	---	---
zu viel	7	1
zuviel	1	---
sodass	---	---
so dass	---	3
spazierengehen	---	2 (allerdings substantiviert: *beim Spazierengehen; Spazierengehen war...*)
spazieren gehen	1	---
kennenlernen	1	3 (einmal davon substantiviert: *beim Kennenlernen*)
kennen lernen	---	---

Von Erscheinungen, die vor 1996 kleingeschrieben wurden, inzwischen aber als Substantivierungen betrachtet werden, lässt sich in den beiden Korpora nur ein Beleg, und dieser in Großschreibung (*im Allgemeinen*/11.06.2014) finden. Keine Beispiele lassen sich nachweisen für:

> *im Folgenden/*im folgenden; im Einzelnen/*im einzelnen; im Dunkeln/*im dunkeln; im Übrigen/*im übrigen; im Nachhinein/*im nachhinein; im Voraus/*im voraus.*

Die zugrundeliegenden Adjektive, Adverbien, Partikeln und Verben werden jedoch sehr wohl verwendet: *folgen; einzeln; dunkel; allgemein; übrig; voraus.*

Ähnliches gilt für *heute Morgen/*heute morgen; heute Abend/*heute abend*: Die Beispiele tauchen weder in Klein- noch in Großschreibung auf, von *Abend* (als Substantiv) und *morgen* als Zeitadverb mit Referenz auf den nächsten Tag ist jedoch in der Schreibung wie hier sehr wohl die Rede. Für die Tageszeiten in Kombination mit den Wochentagen (Beleg *am Samstagabend*) wird sichtlich dem Wunsch der Orthographiereformer nach Zusammenschreibung entsprochen.

Die Schreibung *dass* ist in beiden Korpora realisiert, *daß* kommt nicht vor; *am besten* (häufig ein Problem in der Vermittlung in der Schule, da – alt wie neu – nicht selten fälschlich **am Besten* geschrieben wird und Lehrpersonen in Erklärungszwang kommen) erscheint ausschließlich in der – alt wie neu – richtigen Kleinschreibung.

Für die Entscheidungen, die einer konsequenten Beachtung des Stammprinzips geschuldet sind, die jedoch einst zu emotional aufgeladenen Diskussion geführt haben, finden sich in beiden Korpora keine Belege:

Bändel; behände; Gämse; schnäuzen; überschwänglich; belämmert; einbläuen; Quäntchen

kommen nicht vor.

Die Pluralbildungen von aus dem Englischen übernommenen Wörtern wie *Baby, Story* und *Teddy* werden gemäß der neuen Regelung als *Babys, Storys und Teddys* geschrieben. Mit der Entscheidung haben sich die Reformer gegen die englische Form des Plurals ausgesprochen, obwohl in anderen Fällen die Schreibung der Herkunftssprache auch nach der Reform erhalten geblieben ist (vgl. dazu auch Kapitel 5).

Die Schreibung von *rau* wird umgesetzt; die Etymologie scheint hier nicht mehr von Interesse zu sein.

Als Bilanz lässt sich feststellen: *Wie* man schreibt, ist zunächst abhängig von dem, *was* man schreiben will. Obwohl die Themenvielfalt der beiden Korpora sehr groß ist und inhaltlich gesehen viele Interessen bedient werden, wird doch versucht, konkret und veranschaulichend zu schreiben und Nominalstil bzw. Nominalisierungen zu vermeiden. Die satzinterne Großschreibung beschränkt sich damit auf die Wortart Nomen bzw. Substantiv als »Kopf einer Nominalphrase« (Primus 2010: 31). Eine Erklärungsnot träte hier also gar nicht auf.

Angesichts der Textmenge, die auch jugendlichen Leserinnen und Lesern potentiell zur Verfügung stehen, ob sie sie nun nutzen oder nicht, sind dies nur wenige, ja verschwindend geringe und im Grunde genommen auch unbedeutende Erscheinungen. Eine systematische Erfassung der Umsetzung der neuen Rechtschreibregelungen ist aus zwei Gründen nicht möglich: Zum einen stellt die Sprache einer Sprechergemeinschaft ein unendliches Potential für ihre Nutzer dar; man käme mit einer Untersuchung nie an ein Ende. Auf die Problematik der Korpusbeschaffung ist auch der Rat für deutsche Rechtschreibung gestoßen (vgl. oben Kapitel 2.4.1). Zum anderen kann niemals garantiert werden, dass eine aktuell in einem Ausdruck auftauchende Schreibnotwendigkeit tatsächlich auch ›geregelt‹ ist. Mitunter findet ein Schreiber gerade für seinen Ausdruckswunsch weder in den amtlichen Regelungen noch im »Duden« (2013) eine Unterstützung, wenn er sich seiner Entscheidung nicht sicher ist. Und selbst die Regelungen sind in dem, was sie formulieren, alles andere als konsistent. Noch ein anderes Problem ist die Frage, warum die Vorstellung besteht, dass alles bis ins Kleinste (bis ins kleinste?) geregelt sein muss. Es wird darauf noch zurückzukommen (warum nicht: zurück zu kommen?) sein.

Festzustellen ist jedenfalls, dass die letzte Orthographiereform nicht nur in der Interimszeit zwischen 1996 und 2006 große Ärgernisse verursacht, sondern eine Verunsicherung hervorgerufen hat, die nach wie vor anhält. Dabei hilft es auch wenig, wenn man angesichts einer Befragung unter Lehrerinnen und Lehrern bedauernd feststellt: »Dass die neue Rechtschreibung von den meisten der Befragten als besonders problematisch und unverständlich eingeschätzt wird, spricht für Versäumnisse in der Fortbildung der Lehrpersonen« (Bernasconi/Hlebec/Reißig 2011: 504). Denn man könnte auch die Perspektive wechseln und nach der Sinnhaftigkeit und Effizienz der Reform fragen, wenn schon Sprachnutzer mit *besonderer* Wahrnehmung und Expertise für Sprache – und als solche können Lehrerinnen und Lehrer ja zweifellos gelten – sich hier nicht finden können. Wer unsicher ist, wird nachschlagen und kann seinen Text auf folgender Seite überprüfen lassen:

http://www.duden.de/rechtschreibpruefung-online <20.07.2014>.

Allerdings ist der Textumfang, der eingegeben werden kann, nicht sehr groß. Wer differenziertere und weitergehende Anliegen hat und Unterstützung sucht, kann auf ein Angebot treffen, das allerdings nicht in jeden Fall kostenlos und auch nicht frei von Werbung ist. Seitens des Anbieters wird der Bedarf gesehen (und genutzt), Menschen bei ihren Ausdruckswünschen zu helfen. Auf einer Webseite, für die ein Julian von Heyl verantwortlich zeichnet, der nach eigener Aussage mit Experten in Kontakt ist, findet sich beispielsweise die Kategorie »Beliebte Fehler« (http://www.korrekturen.de/<20.07.2014>) und ein Verzeichnis der Änderungen durch die jüngste Reform. Zum Service-Angebot gehört ferner die Textkorrektur, die Kunden vornehmen lassen können. Außerdem sind die amtlichen Regeln und das Wörterverzeichnis von 2006 aufzurufen und es gibt Spiele, Rätsel und Unterhaltsames.

Als Ergebnis lässt sich festhalten, dass in der Sprechergemeinschaft sicher mehr, bessere und genauere Kenntnisse über die Orthographie erforderlich wären. Ebenso wichtig wäre jedoch eine differenzierte Sicht auf den Bereich des ›richtigen Schreibens‹. Mit isolierten Einzelwörtern fasst man nicht das Orthographiesystem einer Sprache und im Test schon gar nicht die Kompetenz der Sprachnutzer. Das folgende Kapitel wird daher auf die Komplexität, Kompliziertheit und die Grenzen dieses Systems eingehen.

Weiterführende Literatur:
Adick (2003), Belke (2001), Cherubim (2000), Dürscheid (2006), Stenschke (2005), Schaeder (1994)

2.5 Aufgaben

A 2.1
Geben Sie in eine Suchmaschine das Stichwort »Verweigerung der neuen Rechtschreibung« ein. Rufen Sie einige Treffer auf und befassen Sie sich damit etwa 30 Minuten lang. Fassen Sie dann Ihre Eindrücke zusammen!

A 2.2
(a) Nehmen Sie sich einige der Beispiele aus der neuesten Orthographiereform vor, die eine emotional aufgeladene Diskussion hervorgerufen haben wie *Stopp, Spagetti, Ketschup,* Wörter mit Dreifachkonsonanten oder die Pluralbildungen englischer Wörter. Finden Sie zunächst heraus, ob Varianten zugelassen sind. Recherchieren Sie im DeReKo die tatsächliche Sprachverwendung, wie sie das Korpus hergibt. https://cosmas2.ids-mannheim.de/cosmas2-web/
(b) Geben Sie in eine Suchmaschine Wörter in »alter« und »neuer« Rechtschreibung ein, beispielsweise *Stengel/Stängel – radfahren/Rad fahren – Gemse/Gämse – schneuzen/schnäuzen* oder *Brennessel/Brennnnessel – Stoffetzen/Stofffetzen.* Sie finden sicher selbst noch mehr Beispiele. Beschreiben Sie, systematisieren Sie und beurteilen Sie Ihre Funde.
(c) Erkunden Sie die Schreibungen in den bei (a) und (b) genannten Umgebungen oder überlegen Sie selbst, wo Sie recherchieren könnten (Schülerarbeiten beispielsweise): *Pappplakat, Balletttruppe, Schifffahrt, Wolllappen.* Formulieren Sie die alte und die neue Regelung.

A 2.3
Gehen Sie aufmerksam durch Ihren Alltag und beobachten Sie Anzeigen, Plakate, Informationstafeln, aber auch Dokumente im Internet. Sammeln Sie Befunde. Welchen Eindruck von der Bedeutung der Orthographie einerseits und der Kompetenz der Verantwortlichen für diese Texte andererseits erhalten Sie? Versuchen Sie einen solchen ›Befund‹ zu korrigieren!

A 2.4
Führen Sie eine kleine Recherche zur Internetkommunikation durch! Sammeln Sie E-Mails und SMS-Nachrichten, die Sie erhalten, und suchen Sie in Foren und Blogs. Eine reiche Ausbeute erhalten Sie, wenn Sie Kleinanzeigen durchsuchen, die nach bestimmten Kategorien geordnet sind (Tiere, Geräte, Dienstleistungen usw.). Quelle beispielsweise: kleinanzeigen.de.meine stadt.

A 2.5
Sollten in einer (weiteren) Orthographiereform Varianten zugelassen sein oder sollte man eindeutige Vorgaben machen?
Wie stehen Sie zu einer ›staatlich verordneten‹ Orthographie?
Schreiben Sie zu einem der Themen einen Artikel, den Sie in einer Zeitung des gehobenen Journalismus veröffentlichen könnten.

A 2.6
In der ›Interimszeit‹ (1996-2006) kam es dazu, dass manche Verlage eine ›hauseigene Rechtschreibung‹ entwickelt haben. Recherchieren Sie die Haltung der FAZ oder auch anderer Zeitungen. Beurteilen Sie Texte dieser und anderer Zeitungen im Zusammenhang von Ausdruckswunsch und Orthographie.

3 Orthographie in der Sprachwissenschaft

Vorab sei erklärt, welche Zeichen für die Darstellung sprachlicher Erscheinungen verwendet werden:
Phone: [a] (eckige Klammern)
Phoneme: /s/ (Schrägstrich)
Grapheme: <h> (spitze Klammer; nur Minuskeln)
Graphe: *a, b, c,* ...(kursiv; Minuskeln und Majuskeln, auch andere graphische Formen)
Orthographisch richtige Schreibungen als Erscheinungen der Objektsprache: *man, Männer* (kursiv; Minuskeln und Majuskeln)
Fehlschreibungen: **fux* (für orthographisch richtig *Fuchs*)

3.1 Sprechen und Schreiben: Lautsystem und Schriftsystem

Sprache existiert in zwei Erscheinungsformen: als mündlich gesprochene und als schriftlich fixierte Sprache. Film- und Tonaufnahmen sind zwar auch fixierte Sprache, die Fixierung erfolgt jedoch nicht durch die Schrift – außer bei filmischen Untertiteln. Wer etwas mitzuteilen hat bzw. mittels Sprache mit anderen in Kontakt treten will, aber auch wer Sprache für andere, z.B. kreative, selbstreferentielle, künstlerische oder therapeutische Zwecke nutzen möchte, kann dies auf mindestens zweierlei Weise tun: Er kann reden oder schreiben, d.h. entweder Laute produzieren oder Schriftzeichen nutzen. Das Verhältnis der beiden Ausprägungen von Sprache kann man verschieden einschätzen:

Wer daran denkt, dass sowohl in der kulturgeschichtlichen Entwicklung der Menschheit als auch in der Biographie eines Heranwachsenden bis heute die gesprochene Sprache der Schrift vorausgeht, der könnte generell von einem Primat der mündlichen Sprache ausgehen. Auch könnte er ins Feld führen, dass es Kulturen gegeben hat, die gar keine Schrift entwickelt oder zumindest keine schriftlichen Zeugnisse hinterlassen haben, dass aber dennoch eine Verständigung unter den Angehörigen solcher schriftloser Kulturen mittels mündlicher Sprache angenommen werden muss. In Form von Bildern, Steinen oder Skulpturen haben allerdings auch solche Kulturen bleibende Spuren der Verständigung hinterlassen.

Gesprochene Sprache und mündliche Verständigung kann man sich demnach sehr wohl ohne die Existenz von Schrift vorstellen, kaum aber ist Schrift denkbar, ohne dass in einer Sprachgemeinschaft auch gesprochen würde. Ferner dürfte es wesentlich häufiger vorkommen, dass Menschen miteinander sprechen, als dass sie sich schriftlich verständigen, obwohl man sich diesbezüglich nicht mehr ganz so sicher sein mag, wenn man an neueste Kommunikationsformen und -medien wie das Verfassen von SMS oder die Twitter- und Blogkommunikation denkt: Dürscheid setzt sie allerdings in einen Zwischenbereich zwischen Mündlichkeit und Schriftlichkeit (Dürscheid 2012: 52f.). Wird Schrift ein sekundärer Status zuerkannt, der die gesprochene Sprache vorausgeht, so spricht man von einer »Dependenzhypothese« (ebd.: 35ff.). Die gegenteilige Auffassung, nämlich die so genannte »Autonomiehypothese« (ebd.: 37ff.), besteht darin, dass man für beide Erscheinungsformen der Sprache, d.h. die mündliche und die schriftliche, jeweils einen Eigencharakter annimmt. Für die Schrift wird dabei ins Feld geführt, dass sie – anders als das Lautkontinuum mündlicher Sprache, das noch dazu flüchtig ist – aus diskreten, stabilen Einheiten bestehe, sich weitgehend unabhängig vom mündlichen Sprachgebrauch entwickelt habe, daher auch ein eigener wissenschaftlicher Untersuchungsgegenstand sein könne und müsse und dass der Spracherwerb – beispielsweise bei gehörlosen Menschen – auch ohne gesprochene Sprache erfolgen könne. Angemerkt sei für diesen Fall jedoch, dass der Erfolg umso größer ist, je früher man mit einem gehörlosen Kind mit einer Gebärdensprache arbeitet (Klann-Delius 2008: 85f.).

Betrachtet man den Status von Sprache aus alltagspragmatischer Sicht, so ist auf jeden Fall festzuhalten, dass sowohl die mündliche als auch die schriftliche Sprache präsent sind und weder das private noch das öffentliche Leben in den meisten Gesellschaften heute ohne die eine *und* die andere Form denkbar wäre. Im Sinne gelingender Kommunikation erfolgt die Wahl der einen oder der anderen Äußerungsform in Abhängigkeit von der jeweiligen sprachlich zu bewältigenden Situation. Dabei sind die Merkmale, Bedingungen und Möglichkeiten der einen oder anderen Form zu bedenken und stehen in Wechselwirkung zwischen den Intentionen des Sprachnutzers und den Notwendigkeiten und Erfordernissen, auf die er trifft. Schriftkundig und schreibkompetent zu sein ist demnach eine Grundvoraussetzung für Menschen, um sich in heutigen Gesellschaften erfolgreich bewegen zu können. Im Lesen und Schreiben unkundig und inkompetent zu sein zieht auf jeden Fall die Gefahr nach sich, vom öffentlichen Leben ausgeschlossen zu werden. Im Einzelnen hat die schriftsprachliche Kompetenz folgende Facetten:
– die Kenntnis der Schriftzeichen als solche, die im Schriftsystem einer Sprache zur Verfügung stehen,
– die motorische Fähigkeit mit der Hand, einem Stift oder der Tastatur zu schreiben,
– die Möglichkeiten von Schriftzeichen wahrzunehmen, d.h. zu unterscheiden, was tatsächlich Schriftzeichen sind und was nicht,
– das Wissen darüber, dass die Schriftzeichen kombiniert werden können und man damit etwas aufschreiben kann, das man selbst jederzeit wiedererkennt und andere als sinnhaft erkennen können, wobei
    – man das, was man geschrieben hat oder geschrieben vorfindet, auch sagen kann und umgekehrt,
    – man aber nicht notwendigerweise alles, was geschrieben ist, sagen muss und umgekehrt erst recht nicht.

Damit ist noch einmal explizit auf die interdependente Doppelfunktion der Orthographie von Aufzeichnung und Erfassung hingewiesen (vgl. Kapitel 1.2), die ein Schriftsystem hat und weswegen es ›Orthographie‹ gibt. Zugleich ist bereits auf den Erwerb der Orthographie vorausgeblickt. Das Verhältnis von Gesprochenem und Geschriebenem lässt sich aus dieser Perspektive weder ausschließlich als Dependenz – Schrift als abhängig von Gesprochenem – noch ausschließlich als Autonomie – Schreiben und Sprechen unabhängig voneinander –, sondern als ein nicht ganz spannungsfreies Wechselverhältnis zwischen den beiden Ausformungen von Sprache begreifen. Wer immer etwas aufschreiben will und wer immer etwas lesen will, muss wissen, wie er aufschreiben soll und wie aufgeschrieben ist. Selbst in Situationen, in denen keine mündliche Sprache der Aufzeichnungsintention unmittelbar vorausging, musste ein Schreiber bzw. der Verfasser für seinen Schreiber Entscheidungen treffen, wie geschrieben werden soll. Das Problem der Wahl und der Auswahl der Schriftzeichen hat verständlicherweise vor allem diejenigen beschäftigt, deren Arbeit zu den ersten Überlieferungen in (deutscher) Sprache gehören, und es verfolgt durch die Jahrhunderte hindurch alle, die sich mit der deutschen Sprache befassen. Selbst mit der hier erforderlichen Beschränkung auf einige wenige Beispiele ergibt sich dennoch ein eindrucksvolles Bild:

Der elsässische Mönch Otfrid von Weißenburg verfasst um das Jahr 830 eine so genannte Evangelienharmonie, d.h. eine auf den kanonischen Evangelien beruhende, jedoch gemäß dem theologischen Wissen der Zeit vereinheitlichende Darstellung des Wirkens und der Botschaft Jesu. Otfrid liegen lateinische Vorlagen vor. Seine Kommunikationsabsicht besteht darin, seinen fränkischen Adressaten in ihrer Sprache die christliche Heilbotschaft zu vermitteln. Neben der Grundsatzentscheidung, dass seine fränkische Sprache dazu überhaupt geeignet ist (und nicht nur die heiligen Sprachen Hebräisch, Griechisch und Latein, in denen die biblischen Geschichten überliefert sind und die eine Schriftkultur haben), muss er, da er keine Vorbilder in dieser seiner Sprache hat, selbst Detailentscheidungen für sein Schriftstück treffen. Unter anderem schreibt er in einer Widmung an den Erzbischof von Mainz, dem er damit zugleich seine Arbeit vorstellt:

> [...] etiam in multis dictis scripto est propter literarum aut congeriem aut incognitam sonoritatem difficilis. Nam interdum tria u u u, ut puto, quaerit in sono, priores duo consonantes, ut mihi videtur, tertium vocali sono manente; interdum vero nec a, nec e, nec u vocalium sonos praecavere potui: ibi y grecum mihi videbatur ascribi. Et etiam hoc elementum lingua haec horrescit interdum, nulli se caracteri alioquotiens in quodam sono, nisi difficile, jungens; k et z sepius haec lingua extra usum latinitatis utitur, quae grammatici inter litteras dicunt esse superfluas. Ob stridorem autem interdum dentium, ut poto, in haec lingua z utuntur, k autem ob faucium sonoritatem.

> [...] so ist auch bei vielen Wörtern die Schreibung schwierig, sei es wegen der Häufung von Buchstaben, sei es wegen ihrer ungewöhnlichen Lautung. Denn bisweilen fordert sie, wie mir scheint, drei u – die ersten zwei meines Erachtens konsonantisch lautend, während das dritte u den Vokalklang beibehält –, bisweilen konnte ich weder den Vokal a noch ein e, noch ein i

und auch nicht ein u vorsehen: in solchen Fällen schien es mir richtig, y einzusetzen. Aber auch gegen diesen Buchstaben sträubt sich diese Sprache manchmal: sie geht überhaupt bei gewissen Lauten nur mühsam eine Verbindung mit einem bestimmten Schriftzeichen ein. Diese Sprache verwendet, abweichend vom Lateinischen, häufig k und z, Buchstaben, von denen die Grammatiker sagen, sie seien überflüssig. Zum Ausdruck des bisweilen vorkommenden dentalen Zischlautes wird, wie ich meine, in dieser Sprache das z verwendet, das k aber zum Ausdruck des Rachenlauts. (Vollmann-Profe 1987: 20f.)

Damit ist man beim Kern und zugleich der gesamten Problematik dessen angelangt, was Orthographie in der Praxis ausmacht. Die Probleme, die den frühmittelalterlichen Mönch beschäftigt haben, sind für heutige Schulkinder und nicht zuletzt für den Rat für deutsche Rechtschreibung dieselben. Doch mittlerweile entscheidet ein Individuum nicht erst anlässlich seines Schreibwunsches, welche Schriftzeichen in welcher Anwendung er oder sie verwendet, sondern stößt dafür auf Vereinbarungen, die längst getroffen sind. Sie müssen zumindest für eine bestimmte historische Phase die Garantie geben, dass eine reibungslose Kommunikation mit schriftlicher Sprache erfolgen kann. Zeitlos oder gar unanfechtbar sind sie jedoch nicht. Vor allem hat man über Jahrhunderte hinweg darum gerungen. Einige wenige Stationen:[1]

Um das Jahr 1000 legt Notker Labeo (der Deutsche) seiner Rechtschreibung, die er – wie Otfrid auch – für seine Übersetzungen braucht, phonetische Beobachtungen zugrunde. Das Notkersche Anlautgesetz besagt, dass der letzte Laut des vorhergehenden Wortes den ersten des folgenden beeinflusst und die Schreibung entsprechend angepasst werden muss.

Martin Luther überträgt in der ersten Hälfte des 16. Jahrhunderts die Bibel unter Nutzung hebräischer, griechischer und lateinischer Versionen ins Deutsche. Die sprachschöpferische, stilistische und rhetorische Leistung des Reformators ist bekannt und bewundernswert. Eine einheitliche Orthographie hat er allerdings nicht propagiert, allenfalls *innerhalb seiner* Schriften weitgehend umgesetzt. Dass damit die Lutherbibel jedoch für die neuhochdeutsche Sprache eine vereinheitlichende Wirkung hatte, wozu die Verbreitung durch den Buchdruck beitrug, kann nicht in Abrede gestellt werden.

Explizite Aussagen zur Orthographie finden sich im 17. und 18. Jahrhundert mehrfach. Nur einige wenige, aber gleichwohl wichtige Stimmen können hier erwähnt werden (ausführlich dazu Nerius/Scharnhorst [Hg.] 1992):

Justus Georg Schottelius verlangt in seinem Werk »Brevis et fundamentalis Manuductio ad Orthographiam« von 1676, »Das jenige/ oder die jenige Letteren/ welche in Teutscher Rede dem Worte keine Hülfe thun/ und also überflüßig und untauglich seyn« nicht mehr geschrieben werden sollen, also *Lamm* statt *Lammb* (Schottelius 1676: 17); er befürwortet die Stammschreibung (*Tod – Todes,* ebd.: 18).

---

[1] Ausführlich und übersichtlich: Bubenhofer (1999) unter www.bubenhofer.com/rechtschreibung <14.04.2014>. Dem ist auch das Folgende verpflichtet.

Seine Orthographiesystematik ist nach Formenlehre, Syntax und Semantik bzw. Satzsemantik ausgerichtet und zieht immer wieder Latein zur Erklärung heran. Auch Aussagen zu den Satzzeichen finden sich. Das »Comma« wird als »Beistrichlein« bezeichnet und erscheint graphisch als *slash* (/) (ebd.: 202).

Johann Christoph Gottsched nimmt in der »Grundlegung einer deutschen Sprachkunst« von 1748 einen Vergleich von Sprachen und deutschen Mundarten vor, formuliert als »Das I. Hauptstück« seines Buches »Von den deutschen Buchstaben, und ihrem Laute« (ebd.: 17) und behandelt die Orthographie in über 20 Regeln, worunter sich u.a. explizit die Großschreibung der Substantive findet. Er hängt ein Verzeichnis »zweifelhafter Wörter« an.

Auch Johann Christoph Adelung geht in seiner »Vollständige[n] Anweisung zur Deutschen Orthographie nebst einem kleinen Wörterbuche für Aussprache, Orthographie, Biegung und Ableitung« von 1788 sehr systematisch vor: Er beginnt mit »Allgemeine[n] Grundgesetze[n] der Deutschen Orthographie«, geht dann auf »einzelne Buchstaben« ein, behandelt Silben, die Orthographie »ganzer Wörter« und schließlich die Satzzeichen, die er als »orthographische Zeichen« bezeichnet. Interessant ist sein Anhang zu den »orthographischen Neuerungen«, der letztlich eine Geschichte der Orthographie bis zu seiner Zeit bietet.

Wohl aufgrund der Einführung der allgemeinen Schulpflicht und dem damit verbundenen Zugang zur Schrift für weite Kreise der Bevölkerung wurde im 19. Jahrhundert schließlich die dringende Notwendigkeit gesehen, dass staatliche Behörden eingreifen, um rascher zu einer einheitlichen Orthographie für die deutsche Sprache zu kommen. Man wird allerdings sehen, dass auch frühere Versuche zur Orthographiesystematik immer wieder mit der Vermittlung von Orthographie verbunden waren (Kapitel 4) und Sprachwissenschaft und Vermittlungsarbeit sich erst im 20. Jahrhundert trennen (lassen).

Dieter Nerius (2002) zieht Bilanz für die Situation im 19. Jahrhundert und findet »in der zeitgenössischen [d.h. für das 19. Jahrhundert – IK] Sprachwissenschaft noch drei sehr unterschiedlich orientierte orthographische Regelungskonzepte nebeneinander« (Nerius 2002: IXff.):

– Eine als »traditionell« zu apostrophierende, die mit den Namen von Johann Christoph Adelung, Johann Christian Heyse (s-Schreibung) und Karl Ferdinand Becker verbunden werden (Schottelius und Gottsched wären ebenfalls anzuführen), bei der wenig eingegriffen und die Schreibung so belassen werden sollte, wie sie sich bis dahin eingebürgert hatte. Das Problem dabei war jedoch, dass die Praxis extrem uneinheitlich war.
– Eine als »historisch« oder »etymologisch« zu charakterisierende Schreibung, die insbesondere Jacob Grimm vertrat: dabei sollte eine Rekonstruktion vergangener Zustände erfolgen. (Für die im 19. Jahrhundert aktuelle Praxis hätte dies zu sehr großen Veränderungen geführt, wenn diese Vorstellung umgesetzt worden wäre.)

– Eine »phonetische« Richtung, die, so Nerius, von Rudolf von Raumer und auch von Konrad Duden vertreten wurde: Das Grundkonzept dabei besteht darin, die Wiedergabe der Laute durch Buchstaben festzulegen; allerdings gab (und gibt!) es keine standardisierte Lautung für die deutsche Sprache und schon gar nicht für Sprecher. Das Wörterbuch zur deutschen Bühnensprache von Theodor Siebs erschien erst 1898 und jeder Sprecher bildet Laute letztlich idiosynkratisch. Doch galt die Aussprache des südlichen Obersachsens als Vorgabe (vgl. Gottsched 1748: 39).

Damit ist man am Ende des 19. Jahrhunderts und bei den amtlichen Regelwerken angelangt (Kapitel 1).

Das »nicht ganz spannungsfreie Wechselverhältnis« (siehe oben) zwischen mündlicher und schriftlicher Sprache ist darin begründet, dass heutzutage das richtig geschriebene Schriftstück nach verschiedenen Prinzipien organisiert werden muss, auf die man jeweils in einer bestimmten historischen Situation Wert gelegt hat. Man könnte sie als Ballast empfinden. Die (gescheiterten) Reformversuche zeugen jedoch davon, dass Einigkeit über welches Vereinfachungsverfahren auch immer wohl ein unerreichbares Ziel ist. Festlegungen hatten und haben allenfalls Kompromisscharakter. Und so schleppen deutsche Sprachnutzer *nolens volens* bei jedem Schriftstück, das sie verfassen und lesen, Orthographie als historisches Gepäck mit sich.

Im Folgenden wird versucht, die Prinzipien der Verschriftung, wie sie sich heute darstellen und wie sie beachtet werden müssen, wenn man ›richtig‹ schreiben will, systematisch vorzustellen. Interessant ist dabei, dass sie im Wesentlichen bereits bei Gottsched formuliert sind. Seine über 20 Regeln seien zum Studium wärmstens empfohlen! Die Systematik ist jedoch bei ihm wie heute mehrfach problematisch: Zum einen sieht Gottsched schon einen Konflikt zwischen einigen seiner Regeln untereinander; zum anderen werden gegenwärtig von verschiedenen Sprachwissenschaftlern die Prinzipien unterschiedlich eingeteilt; und schließlich darf eine solche – wie auch immer aussehende – Systematik nicht zu der Vorstellung verleiten, dass man mit ihrer Kenntnis in der Praxis dann auch tatsächlich schon richtig schreiben könne. Denn einerseits müssten im Akt des Schreibens für den Verfasser im Grunde genommen alle Prinzipien gleichzeitig präsent sein und bedacht werden, was eine höchst anspruchsvolle kognitive Leistung wäre. Zum anderen liegt die Schwierigkeit dieser Prinzipien darin, dass sich die Notwendigkeit für eine Schreibentscheidung, die gemäß der gegenwärtigen Festlegung orthographischer Vorgaben zu treffen ist, nicht immer eindeutig dem einen oder anderen Prinzip zuordnen lässt – kurz: die Prinzipien stehen mitunter in Konkurrenz zueinander und schließen sich teilweise gegenseitig aus. Betrachtet man Orthographie aus Sicht des Schreibers (Sprachnutzers) ist es für ihn letztlich unerheblich, welches Prinzip er als Begründung heranzieht. Wichtig ist, dass er zu einer Entscheidung kommt, und die wird erschwert, wenn er nach Prinzip A zu einer anderen Schreibweise kommt als durch Prinzip B. Dies – und nicht etwa das Problem von Regeln und Ausnahmen und auch nicht die »Frage der richtigen Phonem-Graphem-Zuordnung« (Schneider 1997: 331) – stellt die Schwierigkeit der deutschen Orthographie dar. Im Übrigen sei an dieser Stelle darauf hingewiesen, dass man, was die Terminologie angeht, sowohl die Bezeichnung ›Phonem-Graphem-Korrespondenz‹ als auch ›Graphem-Phonem-Korrespondenz‹ findet. Sinnvollerweise wird im Folgenden je nach Fokus die eine oder andere Bezeichnung genutzt.

3.2 Die deutsche Orthographie: Prinzipien der Verschriftung

Die folgenden Ausführungen sind daher nur ein Versuch, ein zunächst willkürlich und unsystematisch erscheinendes Gegenstandsfeld einer gewissen Systematisierung zu unterziehen. Er ist einem sprachwissenschaftlichen Zugriff, d.h. der wissenschaftlichen Modellbildung geschuldet. Dabei wird allerdings wahrgenommen, dass Wissenschaftlichkeit auch Kontroversen umfasst und es nicht darum gehen kann, sie zu ignorieren. Andererseits würde jedoch keine Darstellung überzeugen können, die in den Kontroversen und ungelösten Problemen eines Wissenschaftsfeldes versinkt. Die Systematik ist daher als ein vertretbares Instrument gedacht, mit dem man sich sowohl dem Gegenstands- als auch dem Wissenschaftsfeld nähern kann. Darüber hinaus nimmt dieser Versuch nicht nur die Schreiber-, sondern immer wieder auch die Lernerperspektive mit in den Blick.

Es sieht zunächst durchaus plausibel aus, für die Verschriftung von Gesprochenem durch eine Alphabetschrift, wie sie die lateinischen Zeichen darstellen, ein **phonetisches Prinzip** anzunehmen. Jedem Laut, der gesprochen wird, würde dann genau ein geschriebenes Zeichen in der Schrift entsprechen. Die Umsetzung von Gesprochenem in Geschriebenes würde in einer solchen 1:1-Relation erfolgen. Man würde etwas aufschreiben, indem man einem Laut ein Schriftzeichen zuordnet, und ein Leser müsste durch die Kenntnis des geschriebenen Zeichens wissen, wie er das Aufgeschriebene sagen soll. Schriftstücke in deutscher Sprache sind jedoch nicht oder zumindest nicht ausschließlich phonetisch organisiert, indem ein Laut einem Buchstaben zugeordnet – und umgekehrt – wäre, auch wenn Lerner zunächst Schreibversuche nach dieser Vorstellung angehen, was nicht nur bei der schulischen Vermittlung von Schreib- und Orthographiekompetenz, sondern auch in der wissenschaftlichen Modellierung zu bedenken und zu berücksichtigen wäre.

Einen solchen Versuch einer 1:1-Relation zwischen Laut und Schrift stellt das so genannte »Alphabet der International Phonetic Association (IPA)« dar. Dies ist jedoch keine tatsächlich sprachhandelnd-kommunikativ genutzte Schrift. Wer immer Englisch oder Französisch als Fremdsprache gelernt hat, ist auf diese Internationale Lautschrift gestoßen und musste zumindest einige wesentliche Zeichen lernen, von denen aber von vornherein klar war, dass sie nicht das Schriftsystem der jeweiligen Sprache repräsentieren, sondern als Hilfe für die Aussprache dienen. Auch das

»Duden«-Aussprachewörterbuch (2005) benutzt diese Lautschrift, um jedem richtig geschriebenen Worteintrag eine ›richtige‹ Aussprache zuzuordnen. »Phonetisch« ist demnach der richtig *geschriebene* Worteintrag nicht, und eine Rede von »lautgetreue[n] Wörter[n]«, wie man sie in Vorgaben für die Primarstufe (z.B. Niedersächsisches Kultusministerium 2006: 16) findet, ist auf jeden Fall problematisch und dient allenfalls als Instrument für eine erste Wahrnehmung dessen, dass man auch schreiben kann, was man sagt. In keiner Sprache gibt es eine 1:1-Umsetzung von tatsächlich gesprochenen Lauten in tatsächlich existierende Schriftzeichen einer Buchstabenschrift, denn stets beruht Orthographie auf Verschriftungs*prinzipien*. Gänzlich falsch wäre es vor allem, den Eindruck zu vermitteln, die Laut-Buchstaben-Zuordnung wäre die Regel, zu der dann Ausnahmen zu merken wären. Allerdings herrscht sehr wohl eine Beziehung zwischen Lauten und Schriftzeichen, die sich sowohl innerhalb einer Einzelsprache als auch vor allem im Sprachvergleich als enger oder weiter erweisen kann (vgl. Kapitel 5). Von einer solchen Beziehung gehen auch die amtlichen Aussagen aus:

> Die deutsche Rechtschreibung beruht auf einer Buchstabenschrift. Wie ein gesprochenes Wort aus Lauten besteht, so besteht ein geschriebenes Wort aus Buchstaben. Die [regelgeleitete] Zuordnung von Lauten und Buchstaben soll es ermöglichen, jedes geschriebene Wort zu lesen und jedes gehörte Wort zu schreiben. (Deutsche Rechtschreibung 2006: 7)

Ferner stellt auch die im »Duden«-Aussprachewörterbuch (und Lehrwerken zum Fremdsprachenunterricht) angegebene Lautrepräsentation durch das internationale phonetische Alphabet eine Abstraktion bzw. Idealisierung dar. Es wäre unökonomisch, Aussprachevarianten aller Bevölkerungsgruppen und Regionen oder gar aller Individuen aufzuführen, obwohl natürlich bei bestimmten Untersuchungen wie etwa solchen, die sich auf Sprachvarietäten oder aussterbende Dialekte beziehen, gerade dies von besonderem Interesse sein kann und auch für die Diagnose in der Orthographiedidaktik nicht unerheblich ist (Kapitel 4). Das amtliche Regelwerk trägt dem Rechnung, wenn es heißt:

> Die Zuordnung von Lauten und Buchstaben orientiert sich an der deutschen Standardaussprache. Das hat den Vorteil, dass ein Wort immer in derselben Weise geschrieben wird, obwohl es regionale Varianten in der Aussprache geben kann. Wer schreiben lernt, muss daher manchmal mit der Schreibung auch die Standardaussprache erlernen. (Deutsche Rechtschreibung 2006: 7)

Wenn individuelle oder regionale Artikulationen von Interesse sind, so bedeutet dies allerdings, dass man sich auf die Materialität und Artikulation, d.h. die physikalische Qualität und die physische Erzeugung von Lauten konzentriert, wenn man in phonetischer Umschrift die lautliche Seite der Sprache in Form von phonetischen Einheiten, den Phonen, visualisiert. Phone sind demnach nicht etwa »Lautnuancen« (wie bei Schneider 1997: 331 formuliert) und »Lautnuancen« sind keine »Allophone« (ebd.), sondern lautliche Einheiten, die man aus dem Kontinuum gesprochener Äußerungen isoliert, um ihre Bildung zu beschreiben und eine systematische Einteilung nach Artikulationsort und Artikulationsweise vorzunehmen. Da die orthographische Schreibung nicht auf der Grundlage von Phonen im Sinne ihrer Artikulationsweise und ihres Artikulationsortes konzipiert ist, interessieren Phone im Kontext von Verschriftungsprinzipien nicht. Sie sind allerdings dann von Bedeutung, wenn es um mögliche Gründe für Schriftnormverletzungen oder Lernschwierigkeiten bei Kindern geht.

Schriftstücke in deutscher Sprache nutzen also keine Lautschrift, sondern eine Alphabetschrift. Für die Schriftzeichen der Alphabetschriften findet sich zumeist die Bezeichnung ›Buchstaben‹ (Buchenstäbchen!), die sich allerdings für eine wissenschaftlich fundierte Betrachtung des Schriftsystems als zu ungenau erweist: Buchstaben sind u, U, u, u, u, U, aber man kann trefflich darüber streiten, ob es sich dabei um *dieselben* Buchstaben handelt. Das bedeutet, dass die Bezeichnung ›Buchstabe‹ nur unpräzise fasst, was ein Schriftzeichen ausmacht. Hier haben alle Schriftzeichen, erkennt man sie schon einmal als solche und nicht etwa als nur dekorative Elemente, dieselbe Funktion in einem Schriftstück, obwohl sie ganz verschieden aussehen. Im Falle von *uuu* und *aaa* hingegen haben wir es unstrittig mit zwei verschiedenen Funktionen zu tun. Damit ist einsichtig gemacht, worin sich die Bezeichnungen ›Graph‹ und ›Graphem‹ unterscheiden: ›Graph‹ erfasst die Optik, ›Graphem‹ die Funktion des Schriftzeichens. Grapheme sind demnach alle Schriftzeichen, die im Schriftsystem eine bedeutungsunterscheidende Funktion haben, d.h. die mit anderen Graphemen in Opposition stehen: Nur wenn ein Austausch geschriebener Zeichen, gleichgültig wie sie aussehen, für den Wortkontext eine neue Bedeutung hervorruft, hat man es mit Graphemen zu tun – andernfalls nicht. Bei Bei *Hahn* und *Huhn* ist dies für a und u der Fall, bei *Hahn* und *H𝑎hn* für a und 𝑎 nicht. a und 𝑎 sind ›Allographen‹ eines Graphems <a>.

Dass Grapheme und Buchstaben nicht dasselbe sind, wird ferner deutlich, wenn man sich einige weitere sprachliche Erscheinungen ansieht. Beispielsweise wird man *c* sehr wohl als Buchstabe bezeichnen können, doch ein Graphem ist das Zeichen nicht, da es in deutschen Wörtern (gegenwärtig und ›eigentlich‹)[2] nur in Kombinationen, den Mehrgraphen *ch* und *sch*, vorkommt und damit nicht in Opposition zu einem ggf. anderen Graphem stehen kann, was den Bedeutungsunterschied ausmachen würde. Ähnlich verhält es sich mit dem Zeichen *q*, das nur in der Verbindung <qu> auftritt. *y* wiederum findet sich nur in Fremdwörtern; *v* und *x* wurden als »markierte Schreibungen« bezeichnet (dazu: Fuhrhop 2009: 7), als deren »unmarkierte« (häufigere?) Alternativen <f> und <chs> angesehen werden (*Fenster – Vogel; Ochs – Hexe*). Eine Besonderheit des deutschen Schriftsystems ist das <ß>, das allerdings in deutschsprachigen Schriftstücken in der Schweiz nicht verwendet

---

2 In Namen oder Bezeichnungen kann man durchaus auf ein Graphem <c> stoßen – etwa bei einem Parkhaus im »Centrum« einer Stadt.

wird. Die »Umlautgrapheme <ä>, <ö>, <ü>« werden ebenfalls als »Sonderzeichen für das Deutsche« (Fuhrhop 2009: 7) bezeichnet. Allerdings kommen <ä> und <ö> auch im Schwedischen und Finnischen vor, finnisch auch in der Doppelung (*pää – Kopf; päättyää – ein Ende nehmen; lööperi – Blödsinn*). Dort entspricht dem Lautwert, den man in deutschen Schriftstücken mit <ü> repräsentiert, ein <y>, das ebenfalls verdoppelt werden kann (*tyydyttävä – ausreichend*).

In alphabetischer Folge ergibt sich folgender Graphembestand der deutschen Sprache:

<a>, <ä>, < b>, <ch>, <d>, <e>, <f>, <g>, <h>, <i>, <ie>, <j>, <k>, <l>, <m>, <n>, <o>, <ö>, <p>, <qu>, <r>, <s>, <ß>, <sch>, <t>, <u>, <ü>, <w>, <z>

Die alphabetische Ordnung ist dem Schriftsystem als eigenständigem Ordnungsprinzip geschuldet. Eine andere Möglichkeit besteht darin, Konsonanten und Vokale zu unterscheiden, was bereits ein Hinweis darauf ist, das man gesprochene und geschriebene Sprache in Beziehung setzt. Im Lernangebot der ›Lautiermethode‹ (›Reichenbogen‹ – vgl. Kapitel 4)[3] für Schreibanfänger wird so verfahren. Wenn außerdem Mehrgraphen-Grapheme gesondert aufgelistet werden, ergibt sich die folgende Darstellung:

<a>, < b>, <d>, <e>, <f>, <g>, <h>, <i>, <j>, <k>, <l>, <m>, <n>, <o>, <p>, <r>, <s>, <t>, <u>, <w>, <z>
<ä>, <ö>, <ü>, <ß>
<ch>, <sch>, <qu>, <ie>,
(nach Fuhrhop 2009: 7)

<ä>, <ö>, <ü>, <ß> und Mehrgraphen-Grapheme sprengen streng genommen die alphabetische Ordnung. In deutschen Wörterbüchern (Duden 2013) sind <ä, <ö> und <ü> in der alphabetischen Ordnung <a>, <o> und <u> gleichgeordnet, d.h. es stehen beispielsweise in Folge *Affirmation – äffisch – Affix*. Im finnischen Wörterbuch (Böger [u.a.] 2002) finden sich die Umlaute am Ende des Alphabets.

Noch stärker sind der Relation von Laut und Schrift tabellarische Auflistungen (z.B. Busch/Stenschke 2008: 62; Eisenberg 2009: 69) geschuldet, bei denen explizit ein Zusammenhang zwischen Graphemen und Phonemen hergestellt wird. Auf welchen sprachwissenschaftlichen Grundsätzen dies beruht, welche Probleme aber dabei auch entstehen, sei zunächst kurz erläutert:

Kann gemäß den Überlegungen oben eine ›Klasse von Graphen‹ als ›Graphem‹ definiert und damit die Schriftebene präziser auf ihre bedeutungsgenerierende Rolle in der Kommunikation hin gefasst werden, so liegt es nahe, ähnlich auch für die

---

[3] http://www.rechtschreib-werkstatt.de/rsl/me/antab/html/bildreichen.html <24.04.2014>.

gesprochene Sprache zu verfahren. Die mündliche Äußerung besteht zunächst aus Lauten in einem Kontinuum, denn Sprecher sind nicht daran interessiert, Einzellaute zu produzieren, sondern sinnvolle bzw. kommunikativ relevante Äußerungen zu formulieren. Isoliert man nun die Laute, so kann man sie entweder hinsichtlich ihres Artikulationsortes und ihrer Artikulationsweise beschreiben und befasst sich im Rahmen der Phonetik mit Phonen. Interessiert jedoch über die materielle Seite hinaus auch die Frage nach Bedeutungen, die man mit Hilfe der Laute erzeugen kann, so kann man – ähnlich den Graphen und Graphemen der Schrift – auch ›Klassen von Lauten‹ identifizieren und bezeichnet dieses Äquivalent zu den Graphemen als Phoneme.

Ähnlich dem Graphembestand kann man demnach auch einen Phonembestand einer Sprache ermitteln. Er besteht aus denjenigen Lauten – besser: Klassen oder Kategorien von Lauten – als kleinste isolierbare Einheiten der gesprochenen Sprache, die bedeutungsunterscheidende Funktion übernehmen und über so genannte Minimalpaare zu finden sind. Dies sind Wörter, die sich nur in demjenigen Phonem unterscheiden, das den Bedeutungsunterschied ausmacht (*Haus* – *Maus*). Einzelne Lautrealisationen, die keinen Bedeutungsunterschied hervorrufen, wären dann analog den Allographen als ›Allophone‹ eines Phonems zu bezeichnen (nicht aber als »Lautnuancen« – vgl. oben). Allophone können frei variieren oder aber in komplementärer Distribution stehen, d.h.: Das so genannte Zungenspitzen-R, der stimmhafte alveolare Vibrant, phonetisch repräsentiert als [r], und das Zäpfchen-R, der stimmhafte uvulare Frikativ oder Approximant, phonetisch repräsentiert als [ʁ], sind in der deutschen Standardlautung frei variierbar. Als Phonem werden die phonetischen Realisationen als /R/, gelegentlich auch als /r/ repräsentiert. [nıçt] und [naxt] unterscheiden sich in zwei Phonen, aber nur in einem Phonem: Die Laute [ç] und [x] sind Allophone desselben Phonems, die jedoch nicht frei verteilbar sind, wie es einem Sprecher gefällt oder wie er sozialisiert ist, sondern die sich kontextabhängig durch die zuvor artikulierten Laute nach bestimmten Distributionsregularitäten ergeben. Als Phonem findet sich meist die Darstellung als /ç/, aber auch auf /x/ im Sinne des Interesses am Phonem kann man stoßen.

Um zu einem Beispiel von oben zurückzukommen: *Huhn* und *Hahn* unterscheiden sich aus dieser Perspektive nicht nur in einem Graphem, sondern auch in einem Phonem /hu:n/ – /ha:n/ in diesem Fall in einem gespannten (langen) Vokal. Fuhrhop (2009: 8) nimmt für die deutsche Sprache 16 Vokal- und 20 Konsonantphoneme an, verweist aber zugleich darauf, dass andere Wissenschaftler zu anderen Einschätzungen kommen. Ossner (2010: 77) zählt beispielsweise 18 Vokal- und 22 Konsonantphoneme. Bereits damit wird deutlich, dass sprachwissenschaftliche Systematisierungsversuche des Phoneminventars der deutschen Sprache bislang zu keinem Konsens über Zahl, Abgrenzungen und Zuordnungen geführt haben. Staffeldt (2010: 82ff.) bietet eine Synopse von unterschiedlichen Vorschlägen über Zahl und Unterscheidung bzw. Ausdifferenzierung von Phonemen. Dennoch wird grundsätzlich davon ausgegangen, dass Alphabetschriften sich nicht an den Lauten der gesprochenen Sprache als solchen orientieren, sondern an den Klassen von Lauten, die eine bedeutungsunterscheidende Funktion haben, d.h. an den Phonemen: Alphabetschriften sind, wenn es um die Korrespondenz von Lautzeichen und Schriftzeichen geht, demnach **phonologisch, phonematisch oder phonographisch** organisiert. Worauf man daher vielfach stößt, sind Korrespondenzen zwischen Phonemen und Graphemen, die meist von Phonemen ausgehen, aber als GPK (Graphem-Phonem-Korrespondenz) bezeichnet werden. Auch in der folgenden Darstellung stehen – in Anlehnung an Eisenberg (2009: 69) und andere Darstellungen der Korrespondenz, v.a. Busch/Stenschke (2008: 62) – die Phoneme an erster Stelle und die Grapheme werden ihnen zugeordnet. Ausgeklammert ist in einschlägigen Tabellen die oben erwähnte Problematik, dass kein Konsens über Bestand und Systematik der Phoneme als solche besteht.

Möglicherweise sind die Korrespondenzdarstellungen von Phonemen und Graphemen der Tatsache geschuldet, dass für kompetente Sprecher und Schreiber generell die mündliche und die schriftliche Sprache zusammenspielen, d.h. beim Schreiben Laute ›gedacht‹ werden und beim Sprechen Schrift ›gedacht‹ wird. Auf jeden Fall ist davon auszugehen, dass Vorstellungen der einen Ausprägung von Sprache auf die der anderen zurückwirken, auch wenn es keine systematischen Untersuchungen dazu gibt, inwiefern dies die Sprachnutzer im Einzelnen beeinflusst. Man wird jedoch sehen, dass in der Vermittlung von Orthographie die Richtung vom Phonem zum Graphem eine wesentliche Rolle spielt und spielen muss, dass jedoch auch Vorstellungen von geschriebener Sprache auf Vorstellungen davon, wie man spricht (und umgekehrt) von Bedeutung sind und für Lerner bedacht werden müssen. Die Dependenzhypothese, d.h. dass geschriebene Sprache generell gegenüber der gesprochenen ein sekundäres System wäre, ist mit der folgenden Zusammenstellung jedoch nicht festgeschrieben. Sie hält sich an die Kennzeichnung von Längen durch Doppelpunkt und an die sprachwissenschaftliche Konvention der Phonem- bzw. Graphemnotation mit Schrägstrich für Phoneme und spitzer Klammer für Grapheme.

Tabelle 7: Phonem-Graphem-Zuordnungen für Vokale

gespannt	ungespannt
/iː/ → ‹ie› (Bier, aber: ambig; dir, mir)	/ɪ/ → ‹i› (tilgen, finden)
/yː/ → ‹ü› (trüb, grüßen)	/ʏ/ → ‹ü› (Bürger, wünschen)
/eː/ → ‹e› (Weg, Beet)	/ɛ/ → ‹e› (Feld, Zelt, Eltern)
/øː/ → ‹ö› (mögen, Föhn)	/œ/ → ‹ö› (fördern, löschen)
/ɛː/ (oder /æː/) → ‹ä› (säen, mähen)	/æ/ → ‹ä› (älter, Wälder)
/aː/ → ‹a› (Base, Ware)	/a/ → ‹a› (Bart, backen)
/oː/ → ‹o› (Fohlen, holen)	/ɔ/ → ‹o› (Frosch, Motte)
/uː/ → ‹u› (Fuß, Mus)	/ʊ/ → ‹u› (Wurst, muss)

Der Zeichenvorrat zur Phonembezeichnung ist nicht in allen Publikationen identisch. Die Tabelle lehnt sich an Busch/Stenschke (2008: 62) und Eisenberg (2009: 69) an.

Erwähnt sei nebenbei, dass auch für die folgenden Tabellen Busch/Stenschke (2008) und Eisenberg (2009) in den einschlägigen Kapiteln als Musterdarstellungen dienen. Allerdings muss bemerkt werden, dass Eisenberg (2009: 69) zwar von ›Phonemen‹ spricht, doch die Notation in eckigen Klammern nutzt und dies damit begründet, dass es ihm »nicht in erster Linie auf die distinktiven Eigenschaften der Einheiten [ankomme], sondern auf Entsprechungen zwischen Einheiten des Geschriebenen und Einheiten des Gesprochenen« (ebd.: 68). Die eckigen Klammern [ ] sind jedoch nicht etwa eine »neutrale Kennzeichnung« gegenüber den Schrägstrichen als // »funktionale« (wie ebd. ausgeführt), sondern es handelt sich um verschiedene Perspektiven auf einen Sachverhalt, worauf noch einzugehen sein wird. Umgekehrt verwendet Primus (2010: 14) die Schrägstriche // für Lautzeichen und die spitzen Klammern <> für Schriftzeichen.

Man kann der Auffassung sein, dass zwischen *Eltern* und *älter* lediglich eine graphematische Differenz, keine phonematische oder gar phonetische, besteht. Dennoch ist nicht auszuschließen, dass bei Kenntnis der Schrift von Sprachnutzern mental und dann eben auch in der Aussprache ein Unterschied gemacht wird – in der Bedeutung allemal.

Schwa: /ə/ → e

Es handelt sich dabei um den Reduktionslaut in unbetonten Silben, der graphematisch als <e> repräsentiert wird. Umstritten ist, ob Schwa im Deutschen ein Phonem ist oder ein Allophon von /ɛ/ (Busch/Stenschke 2008: 63). Dafür spräche, dass es von der IPA geführt wird, die allerdings keine Phoneme auflistet, da die IPA-Tabelle nicht sprachspezifisch ist. Dagegen spricht, dass sich keine Minimalpaare finden, in denen es einen bedeutungsunterscheidenden Unterschied zwischen Schwa und einem anderen Laut gibt. Man trifft sowohl auf eine phonetische Umschrift [ə] als auch auf eine phonologische als /ə/.

Tabelle 8: Phonem-Graphem-Zuordnung für Diphthonge

/ai/ → <ei>; <ai> *(Seite, Saite)*	/au/ → <au> *(Maus, Laub)*
/ɔi/ → <eu>; <äu> *(Leute, läuten)*	

Tabelle 9: Phonem-Graphem-Zuordung für Konsonanten

/p/ → <p> *(Preis, praktisch)*	/x/ → <ch> *(frech, wach)*
/t/ → <t> *(Tanne, turnen)*	/v/ → <w> *(Wolle, wachsam)*
/k/ → <k> *(Kasten, kurz)*	/z/ → <s> *(reisen, Sonne)*
/kv/ → <qu> *(Quelle, quaken)*	/j/ → <j> *(Jahr, jagen)*
/b/ → <b> *(Bau, brummen)*	/h/ → <h> *(Hund, hindern)*
/d/ → <d> *(Dusche, denken)*	/m/ → <m> *(mischen, Mehl)*

/g/ → ‹g› *(Gast, grüßen)*	/n/ → ‹n› *(Note, nehmen)*
/f/ → ‹f› *(Futter, fallen)*	/ŋ/ → ‹ng› *(Menge, angeln)*
/s/ → ‹ß› *(Fuß, reißen)*	/l/ → ‹l› *(leer, Los)*
/ʃ/ → ‹sch› *(Schuh, schieben)*	/ʀ/ → ‹r› *(Rechner, raten)*
/pf/ → ‹pf› *(Pfahl, köpfen)*	/ts/ → ‹z› *(Zoll, trotzen)*
	/tʃ/ → ‹tsch› *(patschen, Quatsch)*

Zu dieser Zusammenstellung seien noch einige Hinweise gegeben:

Die Bezeichnungen »gespannt« und »ungespannt« beziehen sich auf die Muskelanspannung bei der Bildung der Laute, d.h. auf ein physisches Merkmal gesprochener Äußerungen. Nach Eisenberg (2009: 29) fällt im Deutschen Gespanntheit und Ungespanntheit der Vokale »weitgehend« mit ihrer Länge bzw. Kürze zusammen; mitunter wird aber auch differenziert. Für die deutsche Schreibung entspricht einem Vokalphonem ein Graphem in Normalschreibung, d.h. ohne Markierung: Der Unterschied zwischen gespannt und ungespannt braucht nicht unbedingt eine Realisierung. Kürze wird in der Orthographie angezeigt, Länge jedoch nicht immer (*Wahl – Wal* – aber *Wall*), was beim Erwerb und der Vermittlung von Orthographie nicht unerhebliche Probleme bereiten kann. Auch der Fall von /i:/ ist zu bedenken. Für /i:/ gibt es vier verschiedene Realisierungen: *Mine – Miene – ihr – Vieh*. Beispiele wie *er sieht, flieht, zieht* müssten ebenfalls hier angeführt werden, folgen jedoch einem anderen Prinzip als dem der Graphem-Phonem- bzw. Phonem-Graphem-Korrespondenz.

Bei Eisenberg (2009: 70) wird für die Affrikate /ts/ → ‹z› angesetzt; für /pf/ → ‹pf› heißt es, reichten die Regeln für /p/ und /f/ aus; bei Busch/Stenschke (2008: 62) werden /ts/ → ‹z›, /pf/ → ‹pf› und /tʃ/ → ‹tsch› in die Darstellung der Phonem-Graphem-Korrespondenz für Konsonanten einbezogen.

Dem ›Knacklaut‹, der am mit einem Vokal beginnenden Wortanfang steht und in phonetischer Transkription als [ʔ] angezeigt wird, entspricht kein graphematisches Element.

Ideal wäre es, wenn schon nicht für jedes Phon, so doch für jedes Phonem ein bestimmtes Schriftzeichen (und umgekehrt) zur Verfügung zu haben, diese Zuordnung zu beschreiben und damit die Orthographie einer Sprache darzustellen. Doch hat die wissenschaftliche Arbeit mit dem deutschen Laut- und Schriftsystems nicht nur zu keinem Konsens über das Phoneminventar geführt, sondern – und dies hat offensichtlich damit zu tun – ebenso wenig zu einer übereinstimmenden Zuordnung von Phonemen und Graphemen. Von Dieter Nerius (so noch Nerius 2007: 120ff.) werden die Graphem-Phonem-Korrespondenzen polyrelational gesehen und auch mit entsprechend vielen wechselweisen Verweisen aufgeführt. In jedem Fall sind Phoneme Konstrukte, denn niemand spricht phonemisch oder phonematisch. Auch die Standardaussprache ist phonetisch, dabei aber eine Idealisierung, die sich im Übrigen im Laufe der Zeit an unterschiedlichen Vorbildern orientiert hat. Die tatsächliche Lautbildung hat allerdings auch Konsequenzen für die mögliche Bildung und Wahrnehmung von Minimalpaaren. Wenn etwa eine Standardlautung angesetzt und dazu Varianten bzw. Varietäten aufgelistet werden (Eisenberg 2009: 50ff.), so vermisst man dabei möglicherweise bestimmte Erscheinungen, die sehr prominent sind oder geworden sind. Wer beispielsweise als Sprecher des Deutschen aus einer südlichen Region (Bayern, Österreich) kommt und weder im Anlaut noch im Inlaut ein stimmhaftes [z] realisiert, unterscheidet daher weder phonetisch noch phonematisch zwischen *reisen* und *reißen*. Er kann aber dennoch aufgrund des Kontextes, in dem nur entweder das Verb *reisen* ODER das Verb *reißen* sinnvoll ist, das richtige Wort erkennen und es auch richtig schreiben lernen. Wenn man in Goethes »Faust« liest: »Ach neige, du schmerzensreiche«, dann erkennt man weder am geschriebenen Text noch an seiner in Hochlautung gesprochenen Form, dass es sich dabei um einen Reim handeln soll. Dieser erschließt sich erst, wenn man bedenkt, dass Goethe seinem Gretchen die in seiner Umgebung übliche Palatalisierung in den Mund gelegt hat: für <g> in *neige* und <ch> in *schmerzensreiche* die Aussprache [ʃ]: *Ach neische, du schmerzensreische*. Doch auch in manchen Fällen von zugrunde gelegter Standardlautung kann die Schreibung nicht durch das Hören ermittelt werden: *Waise – Weise* ist graphemisch unterschieden, phonemisch nicht – es wird darauf zurück zu kommen sein.

Noch einmal sei an dieser Stelle der Unterschied zwischen **Phon und Phonem** aufgegriffen: Dabei handelt es sich nicht um einen Unterschied in der Sache etwa im Sinne von ›Nuancen‹ oder inkorrekter und korrekter Aussprache, sondern um einen der Beschreibungsebenen und damit der Perspektiven. Die tatsächliche Aussprache mit all ihren Nuancen – der Sprachvarietäten, der Stellung eines Lautes im Kontext, der Explizitlautung, der Intonation – ist eine Angelegenheit der Sprachverwendung, mit Ferdinand de Saussure gesprochen, der *parole*. Phonetik interessiert sich für diese im mündlichen Kommunikationsakt gesprochenen Laute und deren Materialität und bezeichnet sie als ›Phone‹. Phonologie hingegen setzt ein *System* der Laute einer Sprache, verstanden demnach – mit Saussure – als *langue* an. Sie kümmert sich um die Funktion von Lauten innerhalb des angesetzten Systems und identifiziert daher *dann* ein Phon als Phonem und damit als Einheit der Phonologie, wenn sich dieses Phon aus der Opposition zu einem andern als bedeutungsunterscheidend erweist. Es bietet sich an, in diesem Sinne Phon und Phonem zu unterscheiden und in Darstellungen mit wissenschaftlichem Anspruch nicht der Einfachheit wegen den Eindruck zu vermitteln, dass Laut und Phonem dasselbe sei. *Sowohl* Phone *wie* auch Phoneme »können über Merkmalbündel beschrieben werden« (dies zur Präzisierung von Ossner 2010: 70) und Phonem-Graphem-Korrespondenz bedeutet nicht »lauttreues Schreiben« (dies zur Präzisierung der Aussagen aus der Pädagogischen Psychologie und in Lehrplänen; vgl. Kapitel 4).

Es dürfte längst deutlich geworden sein, dass es verfehlt wäre anzunehmen, man beherrsche die deutsche Orthographie, wenn man sich die Phonem-Graphem-Korrespondenzen einprägt. Bereits die verschiedenen Systematisierungsangebote und unterschiedlichen Ausdifferenzierungen lassen erkennen, dass zwar grundsätzlich die Möglichkeit einer Zuordnung von lautlichen Elementen zu graphischen

Elementen besteht und darüber auch ein gewisser Konsens herrscht, dass diese Korrespondenz jedoch im Einzelnen durchaus unterschiedlich gesehen werden kann. Darüber hinaus erfasst eine solche Korrespondenz, wie auch immer sie vorgenommen wird, mitunter gerade solche Fälle der Orthographie nicht, die bei der Vermittlung besondere Beachtung finden müssen, da sie sich phonologisch-graphemisch nicht erklären lassen. Dies trifft beispielsweise für die Konsonantenverdoppelung zu: Eine Regel, die etwa dergestalt formuliert wird: ›nach kurzem Vokal schreibt man Doppelkonsonant‹, würde zugleich ›Ausnahmen‹ formulieren müssen, was einsichtigerweise alles andere als sinnvoll ist. Die Unterschiede in der Beispielreihe *Halle – halten – sie hallten* etwa weisen vielmehr auf andere Prinzipien: Eines davon ist das **silbische Prinzip**. Es besagt, um den Anlass der erwähnten Beispielreihe weiterzuführen, dass ein Konsonant als **silbengelenkambisilbischer Konsonant** verdoppelt wird. Anders und unmittelbar verständlicher wird der Sachverhalt, wenn man die Gegenprobe vornimmt: Man stelle sich vor, dass **Hale, *Himel, *komen* usw. geschrieben würde, und in schriftlichen Überlieferungen aus früheren Stufen des Deutschen findet man tatsächlich solche Schreibungen. Der bereits erwähnte Otfrid von Weißenburg berichtet beispielsweise von der Ankündigung des kommenden Weihnachtsgeschehens mit den folgenden Worten:

Tho quam bóto fona góte, éngil ir hímile,
bráht er therera wórolti diuri árunti.

da kam ein Bote Gottes, ein Engel vom Himmel,
und brachte dieser Welt herrliche Botschaft. (Vollmann-Profe 1987: 56f.)

Dass er seine geschriebene Sprache der gesprochenen annähern will, drückt er selbst aus, doch wie Otfrid und seine Zeitgenossen tatsächlich gesprochen haben, ist uns nicht überliefert. Kenntnis haben wir aber von der Einführung der Konsonantengemination bei der Schreibung, was sich wiederum auf das Sprechen auswirkt. Eine betonte offene Silbe wäre lang – wir würden den Vokal in **komen, *Himel* und **Hale* lang sprechen. Nur in einer geschlossenen Silbe kann ein kurzer Vokal auch betont sein bzw. kann ein betonter Vokal kurz gesprochen werden. Die Silbe wurde/wird in solchen Fällen geschlossen: Wir schreiben zwei Konsonanten, von denen der eine zur ersten und der zweite zur zweiten Silbe gehört. Wir tun das nicht bei Mehrgraphen (<ch>, <sch>) und schreiben *Tasche, Lache, Sache, waschen* usw. Das <tz> in *Katze* kann man als Verdoppelung von <z> auffassen, die als solche im deutschen Schriftsystem nicht vorkommt: *Pizza* ist eine Wortübernahme – aus dem Urlaub in Italien zusammen mit dem beliebten Essen mitgebracht oder dem Angebot des italienischen Restaurantbesitzers abgeschaut. Ähnlich verhält es sich mit dem <ck>: die Verdoppelung *<kk> kennt die deutsche Orthographie nicht, und dass man vor der letzten Reform bei der Trennung das <ck> gleichsam zurückverwandelt hat und *Bäk-ker, wek-ken* usw. geschrieben hat, hatte darin seinen Grund. Zusammenfassend kann also festgestellt werden, dass die Verdoppelung nur auftritt, wenn nicht schon zwei Konsonanten vorliegen, dass sie die Kürze des davor artikulierten Vokals schriftlich anzeigt und daher bei vorausgehenden Doppelvokalen oder Diphthongen nicht eintritt.

Das Silbengelenk zu betrachten ist noch aufgrund einer weiteren orthographischen Erscheinung wichtig. Geregelt ist die Schreibung *ziehen, drehen, sehen, fliehen, Ruhe, Mühe* usw. Weder handelt es sich bei dem <h> jedoch um eine Längenmarkierung, denn man kommt ohne eine solche in anderen Fällen auch aus, noch wird dieses <h> gesprochen – obwohl Sprecher hierüber trefflich streiten können, wenn sie zu hören und zu sagen meinen, was sie schreiben. Orthographiesystematisch könnte man sich erneut zunächst vorstellen, wie die Verhältnisse wären, wenn auf das <h> verzichtet würde: Zwei Silben träfen aufeinander, von denen die erste auf einen langen Vokal endet und die zweite mit einem kurzen, unbetonten Vokal beginnt: **dre – en*. Um dieses Zusammentreffen zu vermeiden, wird <h> als Anfangsrand der zweiten Silbe eingeführt. Da in den meisten Fällen /i:/ als <ie> realisiert wird, sieht es für die Schreibungen *ziehen, fliehen* etc. so aus, als sei die Länge übermarkiert. Das <h> als silbeninitiales <h< verstanden, nicht als Dehnung-h zur Längenkennzeichnung, erklärt den tatsächlichen Sachverhalt. Das <h> am Anfangsrand der Silbe könnte auch bei vorausgehendem Diphthongen stehen, denn sie sind als Doppelvokale ohnehin lang. Allerdings ist die Systematik hier nicht konsequent. Das <h> findet es sich nach <ei> (*Reiher* – aber *Geier, Feier; Verzeihung*, aber *Prophezeiung*) und nie nach <eu> und <au>. Die letzte Orthographiereform war in der Hinsicht zumindest (scheinbar) konsequent, als sie ehemals korrektes *rauh* in *rau* verwandelt hat; sie hat an dieser Stelle allerdings das etymologische Prinzip aufgegeben oder sich zumindest gegen eine bestimmte Schreibung entschieden: *rauh* geht auf ahd. *rûh, rúch* und mhd. *rúch* zurück, wobei »der auslautende konsonant des stammes [...] bereits ahd. bisweilen geschwunden [ist]« (Grimm 1854ff., Bd. 14, Sp. 262). Andererseits kennt man englisch *rough*.

Es ist demnach sinnvoll, zwischen einem Dehnungs-h und einem silbeninitialen <h> zu unterscheiden. Das <h> als Längenmarkierung folgt auf einen langen betonten Vokal, jedoch nur vor den so genannten konsonantischen Sonoranten /l/, /m/, /n/, /r/, wobei auch dabei nicht konsequent vorgegangen wird (*malen* – *mahlen*) und die Vokalverdoppelung (*ahnen* – *Aale*) als Längenmarkierung zusätzlich zu berücksichtigen ist.

Ein Spiel mit Silben prägt häufig Kinderreime und Abzählverse. Ob damit der Erwerb der Orthographie gefördert wird, sei bezweifelt (vgl. Kapitel 4). Bei den Problemfällen ist dies sicher nicht der Fall, denn sowohl ein Dehnungs-h wie auch ein Silbengelenk-h sind stumm. Allerdings hält dies mitunter Sprecher nicht davon ab zu glauben, dass sie ein <h> hören (und auch sprechen).

Mit den bisher vorgestellten Prinzipien ist der Versuch, eine systematische Vorstellung dessen zu geben, was bei Schreibungen zu bedenken ist, jedoch bei Weitem noch nicht am Ende. Hat man erkannt, dass es sinnvoll ist, ein <h> als Silbengelenk zu schreiben und die zweite Silbe in *drehen* nicht mit einem Vokal zu beginnen, so wäre diese Notwendigkeit bei einsilbigen Formen desselben Verbs nicht mehr erforderlich. Dennoch bleibt das <h> erhalten. Zu begründen ist dies weder phonologisch noch durch die Silbenstruktur. Erst die Kenntnis der grammatikalischen Formen, d.h. der Morphologie der deutschen Sprache, kann Aufschluss darüber geben, was dazu geführt haben mag, sich bei der Festlegung der Orthographie für den Erhalt des <h> zu entscheiden und *dreht*, weil *drehen*, *sieht*, weil *sehen*, *flieht*, weil *fliehen*, *geht*, weil *gehen* zu schreiben. Dieses **morphologische** Prinzip, auch Morphemkonstanz oder Stammprinzip genannt, betrifft die Übernahme der beiden unterschiedlichen Gründe für die Schreibung von <h>. So wird die Länge bzw. Gespanntheit in *sehnst* markiert, um zu verhindern, dass der Vokal – wegen der folgenden beiden Konsonanten – kurz gesprochen wird. Im Infinitiv *sehen* wird das <h> beibehalten, und das parallel gelagerte Beispiel *dehnst/dehnen* zeigt im Kontrast zu *denen* (flektierte Form des Relativpronomens), dass die Markierung der Länge des Vokals der Morphemkonstanz zuzuschreiben ist. Bereits Gottsched hat von Analogien gesprochen und auch davon, dass Wörter unterschiedlicher Bedeutung möglichst unterschiedlich geschrieben werden sollten. Allgemein gesprochen besagt das morphologische Prinzip, dass lautlich verschiedene Wortformen dennoch in der Schrift gleich repräsentiert werden (sollen). Laienhaft oder in der Vermittlung im Unterricht wird auch von der ›Verwandtschaft‹ der Wörter gesprochen.

Diese Verwandtschaft wird auch in der Umlautschreibung deutlich: *Wagen* und *Wägelchen*, *lachen* und *lächeln*, *Frau* und *Fräulein*, *laut* und *läuten*. Die jüngste Orthographiereform hat hier in einigen Fällen (*Fall – Fälle*) Konsequenzen gezogen und etwa den *Stengel* in *Stängel* verändert (wegen *Stange*) oder die *Gemse* in *Gämse* (wegen *Gams*). Für *aufwendig* hat man die Alternative *aufwändig* angeboten, sie jedoch nicht zwingend gemacht – und **abwägig* ist eine Schreibung, auf die man im Kontext der Diskussionen um Einzelphänomene gelegentlich gestoßen ist, die jedoch von den Experten nie wirklich vorgeschlagen wurde; vielmehr ist zu vermuten, dass es sich um eine hyperkorrekte Analogiebildung handelt: Die Verwandtschaft besteht nicht zu *Wagen*, sondern zu *Weg*. In die Reihe gehört auch das Beispiel *Haare – Härchen*, wobei zweierlei auffällt: Zum einen werden die so genannten Umlaute nicht verdoppelt, und zum anderen ist dies ein Beispiel, bei dem vor dem Sonoranten <r> kein <h> als Längenmarkierung steht: Im Singular wird die Länge durch den Doppelvokal, im Plural gar nicht markiert. Anders aber schreibt man *Eltern (älter!)* und *fertig (Fahrt!)*.

Zur Morphemkonstanz, d.h. der gleichen Schreibung aufgrund von Wortverwandtschaft, gehört insbesondere die immer wieder besprochene, schriftlich nicht repräsentierte so genannte deutsche Auslautverhärtung: Verschluss- und Reibelaute verlieren am Wortende und vor manchen anderen Lauten auch im Wortinneren ihre Stimmhaftigkeit, was in der Schreibung nicht ausgedrückt wird. Dies betrifft /b d g v z ʒ/ → [p t k f s ʃ].

Vielfach zitiert findet man hierfür Beispiele wie [ra:t] als *Rad* wegen [ra:dəs]; [hʊnt] als *Hund* wegen [hʊndəs] und *Lob* wegen *loben*, *log* wegen *lügen*; keine unterschiedliche Realisierung erfährt *brav – brave*. Auch der Wechsel von /z/ zu [s][4] ist, wo er vorkommt, diesem Prinzip der schriftlich nicht realisierten Auslautverhärtung geschuldet. Für die Orthographie hat in diesem Bereich die neue Reform eine Entscheidung zugunsten der Morphemkonstanz getroffen, die mit dem deutschen Sondergraphem <ß> zu tun hat. Normalerweise repräsentiert das Graphem <ß> das Phonem /s/, wird aber nicht analog anderer Grapheme am Silbengelenk verdoppelt. Vor 1996 hatte man für *Flüsse – Fluß* den Wechsel, der auch phonographisch als motiviert interpretierbar war. Neuerdings ist die Morphemkonstanz geregelt und man hat *Fluss* zu schreiben.

Wird in bestimmten Regionen *König* als [køːnɪʃ] gesprochen, so ist beim Schreiben die Morphemkonstanz für den Singular zu bedenken. Wer ohnehin [køːnɪg] (d.h. weder [køːnɪʃ] noch [køːnɪk]!) spricht, hat kein Problem – und mag darüber hinaus der Auffassung sein, dass er [rɑːd] und nicht [rɑːt] sagt (und Vergleichbares gilt für die übrigen betroffenen Laute), dass er aber auch im Inlaut den Konsonanten zwar ›weich‹, aber nicht stimmhaft spricht. In südlichen Varietäten des Deutschen werden die *langue*-angesetzten Lenis-Phoneme /b, d, g, v/ phonetisch nämlich stimmlos realisiert, d.h. es gibt überhaupt keine stimmhaften Konsonanten, auch kein /z/. Die ›deutsche Auslautverhärtung‹ ließe sich daher als Wechsel von Lenis zu Fortis fassen und nicht als Unterschied zwischen Stimmhaftigkeit und Stimmlosigkeit. Für Lerner, die in ihrem mündlichen Spracherwerb ausschließlich Lenes realisiert haben, macht die Verschriftung an dieser Stelle kaum Probleme – und mit dem Schrifterwerb bekommen sie auch die Vorstellung, dass sie (vielleicht) anders sprechen müssen. Die Schrift wirkt sich zumindest auf Vorstellungen von dem, wie sie sprechen oder sprechen sollen, aus: Es besteht dann tatsächlich zwischen dem *Fahrrad* und dem *Stadtrat* ein Unterschied in der Aussprache des Auslauts.

[ʒ] wird hier aktuell mit eckigen Klammern notiert. In gängigen Darstellungen des Phoneminventars der deutschen Sprache ist es nicht verzeichnet (Linke/Nussbaumer/Portmann/Berchtold 2004: 488; Busch/Stenschke 2008: 62; Fuhrhop 2009: 9) und hat auch keine eigene Graphemrealisierung. Selbst wenn ein phonologischer Systemplatz gleichsam vorhanden wäre, da es die stimmlose Variante /ʃ/ ja gibt, trifft man es nur in Übernahmen und ohne eine einheitliche Umsetzung in der Schrift an (*Dschungel, Jeans*). Oft wird als Beispiel dafür, dass auch Übernahmen aus anderen Sprachen in die Erscheinung der ›Auslautverhärtung‹ einbezogen werden, *Orange* (Frucht) [ʒ] – *orange* (Farbe) [ʃ] vorgebracht. Hier gilt, was eben zu Sprach- und Aussprachevarietäten bereits bemerkt wurde.

---

4 Die unterschiedliche Notation mit Schrägstrichen und eckigen Klammern ist hier Absicht. Sie folgen Linke/Nussbaumer [u.a.] (2004: 497) und signalisiert, dass es sich im einen Fall um das System und damit um Phoneme und im anderen um die angenommene Aussprache (Phone) handelt. Wieder wird dabei deutlich, dass die Unterscheidung zwischen Phon und Phonem eine des Erkenntnisinteresses im Rahmen wissenschaftlicher Modellbildung ist, nicht eine der Sprache an sich.

Zusammensetzungen bzw. Ableitungen führen dazu, dass an den Gelenkstellen Doppelbuchstaben geschrieben werden: *Bildung – Abbildung*; *Mittel – mittellos*. Man belässt in den Zusammensetzungen neuerdings die Schreibung der Einzelkomponenten und fügt sie im Kompositum nur zusammen, auch wenn sich dadurch drei gleiche Buchstaben an einer Stelle zusammenfinden: *Schifffahrt, Wolllappen, Stalllaterne, klebstofffrei, Stofffetzen, Zooorchester, Teeei, Pappplakat*. Ähnlich verfährt man bei *andererseits* und *selbstständig*. Ein **ökonomisches Prinzip** – anders als bei *Tasche* (nicht *Taschsche) wird hier nicht angewandt.

Das morphematische Prinzip ›sticht‹ demnach bei den Erscheinungen der Wortbildung als auch bei denen der Deklination und Konjunktion (Busch/Stenschke 2008: 66) das der Zuordnung von Phonemen und Graphemen. Es wird jedoch selbst auch wieder ›gestochen‹, d.h. Entscheidungen bezüglich dessen, was ›richtig‹ sein soll, ist mitunter der Konkurrenz verschiedener Prinzipien ausgesetzt, und je nach Perspektive und Gewichtung konkurrierender Aspekte ist die eine oder andere Schreibung heute als ›amtlich‹ deklariert. So folgt dem morphematischen Prinzip die Steigerungsform *älter* zu *alt*; wir nennen aber die Repräsentanten der älteren Generation immer noch *Eltern* und wir schreiben sie auch so.

Zu behandeln ist ferner das, was man als **lexikalisches und semantisches** Prinzip bezeichnet: Ein Müller *mahlt* und ein Maler *malt* – und nur graphemisch, nicht akustisch kann man ihre Tätigkeiten unterscheiden (wenn man die Sätze ausspricht; bei den tatsächlichen Tätigkeiten wäre die Realsituation zu erkunden) – außer man hat einen syntaktischen oder situativen Zusammenhang, der dem kompetenten Sprecher die jeweils zutreffende Tätigkeit anzeigt, auch ohne Schrift. Notwendig wäre demnach eine Unterscheidung auch schriftlich nicht, wenngleich es durchaus praktisch erscheint. Allerdings wird nicht immer so verfahren wie bei diesen beiden Handwerkern, denn nicht immer wird in der Schreibung der Bedeutungsunterschied gleichklingender sprachlicher Einheiten gekennzeichnet, auch wenn sich einst Gottsched dafür ausgesprochen hatte. Bedeutungen von Wörtern sind im Lexikon verzeichnet und gehören zur Semantik. Das lexikalische bzw. semantische Prinzip der Orthographie erleichtert bei der Lektüre von Texten die Bedeutungszumessung, die ein Leser vornimmt, muss aber von Lernern erst einmal gekannt und dann auch im Gedächtnis behalten werden. Auch kann man damit weder eine Regel formulieren noch eine Systematik vorfinden oder herstellen. Allerdings fördert es – als ein heuristisches Instrument betrachtet und genutzt – eine ganze Reihe von Einsichten zu Tage:

Homonyme sind Wörter, die gleich gesprochen und gleich geschrieben werden, die jedoch weder semantisch noch ihrer Herkunft nach in einer Beziehung zueinander stehen. Im Falle von *Kiefer* (Nadelbaum) und *Kiefer* (Teil des Gesichts) wird der Unterschied zudem durch das Genus markiert. Bei *Schloss* müsste man überlegen, ob zwischen dem Gebäude und dem Vorhängeschloss nicht doch ein Zusammenhang besteht. Dies ist der Fall bei Beispielen wie *Birne* (die Frucht, der Leuchtkörper), *Flügel* (Vogel, Teil eines Gebäudes, Piano). Die Beispiele könnten auch Realisierungen eines metaphorischen oder Übertragungsverhältnisses verstanden werden. Gleich geschrieben und gleich gesprochen besteht darüber hinaus ein Bedeutungszusammenhang über eine Vergleichbarkeit. Meist werden solche Beispiele als Polyseme bezeichnet. Grillparzers Titel »Des Meeres und der Liebe Wellen« ist ein besonders schönes Beispiel.

Homophone wiederum sind orthographisch relevant als solche Wortpaare, die gleich lauten, aber unterschiedlich geschrieben werden. Dazu gehören beispielsweise *Wal* und *Wahl*, *Mohr* und *Moor*, *Weise* und *Waise*, *Lerche* und *Lärche*.

In dieser Kategorie sind noch weitere interessante Erscheinungen zu verzeichnen: Gegenstück zu den Homophonen sind die Homographen, d.h. solche Wörter, die tatsächlich gleich geschrieben, aber nicht gleich gesprochen werden und die auch nicht dieselbe Bedeutung haben. Beispiele sind etwa *August, Montage, übersetzen, umschreiben, Tenor*, bei denen meist ein unterschiedlicher Wortakzent zu bedenken ist. Bei *Montage* (Aufbau) handelt es sich um eine Übernahme aus dem Französischen; auch *Tenor* (in beiden Bedeutungen) ist nicht ursprünglich deutsch.

Zu erwähnen sind auch solche Wörter, die unterschiedlichen Wortarten angehören wie *sieben* (Zahl; Verb), *Gefahren* und *gefahren*, was Lernern vor allem bei Diktaten Schwierigkeiten machen kann, da ein Satzkontext verstanden werden muss, um sich für die richtige Schreibung entscheiden zu können.

Mitunter trifft man auf Zusammensetzungen, die auf den ersten Blick schwer zu erschließen sind. Für den Sprachunterricht in der Schule können sie in unterschiedlicher Segmentierung gesprochen nicht nur Anlass zu Spiel und Spaß sein, sondern auch linguistische Einsichten vermitteln: *Alpénostrand, Alpenóstrand, Bluméntopferde, Blumentopférde*. Dabei handelt es sich jedoch nicht um orthographisches Wissen und die Prinzipien der Verschriftung, sondern vielmehr um Wissen über die Wirklichkeit.

Von der Herkunft der Wörter, d.h. von der Herkunft des Wortes, das dieser Publikation ihren Titel verliehen hat, war bereits in Kapitel 1 die Rede. Im engeren Sinn betrifft das **etymologische Prinzip** Wörter, die ursprünglich aus einer anderen Sprache übernommen sind, und deren Schreibung (weitgehend) beibehalten wurde. Zu diesem Prinzip im weiteren Sinne könnte man auch die Morphemkonstanz (siehe oben) zählen, da es dabei ebenfalls um die ›Herkunft‹ der Wörter geht (*Gämse* von *Gams* und *Stängel* von *Stange*) und die Orthographie solche Zusammenhänge anzeigen soll. Die frühen Vertreter der Orthographiesystematik haben sich um das Latein und Griechisch noch eingehend gekümmert und sich für die Beibehaltung der etymologisch zu begründenden Schreibweise ausgesprochen. Im Vergleich zu manch anderen Sprachen neigt man in der deutschen Orthographie noch immer zu einer eher konservativen Haltung. Sofort angepasst an die wortartenspezifische Großschreibung werden allerdings Substantive: Wir schreiben *Juice* (nicht *džus*, aber auch nicht *juice*), *offside* (nicht *v ofsajdu*), *Container* (nicht *kontejner*), *Jeans* (nicht *džíny*) – die Beispiele mit Schreibung, die den eigenen orthographischen Prinzipien angeglichen sind, stammen aus dem Tschechischen. Erst wenn sich die ›Eindeutschung angebahnt‹ hat, wird sie auch offiziell zur Norm oder doch zumindest als akzeptiert erklärt. So schreiben wir *Büro*, nicht mehr *Bureau;* nebeneinander kann man *Friseur* und *Frisör* finden und die letzte Orthographiereform hatte zunächst eine größere Zahl von Anpassungen vorgeschlagen wie etwa *Känguru, Panter, Portmonee* oder *Spagetti.* Das *Känguru* ist geblieben, der *Panther*, das *Portemonnaie* und die *Spaghetti* dürfen auch wahlweise ihre einstigen Schreibungen behalten (Kürschner 2000; Stenschke 2005: 137ff.). Fuhrhop (2011a: 148) versucht, die deutsche Regelung der Fremdwortschreibung auf die deutschen Verschriftungsprinzipien zu beziehen; dies ist jedoch eher ein Zirkelschluss, denn gerade die Schreibungen wie *Theater* oder die erforderliche Neuschöpfung *Photovoltaikanlage* dokumentieren, dass ein etymologisches Prinzip bedeutsam ist.

Schließlich seien noch einige Bemerkungen zu /ph, th, y, t/ angefügt. /t/ wird als [z] gesprochen und bis hin zur jüngsten Orthographiereform in einer Schreibung realisiert, die die Herkunft aus den antiken Sprachen erkennen lässt (*potentiell, substantiell*). Auch Morpheme wie *-phon, -phot, -graph, -tial* sind hier zu nennen. Die Schreibungen in anderen Sprachen wie dem Englischen oder Französischen sind konservativ, wohingegen in den ersten Bestrebungen der jüngsten Orthographiereform für die deutsche Sprache Veränderungen vorgenommen werden sollten. Sie konnten sich nicht in allen Fällen durchsetzen und haben zu einem Nebeneinander verschiedener Schreibungen und zu Inkonsistenzen geführt (vgl. »Orthographie« in Kapitel 1). Die Diskussion ist auch eine um Bildungsgüter und Sprachmoden. Lange waren Griechisch und Latein Bildungssprachen und auch Französisch hatte bis ins 20. Jahrhundert ein hohes Prestige. Heute ist das *Billet* durch das *Ticket* abgelöst, der *Perron* ist der *Bahnsteig* und das *Portemonaie* darf man auch als *Portmonee* schreiben, doch wird man für den einschlägigen Gegenstand heute eher *Geldbörse* sagen, womit sich eine orthographische Anpassung erübrigt. Für manche im Sprachgebrauch vergleichsweise häufig genutzten Wörter wurde die ›vereinfachte‹ Schreibung, d.h. die Tilgung der etymologischen Signale, diskutiert (*Thron, Panther*), sie wurde jedoch wieder zurückgenommen oder es wurden Varianten zugelassen. (Kürschner 2000; Stenschke 2005). Im Einzelnen ist die Geschichte der Entscheidungen kaum nachzuvollziehen, geschweige denn im Gedächtnis zu behalten. Dies ist für Sprachnutzer auch nicht erforderlich und zeigt für die wissenschaftliche Arbeit im Rahmen der Orthographiereform, dass Einzelentscheidungen getroffen werden mussten, weniger aus Willkür als aus der Notwendigkeit heraus, die eine Sprache stellt: Sie ist kein starres System, sondern wandelt sich mit den Nutzern, wobei sich unterschiedliche Nutzer an diesem Wandel unterschiedlich beteiligen und verschiedene Vorstellungen von und Akzeptanzgrenzen für sprachliche Erscheinungen haben können. Ob man hinter der Diskussion Bildungssignale, Moden oder Gewohnheiten aufspüren möchte – Eindeutschungen sehen – zunächst – merkwürdig aus. Und die Ästhetik einer schriftsprachlichen Äußerung ist durchaus nichts Nebensächliches und dies nicht nur bei Layout oder (Hand-)Schrift.

Damit ist ein weiteres Prinzip der Orthographie angesprochen, das man als **ästhetisches** bezeichnen könnte. Wie bereits anhand der Beispiele aus anderen Herkunftssprachen angedeutet, handelt es sich um Entscheidungen für Schreibungen, die mit der Gewohnheit und dem Geschmack zu tun haben. Dass dies höchst konfliktreich sein kann, hat die jüngste Reform gezeigt. Letztlich sind die gewohnten (etymologischen) Schreibungen (*Panther, Thron, Theater*) nicht aufgegeben worden. Etwas anders sieht die Sache bei den – möglichen – Verdoppelungen der Mehrfachgraphen aus, denn es wäre sicher unökonomisch für die Wiedererkennungsfunktion, d.h. für das Lesen (und nicht nur ›unschön‹), *Taschsche zu schreiben. Drei Konsonanten oder Vokale sowie die Häufung mancher Graphen hat man allerdings dann doch zugelassen: Das *Zooorchester* hat in der Phase der jüngsten Orthographiereform seine emotionale Geschichte bekommen. Nicht zu vergessen ist, dass auch die satzinterne Großschreibung unter anderem der Ästhetik geschuldet ist. Sie stellt sicher eine Lesehilfe dar. Allerdings ist nicht in Abrede zu stellen, dass auch Schriften, die sie nicht haben, gut gelesen werden können. Unterschiede in der Verständlichkeit und Lesegeschwindigkeit deutscher, englischer und niederländischer Texte fanden jedoch Bock/Hagenschneider/Schweer (1989) bei ihren Probanden heraus.

So besehen ist die Besonderheit der deutschen Orthographie, die Großschreibung im Inneren eines Satzes, zunächst eine optische Angelegenheit und mag der Wiedererkennungsfunktion dienlich sein. Dies ist ein wichtiger Grund gewesen, dass sich in der Diskussion um eine Reform kein Konsens für eine gemäßigte Form der Kleinschreibung hat durchsetzen lassen (vgl. Heller 1996). Die leichtere Verständlichkeit durch die Großschreibung im Satzinneren ist jedoch eine Sache der Gewohnheit und Lernende würden sich mit Sicherheit im Laufe der Zeit umstellen, auch wenn dies gegenwärtig noch anders gesehen wird (Blatt/Müller/Voss 2010). Wie dem auch sei: Für eine systematische Zusammenstellung der Verschriftungsprinzipien hat die deutsche satzinterne Großschreibung insofern Bedeutung, als sie einem weiteren Prinzip verpflichtet ist, nämlich der **Grammatik:** »Im Gegensatz zu allen anderen Sprachen dient die Großschreibung im Deutschen nicht nur der Kennzeichnung von Satzanfängen, Eigennamen und Ausdrücken der Ehrerbietung, sondern auch zur Markierung einer Wortart: der Substantive« (Heller 1996b).[5] Wortarten sind bekanntlich eine grammatikalische Kategorie. Sprachliche Erscheinungen nach Wortarten zu systematisieren ist allerdings keine Entscheidung der Sprachnutzer selbst, sondern eine der (metasprachlichen) Beschreibung. Sie ist nicht willkürlich, sondern hat ihre Grundlage in einem bestimmten kategorialen Zugriff auf das Verhältnis von Sprache und Wirklichkeit, das man in der so beschriebenen Sprache zu erkennen glaubt und die auf eine lange Tradition linguistischer Modellierung zurückblicken kann. Einmal etabliert, erlaubt sie Einsichten in

---

[5] http://pub.ids-mannheim.de/laufend/sprachreport/sr96-extra.html#D

die Organisation eines Sprachsystems und stellt hilfreiche Ordnungsraster zur Verfügung. Doch neben der Zuweisung des Inventars von Wörtern einer Sprache zu ›Wortarten‹ sind auch die Rollen von Wörtern im Satz zu bedenken.

Denn das Syntagma kann Wörtern solche Funktionen zuweisen, mit denen sie die Wortartenkategorien, unter denen sie zunächst firmieren, verlassen. In gängiger Ausdrucksweise spricht man von ›Substantivierung‹ und benennt damit die Tatsache, dass ein Verb, ein Adjektiv, ein Adverb oder auch ein Pronomen im Satz die Rolle eines Substantivs erhalten kann und dann großgeschrieben wird.

Sarah kann bereits im tiefen Wasser schwimmen.
An heißen Tagen geht Sarah gerne zum Schwimmen.
Das Große bleibt groß nicht und klein nicht das Kleine. (Bertolt Brecht)
Es gab ein ständiges Hin und Her.
Das Kind entdeckt allmählich sein Ich.

Da gerade die Groß-und Kleinschreibung für Lerner erhebliche Probleme bereitet und höchst fehleranfällig ist (Karg 2008: 78ff.), hat man versucht, Erklärungsalternativen zu formulieren: Primus (2010) etwa kritisiert aus linguistischer Sicht ein wortartenbasiertes Vermittlungskonzept und spricht nicht mehr von »Substantivierung«, sondern vom »Kopf« bzw. alternativ vom »Kern« oder »Regens« einer »Nominalgruppe« (Primus 2010: 30f.; ähnlich auch Bredel 2010: 221; Noack 2011: 585; Günther/Gaebert 2011: 96ff.). Allerdings ist nicht zu erkennen, dass damit ein *völliger* Verzicht auf eine Wortartenreferenz (»*Nominal*gruppe«) erfolgt. Ferner kann man zweifellos auch Lernern erklären, dass man Substantive großschreibt und dass andere Wortarten im Satzzusammenhang den Status oder die Rolle von Substantiven erhalten können. Jedenfalls sind die Chancen eines Erfolgs größer, wenn man eine gängige Terminologie verwendet, als wenn man Lerner mit einer Nomenklatur konfrontiert, die eher Verwirrung stiftet (anders Gaebert 2012). Denn § 55 der amtlichen Regeln von 2006 (Deutsche Rechtschreibung 2006: 57) besagt: »Substantive schreibt man groß«. Ferner haben die neuen Regelungen von 2006 die wortartbezogene Konzeption verstärkt (Primus 2010: 31), indem einst kleingeschriebene Wendungen wie **im folgenden* nunmehr großgeschrieben werden (*im Folgenden*). Optionen wie »viel [lesen, fahren ...; gelesen, viel-gelesen; befahren, vielbefahren ... § 36 (2.1)]; viele, vieles, das viele, die vielen § 58(5), substantivisch auch Viele, Vieles, das Viele, die Vielen § 58 E4 (vgl. mehr, meist)« (Wörterverzeichnis 2006) können mit »Kern einer Nominalgruppe« gar nicht erfasst werden, und schließlich spielen in den Bildungsstandards für die verschiedenen Schulabschlüsse die Wortarten – und sie gerade funktional – eine gewichtige Rolle. So heißt es
– für den Primarbereich: »Kenntnisse nachweisen über Wortarten, Wortbildung, Satz« (Bildungsstandards im Fach Deutsch 2004: 51),
– für den Mittleren Schulabschluss: »Wortarten kennen und funktional gebrauchen« (Bildungsstandards im Fach Deutsch 2003: 16),

- und für die Allgemeine Hochschulreife werden Wortartenkenntnisse bei Textaufgaben verlangt und es wird gefordert, »orthografisch korrekt« schreiben zu können (Bildungsstandards im Fach Deutsch 2012: 16).

Wortarten kategorisieren Wörter, und es sind Wörter, die wir schreiben (vgl. Eisenberg 2011: 86f.). Das Problem der Vermittlung besteht nicht in einer wortartenbasierten Erklärung der Groß- und Kleinschreibung *als solcher*, sondern allenfalls in einer ausschließlich inhaltlichen Definition von Wortarten mit generellem Gültigkeitsanspruch. Selbstverständlich bezeichnen Verben nicht *nur* Tätigkeiten und Substantive nicht *ausschließlich* Gegenstände. Das grammatisch-syntaktische Verschriftungsprinzip ist damit für die deutsche Orthographie jedoch nicht irrelevant – im Gegenteil.

Ging es bislang um das, was geschrieben wird, so ist weiterhin zu bedenken, dass auch das, was nicht geschrieben wird, optisch wahrnehmbar und beim Schreiben herzustellen ist: Wir schreiben Wörter und trennen sie durch Zwischenräume. Das klingt sehr einfach und ist auch kein Problem, wenn ein Text vorliegt, der gelesen werden soll. Alles andere als selbstverständlich ist es jedoch, was als ›Wort‹ zu bestimmen ist. Dies liegt insbesondere daran, dass man sehr schnell in einen Zirkelschluss oder aber in Widersprüche gerät: Sind Wörter diejenigen sprachlichen Einheiten, die aus einer ununterbrochenen Buchstabenkette zwischen zwei Leerzeichen stehen, so könnte man ein Wort *per definitionem* gar nicht getrennt schreiben. Die Formenlehre und Syntax des Deutschen machen es aber andererseits erforderlich, dass solche sprachlichen Einheiten, die man in einem Fall als ›Wort‹ zusammenschreibt, in anderen Fällen aber trennen muss. Handelt es dabei dann gar nicht mehr um dieselbe sprachliche Einheit? Oder besteht sie einmal aus einem Wort, dann aber aus zwei Wörtern?
Beispiel:

Der Zug wird laut Fahrplan um 18 Uhr ankommen.
Wir kommen mit dem Zug um 18 Uhr an.

Die Zusammen- und Getrenntschreibung war neben der Groß- und Kleinschreibung eine der umstrittensten Komponenten der deutschen Orthographie bei ihrer Neuregelung in den Jahren 1996-2006. Das Problem hat sich noch einmal besonders verschärft, sowie es um eine Kombination der beiden Bereiche ging. Die folgenden Beispiele sind so konstruiert, dass eine Entscheidung über Zusammen- oder Getrenntschreibung nicht getroffen werden muss. Sie zeigen aber sehr deutlich und machen verständlich, dass man es hier mit einem Bereich zu tun hat, der überhaupt nicht mehr systematisch-begründbar organisiert werden kann.

Beispiele:

Wir fahren mit dem Auto.
Wir saugen den Staub von unseren Sesseln.
Mit Schlittschuhen können wir auf dem Eis laufen.
Hans fährt heute mit dem Rad zur Schule.

Auch die unterschiedliche Schreibung von Artikel/Pronomen einerseits und Konjunktion andererseits (*das – dass*) ist ausschließlich syntaktisch motiviert, wenn man dem »Duden«-Aussprachewörterbuch folgt, das zwischen Artikel/Pronomen (*das*) einerseits und Konjunktion (*dass*) andererseits nicht unterscheidet. Doch sei bedacht, dass es regionale Aussprachevarietäten gibt, dass bei Kenntnis der Schreibung ein mentales Aussprachekonstrukt entstehen kann und Sprachnutzer sehr wohl einen Unterschied zwischen der Aussprache des Artikels/Pronomens und der Konjunktion (vermeintlich) realisieren oder realisiert finden.

Zu grammatikalisch bzw. syntaktisch motivierten Regelungen gehört auch der gesamte Bereich der Zeichensetzung. Allerdings kommt man hier in eine Grenzregion, die man als **textliches Prinzip** oder besser **Textgestaltungsprinzip** bezeichnen könnte. Bredel (2011: 142) unterscheidet »syntaktische Zeichen« und »kommunikative Zeichen«, die sich allerdings z.T. überschneiden. So ist beispielsweise die Frage durch die Wortstellung im Satz syntaktisch markiert und das Zeichen ist lediglich die Konsequenz daraus. Für die Gliederung eines Ausdruckswunsches und seiner Gestaltung stehen im Deutschen zur Verfügung:

- zur Kennzeichnung des Schlusses von Ganzsätzen: Punkt, Ausrufezeichen, Fragezeichen
- zur Gliederung innerhalb von Ganzsätzen: Komma, Semikolon, Doppelpunkt, Gedankenstrich, Klammern
- zur Anführung von Äußerungen oder Textstellen bzw. zur Hervorhebung von Wörtern oder Textteilen: Anführungszeichen
- [...]
- zur Markierung von Auslassungen: Apostroph, Ergänzungsstrich, Auslassungspunkte
- zur Kennzeichnung der Wörter bestimmter Gruppen: Punkt nach Abkürzungen bzw. Ordinalzahlen, Schrägstrich (vgl. dazu: Deutsche Rechtschreibung 2006: 73)

Dies sieht sehr klar und systematisch aus, überlässt aber in vielen Fällen – wiederum v.a. in der Neuformulierung der Orthographieregeln im amtlichen Regelwerk (Deutsche Rechtschreibung 2006) – dem Verfasser eines Textes die Verantwortung für seine Entscheidung. Geregelt ist der Abschluss eines Satzes durch einen Punkt, wohingegen die freistehende Zeile, anders als etwa im Englischen, nicht durch einen Punkt abgeschlossen wird. Noch immer ist dabei – trotz eingehender Diskussionen – der Satzbegriff an die Verwendung eines vollständigen Prädikats gebunden. Entsprechend der Aussageabsicht des Schreibers gibt es die Alternativen des Frage- und Ausrufezeichens. Dies sind Zeichen, die allerdings auch anderer Textgestaltung geschuldet sein können als der, die sich ausschließlich aus Sätzen im engeren Sinn ergibt. Denn das vollständige Prädikat wird weder in einem Frage- noch in einem Ausrufesatz immer erforderlich sein, vor allem dann nicht, wenn eine wörtliche Rede in einen Text einbezogen ist, d.h. ursprünglich (oder gedacht) eine mündliche Kommunikation verschriftet wird:

Was? Absurd!

Außer in Fällen, in denen absichtsvoll mit Darstellungsperspektiven gespielt werden soll oder gespielt wurde, wie dies in literarischen Werken vorkommen kann, wird man hier Anführungszeichen erwarten, um die wörtliche Rede zu kennzeichnen.

Schwieriger wird eine satzinterne Gliederung durch Komma, Semikolon, Doppelpunkt, Gedankenstrich (Parenthese) und Klammern. Schwierigkeiten verursacht den Lernern insbesondere die Kommasetzung. Die einstige Regelung des Kommas vor und bei folgendem Satz mit eigenem Subjekt und Prädikat wurde zu einer Option verändert; die Kommasetzung bei einer Infinitivgruppe (§ 75) wurde auf drei Bedingungen reduziert:
– Einleitung durch um, ohne, statt, anstatt, außer, als
– Abhängigkeit von einem Substantiv
– Abhängigkeit von einem Korrelat oder Platzhalter

Dies bedeutet, dass Vereinfachungen vorgenommen wurden, wenn sie auch geringfügig erscheinen und für Lerner nicht unbedingt gut zu merken sind. Dass in anderen Fällen (»Nachtrag« § 78, aber auch »Komma vor und/oder« § 73) inzwischen Wahlmöglichkeiten zugelassen sind, nimmt stärker die kommunikative Absicht eines Schreibers ernst, als ihm Regeln vorzusetzen. Appositionen werden im Satz nach wie vor mit paarigem Komma abgetrennt, und die Gliederung eines Satzgefüges in Haupt- und Nebensatz wird ebenfalls durch Komma gekennzeichnet. Für die Kommasetzung in Kombination mit Anführungszeichen bei wörtlicher Rede hat der Schreiber die Abfolge der Zeichenkategorien zu bedenken (§§ 89ff.) und dabei auch Entscheidungen über die Groß- und Kleinschreibung zu treffen, was erneut die Auslegung des Satzbegriffs bedeutsam macht. In manchen (anderen) Fällen stehen für die Kommasetzung Optionen zur Verfügung. Nach der Anrede in Briefen wird inzwischen nur noch Komma gesetzt.

Schließlich sei noch die Regelung zur Verwendung des Apostrophs erwähnt, da man seit einiger Zeit zunehmend Interferenzen mit dem Englischen beobachten kann, die mitunter auch noch von falschen Annahmen hinsichtlich der Verhältnisse in der englischen Sprache ausgehen (vgl. die bereits erwähnten *Birkenstock's*). Vorgesehen ist in den deutschen Orthographieregelungen ein Apostroph im Grunde genommen nur in zwei Fällen:

- im Genitiv bei Substantiven, die im Nominativ auf <s>, <ss>, <ß>, <tz>, <z>, <x>, <ce> enden, und
- bei Auslassungen.

Ein Schriftzeichen im weitesten Sinne ist auch der Trennungsstrich, den man benutzt, um Wörter am Zeilenende aufzuspalten und einen zweiten Teil des Wortes auf die folgende Zeile zu schreiben. Hier hat die letzte Reform die bis dahin gültige Regelung, <st> nicht zu trennen, aufgehoben; dasselbe gilt für die einst vorgesehene Rückführung von <ck> in <k-k> bei der Worttrennung (<ck> ist die graphematische Realisierung der Doppelung von <k>). Silben, die nur aus einem einzigen »Vokalbuchstaben« (sic!; Deutsche Rechtschreibung 2006: § 107) bestehen, werden nach wie vor bei der Worttrennung nicht isoliert, was sicher auch dem ästhetischen Prinzip und dem Lesefluss förderlich ist (*o-der, *a-ber, *A-bend).

Es erscheint an dieser Stelle nicht sinnvoll, auf Einzelheiten der Reglungen zum Bindestrich, Schrägstrich und zu weiteren den Text gestaltenden Zeichen einzugehen. Die amtlichen Regelungen sind auch Referenzorgan, und für die Bände der »Duden«-Reihe gilt dies ohnehin.

Erneut und nachdrücklich ist zu betonen, dass ein Sprachnutzer weder stets das gesamte Sprach- und Schriftsystem präsent hat, wenn er einen Ausdruckswunsch schriftlich umsetzen will, noch ein Lerner schnell oder gar auf einmal sämtliche orthographischen Regelungen vermittelt bekommen kann, wenn er schreiben und richtig schreiben lernen soll. Die Vermittlungsarbeit sieht sich auf allen Stufen des Schrifterwerbs vor erhebliche Herausforderungen gestellt. Vor allem muss sie irgendwo (und irgendwie) beginnen.

Schließlich sei noch mit dem **pragmatischen** ein weiteres **Prinzip** genannt, das vor allem dann eine Rolle spielt, wenn man, in welchem Zusammenhang auch immer, Briefe zu schreiben hat. Vor der jüngsten Orthographiereform wurden Anredepronomina generell großgeschrieben. Inzwischen gilt die Großschreibung – zunächst – nur für das höfliche *Sie,* was sicher der Tatsache geschuldet ist, dass damit eine klare Unterscheidung zwischen Anrede und Referenzpronomen erfolgen kann. Die freundschaftlichen Anredepronomina *du, dich, dein, ihr, euer* hingegen »schreibt man klein« (Deutsche Rechtschreibung 2006: § 66). Doch findet sich dann der Zusatz: »In Briefen können die Anredepronomen du und ihr mit ihren Possessivpronomen auch großgeschrieben werden«. Es ist zu vermuten, dass der Gebrauch sich nicht hat verändern *lassen.*

3.3 Diskussion der Möglichkeiten von Einteilungen und Zuordnungen

Mit der dargestellten Einteilung der Verschriftungsprinzipien kann man vergleichsweise gut arbeiten, da sie ein auf den ersten Blick eher chaotisch wirkendes Phänomen wie die deutsche Rechtschreibung zugänglich und in seinen wesentlichen Komponenten einsichtig macht, auch wenn damit nicht immer erklärt wird, warum etwas so und nicht anders geschrieben wird. Man wird die Verschriftungsprinzipien jedoch generell nicht als starres System verstehen dürfen. Dies zeigt bereits die Tatsache, dass die Prinzipien, setzt man sie einmal so an wie oben vorgestellt, gelegentlich in Konflikt zueinander stehen und Entscheidungen über eine Schreibung erfordern. Dazu kommt, dass man bei tatsächlich einmal so oder anders entschiedenen Schreibungen verschiedene Zuordnungen als Begründung vornehmen kann. Ein Beispiel hierfür ist die Unterscheidung von *Mann* und *man*. Man kann lexikalisch-semantisch argumentieren und signalisiert in der Schreibung den Unterschied zwischen dem Indefinitpronomen und dem Substantiv, was natürlich auch syntaktisch relevant ist. Man kann aber auch auf die Morphemkonstanz referieren und erläutern, dass die Konsonantengemination <nn> beibehalten wird, da der Plural *Männer* lautet, wobei hier die Gemination dem Silbengelenk geschuldet ist: Ein offener (vokalischer) Endrand der ersten Silbe würde deren Länge bewirken, die (konsonantische) Schließung der Silbe zeigt phonographisch die Kürze an.

In sprachwissenschaftlichen Diskussionen hat die Feststellung, dass eine Erscheinung verschiedenen Prinzipien zugeordnet werden kann, zu unterschiedlichen Reaktionen geführt: Die Zuordnung einzelner Erscheinungen zu den Prinzipien wird als Problem gesehen und diskutiert; auch wird der Versuch unternommen, die Prinzipien zu hierarchisieren; und schließlich wird auch Fundamentalkritik geübt, nämlich überhaupt auf Prinzipien zu verzichten (dazu Naumann 1990). Missverstanden wären die Prinzipien, wollte man sie als Regeln der Orthographie verstehen, und gänzlich unangemessen ist eine Schelte über ihre irritierende Wirkung oder den chaotischen Eindruck, den sie vermitteln. Vielmehr handelt es sich bei ihnen um den Versuch, in die Vielfalt und Komplexität, die Sprache nun einmal hat, eine gewisse Systematik zu bringen. Angebracht ist deshalb, sie als Möglichkeiten der Verschriftung zu verstehen, die nebeneinander bestehen. Sie stellen Modellierungen eines Bereichs der Sprache dar und bilden daher – wie jedes Modell – die Wirklichkeit nicht in einer 1:1-Relation ab. Sie geben aber Aufschluss über wesentliche Charakteristika der Erscheinungen dieser Wirklichkeit, die gerade durch die Modellierung weniger willkürlich und weniger chaotisch wirken, sondern Erkenntnissen und Einsichten zugänglich gemacht werden. Orthographie ist kein natürliches System, sondern ist gesetzt, aber die Setzungen sind Überlegungen geschuldet, die sich aus den sprachlichen Verhältnissen herleiten lassen. In Konkurrenzfällen ist die Schreibung in der Vergangenheit und anlässlich von Reformüberlegungen durch

Autoritäten oder zu solchen erklärten Personen, Gruppierungen oder Einrichtungen festgelegt worden. Auf die Komponenten, die hier als ›Prinzipien‹ bezeichnet sind, bzw. auf diese oder eine ähnliche Einteilung und Systematisierung der Orthographie stößt man in sprachwissenschaftlichen Bearbeitungen immer wieder, wenn auch die Anzahl der Kategorien, die Zuordnungen und ihre Abgrenzungen und Relationen zueinander unterschiedlich gesehen werden können. In den meisten Fällen kommen die Theoretiker mit weniger Prinzipien aus oder aber bilden Hierarchien. Einige Beispiele seien im Folgenden angeführt.

Nerius (1987) setzt neben den »Beziehungen von graphischer und phonologischer Ebene« solche der semantischen Ebene an und subsumiert darunter wiederum »das morphematische Prinzip [...], das lexikalische und das syntaktische Prinzip«. Darüber hinaus wird bei ihm ein »stilistisches« und ein »Textprinzip« angenommen. (Nerius 1987: 77 Übersicht über verschiedene Einteilungen; in der Aufl. von 2007: 95f.).

Noack (2010a) unterteilt mit Blick auf die Erfassungsfunktion der Orthographie die Verschriftungsprinzipien in phonographische einerseits und grammatische andererseits, wobei zu den grammatischen für sie das morphologische und das syntaktische (für die satzinterne Großschreibung) Prinzip gehören.

Staffeld (2010) teilt die »Prinzipien der Schreibung« in zwei Kategorien ein, nämlich in »lautbezogene« und »inhaltsbezogene« Prinzipien. Zu den Ersteren gehören das phonologische, phonetische, silbische und intonatorische Verfahren. Unter die »inhaltsbezogenen Prinzipien« subsumiert er das syntaktische, morphologische, lexikalische und textuelle (ebd.: 143ff.). Man erkennt, dass damit wesentlich weniger die Phonem-Graphem-Zuordnung im Zentrum steht, als vielmehr der Gesamtkomplex schriftsprachlicher Handlungsentscheidungen.

Altmann/Ziegenhain (2010) stellen die Orthographie sehr detailliert dar, fassen die Prinzipien aber z.T. ebenfalls stärker zusammen. Sie behandeln das phonetische/phonologische, das morphologische/etymologische Prinzip, wozu sie auch die Schema-Konstanz rechnen, das syllabische, das rhythmisch-intonatorische (für Satzzeichen) und ein eugraphisches (ästhetisches) Prinzip; ferner gehen sie auf Homonymie als semantisch-lexikalisches Prinzip sowie auf die Groß- und Kleinschreibung als grammatisch-syntaktisches Prinzip ein. Auch die Anredepronomina und die Tatsache, dass /w, ch, sch, ß, ng, ä, ü, ö/ nicht getrennt werden, sowie der Bindestrich, Besonderheiten der Trennung und die Dreifachgraphen (»Trigramm <sch>«) werden benannt (ebd.: 122ff.).

Ossner (2010) versucht konsequent eine dem Anspruch nach andere Modellierung und Beschreibung der Orthographie, nämlich auf der Basis der Silbe und dabei mit Blick auf die »Sonorität« der Laute, wie er sagt. Der Grundansatz liest sich folgendermaßen:

> Betrachtet man die deutsche Orthographie in ihrer Grundlage, so zeigt sich, dass die Graphem-Phonem-Zuordnung

a) auf der Ebene der Silbe vorgenommen wird und
b) die Silben sich auf der Grundlage phonologischer Wörter ergeben.
Anders gesagt: Die deutsche Orthographie ist als eine alphabetische Orthographie ausdrucksseitig orientiert, dabei wird aber relevantes Sprachwissen in Rechnung gestellt. (Ossner 2010: 67)

Grundlage dessen ist Vennemanns Hierarchie der »konsonantischen Stärke CS« (Vennemann 1982: 283), die Ossner in zwei Richtungen als »zunehmende Schallfülle« und »zunehmende Konsonanz« darstellt (Ossner 2010: 67). Auf dieser Grundlage werden dann weitere orthographische Erscheinungen erläutert. Notgedrungen fühlt man sich aber doch wieder an einige der ›klassischen‹ Prinzipien erinnert, auch wenn sie nicht oder nicht immer so benannt und v.a. nicht in ihrer ansonsten dargestellten Systematik, Eigenart und Ausführlichkeit behandelt werden. Doch können die Erscheinungen als solche schließlich nicht ignoriert werden, und so wäre das »vererbte silbeninitiale h bei Draht und Naht« (Ossner 2010: 85) vielleicht doch besser bei einem Prinzip der Morphemkonstanz aufgehoben. In erster Linie ist das Anliegen ein didaktisches, worauf noch zurückzukommen sein wird.

Busch/Stenschke (2008) unterscheiden das phonologische, silbische, morphematische, etymologische, pragmatische und syntaktische Prinzip. Die Darstellung oben folgt weitgehend diesem Modell und ergänzt es. Anders als andere, die die Verschriftungsprinzipien als »Orthographieprinzipien« oder »orthographische Prinzipien« bezeichnen (z.B. Altmann/Ziegenhain 2010: 182ff.; Dürscheid 2012: 142ff.), unterscheiden Busch/Stenschke zwischen Graphematik und Orthographie. Bei der Orthographie handle es sich »um ein explizit geregeltes, konventionalisiertes System von Normen« (ebd.: 69), für die es nur ein einziges »Prinzip« gebe, nämlich dass »es in der Regel für jedes Wort in einer bestimmten syntaktischen Verwendung nur eine einzige Schreibweise geben sollte« (Busch/Stenschke 2008: 69). Die meist so genannten »Prinzipien« seien hingegen »graphematische Prinzipien oder Verschriftungsprinzipien« und bezögen sich auf die Art und Weise, wie »Sprache [...] verschriftlicht werden kann« (ebd.).

3.4 Orthographie als Verbindung aller Bereiche des Sprachsystems

Zusammenfassend sei für die deutsche Orthographie noch einmal darauf hingewiesen,
- dass es keine 1:1-Relation von Phonemen und Graphemen bzw. mündlich geäußerten Lauten und schriftlich niedergelegten Buchstaben gibt,
- dass bei jedem Schreibprozess und jeder Entscheidung für eine Schreibung die verschiedenen Prinzipien der Verschriftung miteinander bedacht werden müssten,

– dass diese Prinzipien sich überschneiden und mitunter in Konkurrenz zueinander stehen bzw. nicht konsequent angewendet werden können und
– dass damit letztlich keine absolute Systematik des Orthographie erreicht werden kann, die sich dann auch noch in ein überschaubares Regelwerk pressen ließe.

Vor dem Hintergrund dieser Erkenntnisse besteht der sprachwissenschaftliche Auftrag für die Beschäftigung mit Orthographie darin, sie keinesfalls als isolierten Bereich der Sprache zu verstehen. Vielmehr ist mit Thim-Mabrey (2004: 9) festzustellen,

> dass Rechtschreibung und Rechtschreibungsregelungen des Deutschen nicht nur mit der Bedeutung, sondern mit allen Dimensionen des Sprachsystems in gegenseitigem Zusammenhang stehen. Betrachtet man Rechtschreibregeln unter diesem Blickwinkel, so eröffnen sich interessante Einblicke in die verschiedenen Teilbereiche des Sprachsystems, von denen die Lautstruktur der Wörter nur einer, wenngleich, bei näherer Betrachtung, keineswegs ein nur oberflächlicher ist.

Die Verfasserin geht zunächst von einer zutreffenden Beobachtung aus (vgl. dazu Kapitel 2 und 4.4). Sie beschreibt die allgemein feststellbare Auffassung, »dass Schreibungen mehr oder weniger systematische schriftliche Umsetzungen der Lautgestalt von Wörtern sind, wobei das Systematische darin bestehen sollte oder könnte, dass gleiche Laute und Lautfolgen in verschiedenen Wörtern gleich geschrieben werden« (ebd.). Der Beitrag stammt aus dem Jahr 2004, d.h. aus der Zeit, in der die erste Entscheidung für eine Neuregelung der deutschen Orthographie bereits heftigste Diskussionen in der Öffentlichkeit hervorgerufen hatte (vgl. Stenschke 2005). Die Reaktionen zeigten, so Thim-Mabrey (2004), dass dabei allerdings nicht nur die Laut-Buchstaben-Zuordnung ins Feld geführt wurde, sondern auch andere Verschriftungsprinzipien erwähnt wurden, ohne diese jedoch genau zu benennen. So wurde etwa kritisiert, dass Sinnzusammenhänge und Bedeutungsunterscheidungen verloren gingen, wenn beispielsweise zwischen *sitzenbleiben* (in der Schule eine Jahrgangsstufe wiederholen) und *sitzen bleiben* (sich von einer sitzenden Position nicht erheben) nicht mehr unterschieden werden sollte (Thim-Mabrey 2004: 9).

Das Beispiel zeigt nicht nur, dass sich die Orthographiediskussion nicht auf die Frage der Laut-Buchstaben-Zuordnung reduzieren lässt. Vielmehr trifft es darüber hinaus den Kern der Reformverhandlungen zwischen 1996 und 2006 bzw. 2010. Denn die gegenwärtig aktuelle Regelung sieht für die ›wörtliche‹ (physische) Bedeutung die Getrenntschreibung von *sitzen bleiben* vor und für die ›übertragene‹ Bedeutung (Jahrgangsstufe wiederholen) die Wahl zwischen Getrennt- und Zusammenschreibung (Duden 2013: 985). Ähnlich wurden für eine Reihe weiterer Beispiele, die Thim-Mabrey (2004) heranzieht, mittlerweile andere Entscheidungen getroffen, als sie für die Verfasserin während der ›Interimszeit‹ zwischen 1996 und 2006 bestimmend waren. Mit »Wort«, »Wortarten«, »Wortbildung«, »Bedeutungen« sowie »Morphosyntax und Syntax« unterscheidet Thim-Mabrey fünf Kategorien sprachsystematischer Beschreibung und versieht sie mit Beispielen. Für die einzelnen Kategorien sind die Veränderungen, die in den letzten Entscheidungen von 2006 bzw. 2010 getroffen wurden, unterschiedlich zahlreich. Darüber hinaus zeigt sich, dass auch diese Kategorien nicht klar voneinander zu trennen sind: Manche Beispiele lassen sich mehreren Kategorien zuordnen.

Im Bereich der Wortschreibung, d.h. der Zusammenschreibung sind als Hinweis darauf, dass es sich beim zusammengeschriebenen Ausdruck um *ein Wort* handelt, gegenüber der Entscheidung von 1996 mehr Optionen zulässig. Neben dem bereits erwähnten Beispiel (*sitzen bleiben/sitzenbleiben*) ist neuerdings nicht nur die Schreibung *von Seiten* und *vonseiten* zulässig, sondern auch *in Folge* und *infolge*. Offenbar ist es schwierig zu bestimmen, was ein Wort ist und was zwei Wörter sind. Zwar kann man lesen, Wörter seien

> relativ selbständige, aus dem Redestrom isolierbare, speicherbare, rekurrente Einheiten aus Lautkörper (Formativ) und Bedeutung [...] Ein Wort ist phonetisch geformt, hat eine semantische Valenz, ist unteilbar, ist lexikalisch-grammatisch organisiert und idiomatisiert. (Fleischer [u.a.] 2001: 69)

Doch die Selbstständigkeit nur als »relativ« anzugeben, wirft sofort die Frage auf, welche ›Relationen‹ denn in Frage kommen könnten (dazu vgl. Fuhrhop 2007; Fuhrhop 2011b; noch aus der ›Interimszeit‹: Jacobs 2005). Die Unteilbarkeit eines ›Wortes‹ ist spätestens dann in Frage gestellt und wird für die Schreibentscheidung zum Problem, wenn Verbindungen zwischen Verb und anderen Wortarten (Verb-Verb; Substantiv-Verb; Partizip-Verb; Adjektiv-Verb; Adverb-Verb; Partikel-Verb; Präposition-Substantiv-Verb; Substantiv-Adjektiv/Partizip-Verb) zu schreiben sind und dies in unterschiedlichen syntaktischen Verhältnissen der Fall ist. Die neueste Regelung hat hier beispielsweise mit Entscheidungen wie *bergsteigen* (Deutsche Rechtschreibung 2006: 33; Duden 2013: 244: *ich bergsteige); staubsaugen/Staub saugen; er saugt Staub* noch einmal eingegriffen und Einzelfälle festgelegt, die systematisch gar nicht zu erfassen sind. Überdies ist es höchst fraglich, ob jemand für die Umsetzung seines Ausdruckswunsches diese Vorschrift braucht. Wer eine entsprechende Tätigkeit ausübt, wird möglicherweise nicht schreiben *er saugt Staub* und *er schwimmt Brust,* sondern eher ausdrücken, dass er einen Staubsauger benutzt und die sportliche Disziplin des Brustschwimmens pflegt (vgl. die vorgeschlagenen Ausdrucksformen oben). Schreibentscheidungen sind nicht allein Orthographieentscheidungen gemäß dem amtlichen Regelwerk (Deutsche Rechtschreibung 2006; vgl. Kapitel 1.2.1). Noch einmal ein anderes Problem ist die Trennung von Wörtern am Zeilenende (Wolfgang-Geilfuss 2007).

Damit ist bereits eine weitere Perspektive angesprochen, nämlich die der Wortarten. Auch hier herrscht keine Klarheit. Denn zum einen besteht aus sprachwissenschaftlicher Sicht weder Konsens über die Zahl der Wortarten noch (und damit z.T. zusammenhängend) über Abgrenzungen zwischen ihnen. Bekanntlich ist mit den

Vorgängen der Substantivierung und Desubstantivierung – um bei der gängigen Diktion zu bleiben – beispielsweise die Groß- und Kleinschreibung verbunden, an der die neue Reform festgehalten hat. Dabei hilft es wenig, wenn man vorschlägt, zunächst zwischen Wortartenwechsel (*verfassen – der Verfasser*) und Konversionen zu unterscheiden, die den syntaktischen Zusammenhang berücksichtigen. Auf den zweifelhaften Vorteil, gar nicht mehr von ›Substantivierung‹, sondern vom »Kopf«, »Kern« oder »Regens« einer »Nominalgruppe« zu sprechen (s.o.; Primus 2010: 30f.), wurde bereits hingewiesen. Aus der Sicht der Aufzeichnungsfunktion der Orthographie ist zu betonen, dass auch der »Kopf« vom Schreiber als solcher identifiziert werden muss. Abgesehen davon sprechen die Festlegungen von 2006 weiterhin von »Substantivierungen« und »Desubstantivierungen« (Deutsche Rechtschreibung 2006: 57ff.), was sicher Öffentlichkeitsrelevanz hat. Sie haben aber auch nicht unbedingt systematische Klarheit geschaffen, was gemäß Thim-Mabrey (2004) systembedingt ist. Sie weist auf mehrere Probleme hin, die nicht vom System her gelöst werden können und daher in der Entscheidung der Kommission einfach zu Setzungen geführt haben.

– Verb und Partikel sollten der Entscheidung von 1996 zufolge zusammen, Verb und Adverb getrennt geschrieben werden (man beachte: *zusammengeschrieben – getrennt geschrieben*!). Dabei ist jedoch weder der Partikelbegriff noch die Abgrenzung zwischen Partikel und Adverb klar bestimmt oder zu bestimmen.
– Wenn Verben im Infinitiv einen Zusatz haben, so stellt sich die Frage von Getrennt- und Zusammenschreibung neu, wenn sie substantiviert werden oder in den Partizipformen auftreten.

Interessant ist dabei, dass zum einen mit der neuesten Entscheidung der Reform von 2006 gerade in diesen Bereichen Veränderungen festgelegt wurden und zugleich in manchen Fällen Variantenschreibungen zugelassen wurden. Doch hat ein Schreiber bei Abfassung seines Schriftstücks kaum im Kopf, wo solche Variantenschreibungen ›erlaubt‹ sind.

Tabelle 10: Bereich Wortbildung (nach Thim-Mabrey 2004)

Beispiel Thim-Mabrey 2004	2006 beibehalten	2006 verändert zu
auf das Herzlichste/auf das herzlichste	ja	
für Jung und Alt	ja	
auf Deutsch	ja	
nicht im Entferntesten	ja	
auf bald	ja	
seit langem	nein	*seit langem* und *seit Langem*
von weitem	nein	*von weitem* und *von Weitem*
von fern	ja	keine Variante
sei ihm nicht mehr gram	ja	
Mir ist es ernst damit!	ja	Aber: *ernst nehmen – Scherz für Ernst nehmen*

Beispiel Thim-Mabrey 2004	2006 beibehalten	2006 verändert zu
Das tut mir Leid / Weh	nein	es tut mir leid; es wird ihm noch leidtun
ernst blicken, das Ernstblicken / das ernst Blicken	nein	Varianten bei Partizipien: ernstgemeint – ernstzunehmend
allein erziehend, die Alleinerziehenden (alt: alleinerziehend)	nein	Variante als Atrribut (die allein erziehende / allein erziehende Mutter), Variante auch bei Substantivierung
fröhlich lachen, das Fröhlichlachen, das fröhlich Lachen, das fröhliche Lachen, alle Fröhlichlachenden / fröhlich Lachenden	vgl. amtliches Regelwerk (Deutsche Rechtschreibung 2006), § 34 – für den Schreibvorgang kaum hilfreich.	
das Gute, Wahre und Schöne	ja	
im Allgemeinen	ja	
des Weiteren	ja	Aber: Varianten zulässig: bis auf W/weiteres, ohne Weiteres / weiteres
auf dem Trockenen sitzen	ja	
Jung und Alt, Arm und Reich, Groß und Klein	ja	
seit langem	nein	Varianten: seit langem – seit Langem, aber über kurz oder lang
durch dick und dünn	ja	
von weitem	nein	Varianten: von weitem – von Weitem
Unzählige	ja	
jeder Einzelne	ja	
abhanden kommen	nein	abhandenkommen
durcheinander bringen	nein	durcheinanderbringen (Hauptakzent)
abändern, dazwischenhauen, gegenüberstellen, heraufkommen, zusammenstellen,	ja	
sitzen bleiben	nein	1996: wörtlich und übertragen getrennt; 2006: übertragen zusammen oder getrennt

Einsichtig ist kaum, dass *weiter – im Weiteren* geschrieben werden soll, aber *ohne Weiteres/ohne weiteres*[6] in Variantenschreibung zulässig ist. Auch die Überlegung, wo in Wendungen der ›Charakter‹ eines Substantivs erhalten ist und wo nicht, hilft generell nicht weiter und lässt sich nicht in eine Regel fassen, die alle potentiell

---

[6] Wie bereits in Kapitel 2.2 bemerkt, wird *ohne Weiteres* von der Rechtschreibprüfung des Textverarbeitungsprogramms für WORD 2010 nicht akzeptiert.

vorkommenden Beispiele abdecken könnte. Es ist überhaupt kaum anzunehmen, dass sich ein Schreiber die §§ 33 und 34 des amtlichen Regelwerks (Deutsche Rechtschreibung 2006) merken und diese dann im aktuellen Schreibprozess auch aktivieren kann. Ebenso wenig ist dies für die Kenntnis von Variantenschreibungen möglich.

Selbst wenn bei Fällen wie *von Seiten/vonseiten – zu Gunsten/zugunsten* inzwischen Großzügigkeit gewährleistet ist, trifft dies auf andere nicht zu (*der Einzelne – aber die anderen/die Anderen; viele/Viele,* aber nur *Unzählige*). Dass die zuletzt genannten Beispiele eine »Zwischenstellung« (Thim-Mabrey 2004: 14) zwischen Adjektiven und Pronomina einnehmen, ist damit zwar (in gewisser Weise) bedacht, fördert die Automatisierung des Schreibprozesses jedoch nicht, schafft in der Vermittlungsarbeit Probleme und ist abgesehen davon kein genereller sprachwissenschaftlicher Konsens (*viel* hat wegen seiner Steigerungsfähigkeit Adjektivcharakter, charakterisiert aber nicht ein folgendes Substantiv wie etwa *groß* oder *bunt*).

Das neue amtliche Regelwerk (Deutsche Rechtschreibung 2006) hat auch keine systematische Konsistenz bedeutungsunterscheidender Schreibungen hergestellt, denn das Schriftsystem bietet für denselben Laut nicht immer auch Schreibvarianten an. *Saite* und *Seite, malen* und *mahlen* können unterschieden werden, *Schimmel* (Pferd) und *Schimmel* (Pilz) nicht (Beispiel Thim-Mabrey 2004: 19). In anderen Fällen liegt eher eine Metaphorisierung vor, die schriftlich auch gar nicht ausgedrückt werden muss, sondern sich durch den Kontext erschließt: *Birne* (Frucht, Kopf, Lichtquelle); *Flügel* (Vogel, Gebäudeteil, Piano). Aufsehen erregt haben in der ›Interimszeit‹ die Entscheidungen über Appellativa bzw. die Frage, wann ›feste Wendungen‹ vorliegen und wann nicht: Entschieden hat man sich für den *Heiligen Abend* (aber für den *heiligen Krieg*). Die Paragraphen 33, 63 und 64 des Regelwerkes (Deutsche Rechtschreibung 2006) umfassen sicher nicht alle Fälle, und der Schreiber ist erneut auf sich gestellt. Die Anredepronomina ›darf‹ man in Briefen (wieder, so Deutsche Rechtschreibung 2006: § 66) großschreiben. Orthographie, ihre Diskussion und ihre Festlegungen führen bis in kulturelle und emotionale Befindlichkeiten einer Sprechergemeinschaft hinein.

Schließlich betrifft die Kategorie Morphosyntax und Syntax (Thim-Mabrey 2004: 21f.) zusätzlich zu den bereits erwähnten Problemen der Art *staubsaugen, radfahren* etc. die satzinterne Großschreibung bei einer Reihe von Fällen, bei denen syntaxrelevant die Rollen von Adjektiv und Substantiv zu berücksichtigen sind, wenn man die wortartbezogene Nomenklatur benutzt (*angst und bange sein* – in der Rolle von Adjektiven mit der Kopula *sein, Angst und Bange machen* – in der Rolle von Substantiven [Objekten] mit dem Verb *machen*). Dies ist Sache der Auffassung und Entscheidung. Ferner wird hier die Infinitivbildung mit *zu* genannt (*wettzueifern/zu wetteifern*), wobei die neueste Entscheidung die Voranstellung von *zu* zu favorisieren scheint.

Bei jeder der aufgeführten Kategorien gerät man anhand der Beispiele jeweils in mindestens eine der anderen. Die Orthographie erstreckt sich demnach nicht nur über das gesamte Sprachsystem, sondern Entscheidungen geraten an seine Grenzen. Dies ist auch im Schreibprozess der Fall, sodass die Umsetzung von Ausdruckswünschen nicht nur eine Kenntnis (oder das Nachschlagen) von ›richtiger‹ Schreibung erforderlich macht, sondern die Einsicht, dass nicht alles, was das System prinzipiell zur Verfügung stellen könnte, auch für einen Text, den man schreiben will, geeignet ist.

Abschließend sei noch einmal zusammenfassend darauf hingewiesen, dass die deutsche Orthographie ihre Komplexität vor allem auch der Tatsache schuldet, dass zu verschiedenen Zeiten die Sprache ›verschriftet‹ wurde und dabei unterschiedliche Vorstellungen zum Tragen kamen (ausführlich dazu Grubmüller 2004).

Weiterführende Literatur:
Altmann/Ziegenhain (2010), Busch/Stenschke (2008), Dürscheid (2012), Eisenberg (2009), Eisenberg (2011), Fuhrhop (2009), Grubmüller (2004), Linke/Nussbaumer/Portmann/Berchtold (2004), Nerius/Scharnhorst [Hg.] (1992), Nerius (1987/2007), Noack (2010), Ossner (2010), Staffeldt (2010), Thim-Mabrey (2004)

3.5 Aufgaben

A 3.1
Entscheiden Sie: In welchen Fällen wird nach dem Vokal bzw. dem Diphthong ein <h> geschrieben? Gibt es eine Erklärung für die jeweilige Schreibung?

> *stö?nen – drö?nen – verhö?nen – versö?nen – gewö?nen – frö?nen*
> *Verzei?ung – Prophezei?ung – Verlei?ung*
> *Rei?er – Gei?er – Ei?er – Sei?er – Wei?er – Lei?er*
> *lei?en – Lei?gabe – befrei?en – Frei?gabe*

A 3.2
Sammeln Sie Beispiele aus dem Alltag für etymologisch motivierte Schreibungen, die auch bei der jüngsten Reform nicht angepasst wurden!

A 3.3
Die Eingabe »Arbeitsblatt zur Substantivierung« in die google-Suchmaschine spielt am 21.07.2014 »Ungefähr 18.900 Ergebnisse (0,52 Sekunden)« zurück.

Lehrpersonen nutzen verständlicherweise – z.T. einfach aus zeitökonomischen Gründen – solche leicht zugänglichen Materialien. Nehmen Sie sich einige davon vor und beurteilen Sie die Beschreibung der Orthographieerscheinungen aus der Sicht der Erkenntnisse, die Sie in diesem Kapitel gewonnen haben. Lassen Sie sich dabei von folgenden Überlegungen leiten:

- Welche Terminologie wird verwendet?
- Werden Verschriftungsprinzipien wahrgenommen?
- Spielt das Verhältnis von Mündlichkeit und Schriftlichkeit eine Rolle?
- Wenn dies der Fall ist, welches lässt sich erkennen?
- Beurteilen Sie die Sprache, die mit den Beispielen vermittelt wird. In welchem Verhältnis steht sie wohl zu tatsächlichen Ausdruckswünschen?
- Die Eingabe »Arbeitsblatt zur satzinternen Großschreibung« spielt am 21.07.2014 »Ungefähr 2.350 Ergebnisse (0,43 Sekunden)« zurück.
- Vergleichen Sie unter den oben gegebenen Impulsen einige Treffer!

A 3.4
Können Sie sich vorstellen, dass es Sprachen gibt, deren Komponenten nicht in ›Wortarten‹ zu kategorisieren sind?

A 3.5
§ 34 (3) der amtlichen Regelungen von 2006/2010 sieht folgende Schreibungen vor:
eislaufen, kopfstehen, leidtun, nottun, standhalten, stattfinden, stattgeben, statthaben, teilhaben, teilnehmen, wundernehmen; bergsteigen
(Deutsche Rechtschreibung 2006: 33).
Formulieren Sie Sätze oder kurze Texte, in denen Sie verschiedene Formen dieser Verben verwenden. Was stellen Sie fest?

4 Orthographiedidaktik und Orthographieerwerb

4.1 Von den Möglichkeiten, Orthographie zu lehren

4.1.1 Drei Verfahren im Grundsatz

Grundsätzlich kann man sich vorstellen, dass Menschen, die lernen wollen oder sollen, sich der Schriftsprache zu bedienen, dies auf unterschiedliche Weise tun: Sie können zunächst die Schriftzeichen als solche lernen. Haben sie einen Lehrer, so kann er die Schriftzeichen mit Namen benennen, so dass über sie eine instruierende Kommunikation stattfindet. Der Schüler kann dann die Darstellung dieser ihm mit Namen genannten Schriftzeichen mit einem Stift auf dem Papier üben oder sie auf einer Tastatur auffinden und auf den Bildschirm bringen. Auch so genannte Setzkästen waren zeitweise in Gebrauch, die analog dem Druck mit beweglichen Lettern der Buchdrucker der frühen Zeit funktionierten. Nachdem in diesem Verfahren einige Buchstaben mit Namen benannt worden sind, werden aus diesen dann größere sprachliche Einheiten, d.h. Wörter und Sätze zusammengesetzt. Dabei muss klar werden, dass die Nennung der Schriftzeichen eine Metasprache ist und nicht unmittelbar in die Schreibung bzw. den Auf- und Abbau der Wörter eingeht. Bei Fehlschreibungen allerdings wird der Lehrer auf die Metasprache zurückgreifen. Man spricht bei diesem Verfahren von der **Buchstabiermethode**. Der Vorteil dabei ist, dass die Schrift als vergleichsweise eigengesetzlich erachtet und wahrgenommen werden kann und Fehlerkorrekturen über die Metasprache erfolgen können. Allerdings ist es dafür erforderlich, die Metasprache auch als solche zu erkennen. Die Nennung der Buchstaben ist keine direkte Umsetzung von Laut in Schrift. Dies wäre ein anders Verfahren, das darin besteht, gerade eine solche Beziehung zwischen Lauten und Buchstaben herzustellen. Den Lernenden soll dabei einsichtig werden, dass Laute der gesprochenen Sprache als Buchstaben der Schrift repräsentiert werden können. Die zunächst schriftunkundigen Lernenden müssen dabei erkennen, dass sie ihr gesprochenes Lautkontinuum in Einheiten zerlegen können, die dann in der Schrift als Buchstaben realisiert werden. Man nennt dieses Verfahren die **Lautiermethode** und in anglophonen Kulturen *phonics instruction*. Ein Problem besteht allerdings darin, dass in keiner Alphabetsprache genau einem Laut ein Buchstabe entspricht, wobei es Unterschiede der ›Nähe‹ und ›Ferne‹ gibt: Die finnische Schriftsprache ist beispielsweise näher am gegenwärtig gesprochenen Lautstand als die deutsche oder die englische und die französische (vgl. Kapitel 5).

Schließlich ist noch von einer dritten Methode zu sprechen: Dabei werden ganze Wortbilder gelernt, und zusätzlich zu dem Wortbild wird eine visuelle Darstellung des Gegenstandes gezeigt, der mit dem Wort bezeichnet ist. Dieses als **Ganz-**

wortmethode bekannt gewordene Verfahren wird so lange praktiziert, bis ein Grundwortschatz erworben ist, der die Lerner einfache Texte, die ausschließlich diesen Wortschatz beinhalten, lesen und schreiben lässt. Erst anschließend werden Wörter zerlegt bzw. zusammengesetzt, d.h. es wird analytisch und synthetisch verfahren. Ganzheitspsychologie und Forschungen zu Augenmessungen haben zu einer Propagierung dieses Verfahrens geführt. Schließlich aber hat man es als Ursache für Legasthenie verurteilt. Tatsache ist, dass es sowohl beim Lesen als auch beim Schreiben zu Fehlern kommen kann *(Prädiktoren/Prädikatoren; Rezension/ Rezession)*, weil nicht Buchstaben im Blick sind, sondern das Wort als Bild.

Die Befürworter und Gegner des jeweiligen Verfahrens haben sich in der Vergangenheit (und bis in die Gegenwart) heftige Grabenkämpfe geliefert. Generell wird auch kontrovers diskutiert, ob Lesen und Schreiben zusammen erworben bzw. vermittelt werden soll, kann und muss, oder ob dies zu trennen wäre.

4.1.2 Orthographiedidaktik aus historischer Perspektive

Im Jahr 1534 veröffentlichte Valentin Ickelsamer eine Art Didaktik der Orthographie. Er nennt sein Werk »Ein Teütsche Grammatica […]«. Als Wiederabdruck wurde dessen zweite Auflage im Jahr 1882 von Heinrich Fechner in die »Vier seltenen Schriften des 16. Jahrhunderts« aufgenommen und publiziert.[1] Ickelsamer unterscheidet zwischen einem natürlichen Spracherwerb der Kinder, die das Sprechen »von der Mutter« lernen, und einer reflektierenden Sprachbeschreibung. Er kümmert sich um das Lesenlernen, d.h. die ›Erfassungsfunktion‹ der Orthographie (vgl. Kapitel 1 und 3). Für Ickelsamer ist die Lesefertigkeit deswegen bedeutsam, weil damit – den (Bildungs-)Auffassungen der Zeit verpflichtet – die Menschen Gottes Wort erfahren können. Ein Auszug aus seinem Titel zeigt, dass Orthographie und Leselehre verbunden werden.

---

[1] Die folgenden vier Zitate stammen aus Ickelsamer (1534). Quelle: Signatur: L.germ. 240 n Bayerische Staatsbibliothek, München. Permalink: http://www.mdz-nbn-resolving.de/urn/resolver.pl?urn =urn:nbn:de:bvb:12-bsb11023569-9. In Folge: Scans 55, 69, 73, 65, 72.

Abbildung 2: Ickelsamer – Titel

Er ordnet die Buchstaben und beginnt mit den Vokalen (»lautbůchstaben«), dann behandelt er die »mitstymer« oder »mitlautenden« bzw. »halblautenden« Buchstaben:

> **Volgen die halblautenden**
> Bůchstaben/ als da sein.
> c z. f. g. h. l. m. n. r z. ſ s. w. x.

Abbildung 3: Ickelsamer – Buchstaben (1)

und schließlich

> **Volgē die gantz heymlichē**
> oder stum bůchstaben/ als sein/
> b p. d t. f q.

Abbildung 4: Ickelsamer – Buchstaben (2)

Ickelsamers Werk ist nicht nur ein Beispiel reflektierter und systematischer Laut-Buchstabenzuordnung, bei der das lateinische Alphabet als Vorrat schriftlicher Zeichen verwendet, Deutsch aber explizit vom Latein abgegrenzt wird, sondern bei dem Sprache konsequent aus der Vermittlungsperspektive betrachtet wird. Hinderlich für das Lesenlernen erachtet Ickelsamer das, was später unter der Bezeichnung ›Buchstabiermethode‹ in die Diskussion um die Orthographievermittlung Eingang gefunden hat und offenbar zu seiner Zeit (und noch lange danach) Lehrpraxis gewesen ist, nämlich die Benennung der Buchstaben. Die Griechen hätten, so sagt er, Wörter zur Benennung der Buchstaben (Alpha, Beta) gehabt, während man im

Deutschen sie in Form von Silben (be, ce, de) benenne. Beides sei jedoch für das Lesenlernen »hinderlich«:

> nichts hört/ Aber also/ worts oder sillabes
> weyse/ seind die buchstabē dem lesen lernē=
> den mehr hinderlich dañ dienstlich.

Abbildung 5: Ickelsamer – Buchstabenbenennung

Ickelsamer selbst geht von der Lautproduktion aus und ordnet ihr den jeweiligen Buchstaben zu, was sich am Beispiel des [w] als <w> veranschaulichen lässt:

> Das /w/ wie mā in ein heyss essen bläst:

Abbildung 6: Ickelsamer – Lautproduktion

Das Beispiel zeigt allerdings auch, dass bereits für die Aussprache Festlegungen erfolgen (müssen), wenn man Lauten Buchstaben zuordnen will. Kaum ist anzunehmen, dass alle Sprecher des Deutschen zu allen Zeiten so gesprochen haben, wie Ickelsamer dies beschreibt. Das von Ickelsamer verfolgte Prinzip der Zuordnung von Laut und Schrift, d.h. die Umsetzung von gesprochenen Lauten in geschriebene Zeichen, schlägt sich in der Einteilung seiner Darstellung nieder.

Nicht selten haben auch andere Theoretiker der Orthographie, von denen bereits die Rede war, aus Anlass von Bildungsintentionen ihre Aussagen getroffen. Die Vermittlungsperspektive ist dabei in unterschiedlicher Ausprägung und Intensität bedacht worden.

Schottelius (1676) schlägt ein Vorgehen in der Lehre in acht Teilen vor (Schottelius 1676: 16ff.), orientiert sich an Grammatik und Formenlehre sowie an der Semantik bzw. der Satzsemantik. Vermittlung muss – in seinem Sinne – sprachsystematisch erfolgen.

Gottsched (1748) beschreibt die Orthographie ebenfalls systematisch. Er geht auf kein bestimmtes Verfahren der Vermittlung ein, versteht allerdings seine Arbeit als Beitrag dazu, jungen Menschen zu zeigen, was vorbildliche Sprache ist. Man könne, so Gottsched, »gewisse orthographische Regeln nicht eher recht einsetzen und beobachten [...], als bis man auch die übrigen Theile der Sprachlehre durchgegangen ist« (Gottsched 1748: 14).

Johann Christoph Adelung (1788) wendet sich vehement gegen die zu seiner Zeit offenbar herrschende Vorstellung, die Orthographie sei eine Erfindung derer, die sie lehrten, etwa Gottscheds. Doch auch dieser habe nur vorgestellt, was Eigentümlichkeiten der Sprache seien. Seine eigene »Lehre« teilt er in »fünf Abschnitte« ein, nämlich allgemeine Gesetze, einzelne Buchstaben, Silben, ganze Wörter und »orthographische[n] Zeichen« (Adelung 1788: 12).[2]

Auf einige historische Positionen zu verweisen ist an dieser Stelle nicht Selbstzweck (vgl. dazu auch Bredel/Günther 2006a: 197ff.). Der Versuch, Orthographie zu systematisieren, erfolgte in der Vergangenheit weitgehend aus der Notwendigkeit, sie zu lehren bzw. das Lesen zu lehren, um Texte für die religiöse Praxis, aber auch die moralische Erziehung zu vermitteln. Orthographiedarstellung, Orthographie- und Leselehre sind gerade dort, wo nicht explizit auf Vermittlungs*verfahren* eingegangen wird, miteinander verbunden: Die Systematik des Gegenstandes ist zugleich die seiner Lehre. In dem Moment, als ›amtliche Reglungen‹ anvisiert und schließlich vorgelegt werden, scheint sich hingegen der Vermittlungsdiskurs zu verselbstständigen. Nicht von der Hand zu weisen ist, dass sowohl die Neuorientierung der Sprachwissenschaft als auch ein modernes Wissenschaftsverständnis dazu beigetragen haben, denn seit Ferdinand de Saussure interessiert Sprache als System – und später ihr Funktionieren – aus *synchroner* Perspektive. Sprachwissenschaft untersucht (sprachliche) Realität und *beschreibt* sie, unterzieht sie selbst aber nicht einer Normierung. Dazu kommt, dass sich Wissenschaftszweige herausgebildet haben, die eine wissenschaftliche Fundierung des Bildungsbereichs für sich reklamieren und mit gesellschaftlicher Akzeptanz rechnen können. Sie ist dort besonders hoch, wo empirische Befunde und dem Anspruch nach objektive Befunde in Form von Zahlen vorgelegt werden können.

Auf den ersten Blick erscheint es aus gegenwärtigem Wissenschaftsverständnis heraus plausibel, den Orthographieerwerb von Kindern zu beobachten, zu dokumentieren, auszuwerten und auf einer solchen Grundlage aufbauend sowohl Unterricht zu gestalten, der die Lernenden unterstützt und ihnen den sicheren Gebrauch einer normgerechten Schriftsprache garantiert, als auch eine individuelle Diagnostik zu betreiben, mit der der Lernstand einzelner Schülerinnen und Schüler und ggf. deren besondere Probleme erkannt werden und dann eine gezielte Förderung angesetzt werden kann. Didaktische Entscheidungen auf empirische Grundlagen zu stützen macht jedoch nur scheinbar argumentative Verhandlungen überflüssig. Denn weder sagen Daten und Zahlen als solche, wie konkret zu handeln ist, noch sind Erkenntnisse theorielos zu gewinnen.

Untersuchungen, Förderprogramme und Vorgaben für den Unterricht sind daher stets sowohl auf ihre impliziten und expliziten theoretischen Vorannahmen als auch – und damit zusammenhängend – auf ihre Leistungsfähigkeit zu überprüfen.

---

[2] Auch hier kann nur selektiv-exemplarisch verfahren werden; selbstverständlich wären andere Namen auch zu nennen, etwa Hieronymus Freyer oder Karl Ferdinand Becker; an historischen Positionen im Vergleich Interessierte seien auf die Aufgaben verwiesen; zur Geschichte der Didaktik z.B. Reißig (2011).

4.2 Orthographiekenntnisse erwerben

4.2.1 Grundsätzliches zum Erwerb der Schriftsprache

Im Laufe des 19. Jahrhunderts hatte man begonnen, sich um den Erwerb des Schriftsprachsystems aus der Perspektive der Lernenden, d.h. aus psychologischer Sicht, zu kümmern, und Versuche angestellt, um auf der Grundlage einschlägiger Befunde zu einer effektiven Art von Unterricht zu kommen. Folgenreich v.a. in den USA wurden die Arbeiten des Psychologen James McKeen Cattell, der in Untersuchungen festgestellt hatte, dass erwachsene Leser schneller ein ganzes Wort auffassen als einzelne Buchstaben zusammenzusuchen (Cattell 1885). Es kam zu einer Übertragung auf Lehrmethoden für den gesamten Schrifterwerb. In der Folge allerdings hat dies zu heftigen Kontroversen darüber geführt, wie Orthographie gelehrt werden sollte: Wenn aufgrund der Befunde Cattells angenommen wurde, dass man Kinder rascher an die *Lese*fertigkeit erfahrener und kompetenter Sprachnutzer heranführen kann, indem man im Unterricht statt eines synthetisch-analytischen Vorgehens die so genannte *whole word instruction* praktiziert, so wurde vor allem aus der Perspektive des Erwerbs von *Schreib*fähigkeit Kritik daran geübt und Lese-Rechtschreibprobleme von Kindern gerade auf diese Methode zurückgeführt. Denn beim Schreiben muss ja jeder Buchstabe eines Wortes und zwar in der richtigen Reihenfolge realisiert werden, was beim Lesen (Erfassungsfunktion) nicht unbedingt der Fall ist. Das Ergebnis einer angeblichen Studie der Universität Cambridge, dass es lediglich auf die Wortlänge und den ersten und letzten Buchstaben ankommt, wenn Wörter erkannt werden sollen (»Die Bcuhstbaenrehenifloge in eneim Wrot ist eagl«), wurde der weltweiten Öffentlichkeit präsentiert, von den Wissenschaftlern z.T. bestätigt, vor allem aber hinsichtlich des objektsprachlichen Materials differenziert.[3]

Auf der anderen Seite zeigt das untenstehende Beispiel, das von einem sechsjährigen Mädchen stammt, dass Kinder bildlich denken, gerne malen und in diesem Fall der Orthographieerwerb unterstützt werden könnte, wenn man das richtige Wortbild anbietet. Es gibt beispielsweise Bildwörterbücher für Kinder, in denen man sie nachschlagen lassen kann, wenn man aus pädagogischen Gründen vermeiden möchte, dass man sie auf ›Fehler‹ hinweist. Garantiert ist damit jedoch nicht, dass sie künftig alle Realisierungen von <atz>, <etz>, <utz>, <ätz>, <ötz>, <ütz> auch entsprechend umsetzen. Vom Beispiel zur Abstraktion und der Übertragung auf analoge Fälle ist immer ein Weg zu gehen.

---

[3] http://www.mrc-cbu.cam.ac.uk/people/matt.davis/Cmabrigde/ <30.04.2014>.

Abbildung 7: Schreibanfängerin – Bild und Text

Sowohl das Beispiel der kleinen Katzenfreundin als auch bisher durchgeführte Untersuchungen lassen erkennen,
- dass der Zusammenhang zwischen Lesen und Schreiben ›irgendwie‹ vorhanden ist, da es sich in beiden Fällen um Schriftsprachliches handelt,
- dass dieser Zusammenhang aber nicht selbstverständlich ist,
- dass eine Entscheidung darüber vor allem im Orthographieunterricht bedacht sein muss und
- dass sich aus Befunden nicht unmittelbare und allgemein gültige Entscheidungen für erfolgreiches Lernen oder sinnvolle Instruktion ableiten lassen.

Ein komplexes Realitätsfeld wie der Erwerb der aktiven schriftsprachlichen Kompetenz stellt also eine wissenschaftliche Herausforderung dar, bei der Modellbildungen (und deren gleichzeitige Diskussion) in Angriff zu nehmen sind. Auf die wichtigsten, bislang angebotenen sei im Folgenden eingegangen. Dazu sei zunächst auf folgendes Szenarium geblickt:

Kinder, die in einer bestimmten schriftgeprägten sprachlichen Umgebung aufwachsen und mit denen kommuniziert wird, finden sich sehr bald in einer Situation, die etwa folgendermaßen skizziert werden kann (ähnlich Karg 2008):

Sie lernen Einrichtungen kennen, in denen sich ihr Alltag in der Öffentlichkeit abspielt: Der Supermarkt und weitere Geschäfte wie etwa die Metzgerei oder Bäckerei, in denen man einkauft, die Bank, der Friseur, ein Café, ein Hotel, der Bahnhof – und die Reihe ließe sich natürlich verlängern. Überall stoßen sie auf ›Schrift‹: Bezeichnungen der Einrichtungen, der dort angebotenen Serviceleistungen oder der Produkte, die verkauft werden. Im Laufe der Zeit tritt ein Wiedererkennungseffekt ein: Die Aufschrift wird als Aufschrift und nicht etwa nur als Dekoration oder buntes Licht wahrgenommen, und es finden (hoffentlich) auch Gespräche zwischen den erwachsenen Begleitpersonen und den Kindern statt: Kinder lernen durch Wahrnehmung und Erfahrung, zugleich aber auch durch metasprachliche Begleitung. Sprachwissen und Orientierung in der alltäglichen Umgebung, Wissen von den Schauplätzen des Alltags und die dazugehörige Sprache und Schrift werden zusammen erworben. Wird das Kind auf die Bezeichnungen aufmerksam und wird mit ihm darüber gesprochen, dann erfährt es dabei auch, dass man das, was geschrieben ist (*Bank – Bahnhof – Café – Kasse*) auch sagen kann. Wenn Kinder früh dazu angehalten werden, Stifte aller Art zu nutzen, um zu malen, sind sie damit vertraut, dass sie auf einem Blatt Papier Spuren hinterlassen können. Die Erkennung von Schrift als Schrift und die Wahrnehmung, dass Erwachsene sagen können, was sie lesen, und schreiben können, was sie sagen, ist die Voraussetzung dafür, dass Kinder selbst diesen Zusammenhang ausprobieren, wenn sie dazu die Gelegenheit erhalten und besser noch: dazu ermuntert werden.

Nicht nur ermuntert, sondern gezielt dazu angehalten zu schreiben und zu lesen, werden Kinder mit dem Schuleintritt. Zunächst geht es beim Schreibenlernen um die Motorik, d.h. die gezielte Handführung, um erkennbare (und der aktuell als Standard akzeptierten Schrift entsprechende) Buchstabenformen[4] auf das Papier zu bringen. Ab diesem Zeitpunkt ist der Erwerb der Schrift nicht mehr unabhängig vom Vorgehen der Lehrperson und den diesem Vorgehen zugrunde liegenden Überzeugungen vom Gegenstand Schriftsprache. Auf jeden Fall aber besteht unter der Vorgabe der Alphabetschrift des geschriebenen Deutsch die Zielvorstellung darin, die 26 als nutzbar vorgesehenen Grapheme in immer neuen Kombinationen zu verwenden, um eine prinzipiell unendliche Menge an schriftlichem Ausdruck zu produzieren. Ein Kind, das in der eben beschriebenen Weise Erfahrungen gewonnen hat, d.h. Schrift gesehen und Sprache gehört und selbst gesprochen hat, wird nun damit konfrontiert, dass es für seine intendierten (oder von ihm verlangten) Schriftstücke Vorgaben gibt, die einzuhalten sind. Um die nachhaltige Kenntnis und Anwendung dieser Vorgaben geht es im weiteren Verlauf des Orthographieunterrichts. Wie dies erfolgreich vonstattengeht bzw. mit welcher unterrichtlichen Begleitung dieser Erfolg am besten zu garantieren ist, darüber herrscht nicht immer – ja eher selten! – Konsens. Dies zeigt z.T. schon ein Blick auf angebotene Erwerbsmodelle, vor allem aber auf den Umgang damit und die Kritik, die sie schließlich vor allem aus der Sicht der Unterrichtspraxis erfahren haben.

4.2.2 Modellierung des Erwerbsprozesses

Alle Erwerbsmodelle, die in Phasen einen bestimmten Verlauf des Orthographieerwerbs und der Rechtschreibkompetenz in alphabetischen Schriftsystemen beschreiben, haben einen gemeinsamen Kern: Man nimmt an, dass sich – in oben beschriebener Weise – zunächst ein Bewusstsein einstellt, dass man das, was man sagt,

---

[4] Es wird hier von Alphabetschriften ausgegangen. Andere Schriftkulturen mögen andere Vermittlungsarbeit leisten.

auch schreiben kann und umgekehrt.⁵ Zunehmend wird dann wahrgenommen, dass es sich, wenn Kinder Deutsch als Schriftsprache lernen, um eine Laut-Buchstaben-Zuordnung mit gewisser Regelhaftigkeit handelt. In einer letzten Phase sollte dann richtiges Schreiben zunehmend automatisiert werden und bei Fragen, Besonderheiten und Unsicherheiten sollte das Wörterbuch konsultiert werden. Im Einzelnen unterscheiden sich die Erwerbsmodelle in der Ausdifferenzierung der einzelnen Phasen und damit auch in der Zahl der Phasen.

Man kann als erstes Bewusstwerden in einer vorschulischen Phase ein zunächst noch wenig differenziertes Verhältnis zur Schrift feststellen, etwa als Kritzelschrift, bei der die Kinder nur das Schreibhandeln als solches nachahmen, die Zeichenfunktion eines Codes aber noch nicht kennen. Schon stärker auf den kommunikationsrelevanten Code bezogen ist die »logographische« oder »logographemische« Phase, die Uta Frith (1985) ansetzt, wobei einzelne häufig gesehene Wörter als solche erkannt werden, etwa wenn Kinder – wie im oben skizzierten Szenario illustriert – an der POST, an einem CAFÉ (einschließlich des Namens dieses Lokals) oder an Ortswegweisern vorbeikommen. Allerdings ist eher zu vermuten, dass Kinder nach einiger Zeit einfach wissen, was dort steht, ohne dies tatsächlich lesen zu können, vor allem, wenn sie im Gespräch mit Bezugspersonen auf die Erwartung stoßen, dass sie reproduzieren, was man ihnen als POST, CAFÉ etc. vorgestellt hat. Schreiben können sie dies möglicherweise im Sinne eines Abmalens ggf. auch aus der Erinnerung und mitunter mit durchaus idiosynkratischen Erscheinungen. Auch das Schreiben des eigenen Namens gehört hierher.

In einer weiteren, der so genannten »alphabetischen Phase«, kommt es, dem Modell (Frith 1985) zufolge, zu Schreibungen, bei denen Kinder eine Zuordnung von Buchstaben und Lauten vornehmen. Sie sprechen, und sie setzen in Schrift um, was sie lautlich ausdrücken. Diese Laut-Buchstaben-Zuordnung kann zu korrekten, aber natürlich auch zu ›falschen‹ Realisierungen führen. Beispielsweise konnten so genannte »Skelettschreibungen« (Scheerer-Neumann 1996: 1164) beobachtet werden, die darin bestehen, dass bestimmte Buchstaben – meist Vokale – ausgelassen werden.

Den Grund mag man darin sehen, dass Kinder die Konsonanten prominenter aussprechen oder in ihrer Umgebung ausgesprochen bekommen als die Vokale, was generell ja in unbetonten Silben der Fall ist. Ob dies auf eine stärkere Wahrnehmung von Silben als von Einzellauten bei den Kindern hinweist (Ossner 2010) oder ob man darin einen Zusammenhang mit der kulturellen Entwicklung, die Alphabetsprachen genommen haben, oder aber gar mit der Tatsache, dass in bestimmten Schriftsprachen Vokale nicht realisiert werden, sehen mag, sei hier nicht entschie-

---

5 Selbstverständlich können auch gehörlose Menschen lesen und schreiben lernen; man kann dies entweder im Sinne eines Zweitspracherwerbs (nach der Gebärdensprache als Erstsprache) verstehen und zugleich als Argument gegen die Dependenzhypothese nutzen; auch die Bedeutung der Phonologischen Bewusstheit ist damit zumindest relativiert (Dürscheid 2012: 30; vgl. auch unten).

den: Die Erscheinung wird als solche noch an anderer Stelle aufgegriffen werden. Uta Frith (1985) setzt einen letzten Schritt, den Lernende nehmen können, schließlich als »orthographische Phase« an, in der es zu weitgehend normgerechter Schreibung kommt.

Frith hat damit ein Kernmodell vorgelegt, das bislang nicht grundsätzlich in Frage gestellt oder gar aufgegeben wurde. Doch haben Beobachtungen des kindlichen Schreibverhaltens – wie beispielsweise die Erfahrung, dass man mit Stiften auf einem Papier Spuren hinterlassen kann, oder die um die Vokale reduzierten Wortschreibungen – dazu geführt, weitere Phasen anzunehmen und sie auch etwas unterschiedlich zu benennen. Wenn ›Schreiben‹ längst vor der Buchstabenkenntnis beginnt, so bedeutet dies, dass eine Art Vorphase anzusetzen wäre (z.B. Günther 1986; May 1990; und auch andere), und Gerheid Scheerer-Neumann (1987) nimmt für die bei Frith so bezeichnete »alphabetische Phase« Grade »phonemischer Strategien« an. Brügelmann/Brinkmann (1994; vgl. Thomé 1999: 54) sehen die Entwicklung der Kinder von der Wahrnehmung der Bedeutungshaftigkeit von Schrift überhaupt über die Kenntnis von Buchstaben als solchen und der Zuordnung von Laut und Buchstaben hin zur orthographischen Korrektheit; und schließlich gibt es Untersuchungen zu bestimmten Schreibungen und bestimmten Wörtern *(Fahrrad)* etwa bei Augst/Dehn (2007: 9ff.).[6] Allen Modellen ist letztlich aber gemeinsam, dass das Ziel des Erwerbs der Schriftsprache und ihrer kompetenten Nutzung darin gesehen wird, dass für die meisten Schreibsituationen Routinen vorhanden sein müssen und jemand tatsächlich normgerecht schreiben können muss, was er oder sie schreiben will. Kompetente Schreiber wissen allerdings auch um Problemfälle und können bei Unsicherheit im Wörterbuch nachschlagen. Bei der Beschreibung des Schriftspracherwerbs bezieht man sich nicht selten auf kognitionspsychologische Grundlagen und befürwortet ein ›entdeckendes Lernen‹, d.h. die selbständige Erkenntnis von Regelhaftigkeit und die Herausbildung von Strategien, deren unterrichtliche Begleitung dann weniger Maßnahmen der Instruktion ansetzen als vielmehr einen Prozess der Selbstreflexion der Lernenden initiieren soll. Da von der Notwendigkeit und Sinnhaftigkeit, im Orthographieerwerbsprozess Hypothesenbildung zuzulassen, ausgegangen wird, muss bei mehr oder weniger ›korrekter‹ Anwendung einer vom jungen Sprachnutzer selbst entwickelten ›Regel‹ zunächst großzügig verfahren werden, was zur Rede vom ›intelligenten Fehler‹ führt. Fehler sind diesen Vorstellungen entsprechend notwendige ›Lernschritte‹ auf dem Weg von einer ›inneren‹ (lernerspezifischen) zu einer ›äußeren‹ (systembasierten, instruierten) Regelbildung (vgl. Thomé 2006: 369).

---

6 Überblick über die wichtigsten Modelle: Thomé (1999: 29-63); Dürscheid (2012: 241ff.).

Zieht man vorläufig Bilanz und lässt die fast schon als ›klassisch‹ zu bezeichnenden Erwerbsmodelle Revue passieren,[7] so zeigen sich bei grundlegender Übereinstimmung an einzelnen Stellen einige Auffälligkeiten:

- Bezeichnungen sind nicht immer systematisch verwendet und mitunter sachlich nicht adäquat. Sie werden aber auch nicht definiert, sondern es wird von der Selbstverständlichkeit der eigenen Verwendung ausgegangen: So ist mitunter von ›Phonem‹ die Rede, wenn man ›Laut‹ meint, von ›Graphem‹, wenn man Buchstabe meint. Zumindest kommen die Bezeichnungen nebeneinander vor, ohne dass im Einzelnen ihre Verwendung begründet oder reflektiert würde. Die Phase der Erkennung von Wortbildern in Alltagssituationen heißt einmal »logographisch«, dann wiederum »logographemisch«.
- Fehlerforschung wird überwiegend als pädagogisch-didaktische wahrgenommen. Doch gab es auch eine genuin linguistische Perspektive (Cherubim (Hg.) 1980).
- Die wirklich eigene Textproduktion der Kinder wird erst in jüngerer Zeit betrachtet (Karg 2008; später auch Fay 2010). Dabei kommen erst durch einen Vergleich zwischen Schreibleistungen auf der Grundlage von Vorgaben durch diktierte Texte, Sätze oder Einzelwörter einerseits und den von Kindern selbst entworfenen und geschriebenen Texten andererseits bestimmte Probleme, die die Orthographie den Kindern bereitet, überhaupt in den Blick.
- Individuelle Unterschiede der Kinder werden selten bedacht. Zwar heißt es (Thomé 1999: 59ff.), dass die Phasen einander nicht ablösen, sondern Elemente der einen resistent bleiben können, doch Einzelprofile werden bislang nur wenig vorgestellt.

Bis auf wenige Ausnahmen (z.B. Dehn 1985, die auch Prinzipien der Orthographie bedenkt, allerdings wiederum eher als ›Strategien‹ der Lerner) werden vorrangig oder gar ausschließlich Laut-Buchstaben-Zuordnungen als Grundlage für den Rechtschreiberwerb bedacht. Schwierigkeiten haben die Kinder jedoch weniger aufgrund der Tatsache, dass sie Regeln nicht kennen oder übergeneralisieren, sondern dass sich Verschriftungsprinzipien in einer Sprache überlagern und es angesichts dessen Entscheidungen geben muss, was ›orthographisch‹ ist, d.h. inzwischen in Deutschland einem ›amtlichen Regelwerk‹ entspricht. Dies ist jedoch weder über eine deduktiv oder induktiv vermittelte Regelinstruktion noch über die eigene ›innere Regelbildung‹ zuverlässig zu erwerben. Orthographie ist viel mehr ein deklaratives Wissen, das sich ein Lerner schlichtweg aneignen und merken muss, als in der neueren Forschung angenommen. Dazu kommt, dass sich durch Üben Routinen einstellen müssen, dass aber auch ein Wiederaufruf deklarativer

---

[7] Im Einzelnen werden die Modelle bei Thomé (1999: 29ff.) vorgestellt.

Wissensbestände erfolgen muss. Nicht jeden Tag hat jemand dieselbe Schreibabsicht und setzt sie um (vgl. auch Kapitel 5).
- Regionale Varianten werden kaum bedacht, haben aber erheblichen Einfluss auf Verschreibungen (Karg 2008: 108ff.). Allerdings spielen außerdem die Explizitheit der Aussprache und die Sprechsituation eine wichtige Rolle. Aus dieser Sicht ist v.a. die ›Diktiersprache‹ einer Lehrperson zwar hilfreich für eine Phonem-Graphem-Korrespondenz, sie ist jedoch künstlich und man darf davon ausgehen, dass selbst sie von regionalen oder idiosynkratischen Lautnuancen der Lehrenden geprägt ist (vgl. Tophinke 2005).
- Viel stärker wäre auch wahrzunehmen, dass in dem Augenblick, wo Kinder in die Schule gehen, ihre Orthographiekenntnisse gesteuert werden und dies von der gewählten Lehrmethode abhängt.

Gegenwärtig besteht für die Vermittlungsarbeit Konsens darin, dass Fehler als Lernschritte zu betrachten sind, die einer ›inneren‹ Regelbildung der Lerner geschuldet sind. Befürwortet wird für die unterrichtliche Begleitung des Erwerbs von Orthographiekompetenz das pädagogische Prinzip des ›Abholens‹ und der Eigenaktivität im Lernprozess. Doch Vorstellungen davon, wie die Gestaltung des Unterrichts genau auszusehen hat, sind alles andere als einheitlich – weder wenn man sich die Geschichte des Rechtschreibunterrichts noch wenn man sich die Gegenwart der vielfältigen Unterrichtsvorschläge und deren Diskussion ansieht. Und auch die Erwerbsmodelle sind der Überprüfung und der massiven Kritik unterzogen worden. Bredel/Müller/Hinney (2010a: 2) etwa kritisiert an den an Frith (1985) orientierten Modellen, dass sie nur »nachspurten«, was ein – ebenfalls ausgiebig kritisierter Unterricht – praktiziere.

4.2.3 Erwerbsmodelle als Diagnoseinstrumente?

Da die Modelle aus der Beobachtung von Lernenden hervorgegangen sind, scheint es eine gewisse Faszination zu haben, die Blickrichtung gleichsam zu wechseln bzw. das Verfahren umzukehren und die Systematik der Modelle als Raster für die Bestimmung des Lernstandes Einzelner oder ganzer Lerngruppen zu verwenden. In der Tat hätte man »damit eine unverzichtbare Orientierungshilfe für Untersuchungen zum Schrifterwerb« (Thomé 1999: 61; auch Thomé 2006: 370ff.), indem man die Schreibungen der Lerner bestimmten ›Phasen‹ zuordnet, d.h. den Lernstand als Zugehörigkeit zu einer Phase erklärt. Kritzelversuche und erste, noch rudimentäre Verschriftungen gehörten dann in eine voralphabetische Phase, die von einer alphabetischen mit beginnenden lautorientierten Schreibungen abgelöst würde.

Abbildung 8: Fließende Grenzen der Erwerbsphasen

Dass ein Kind nicht von einem auf den anderen Tag in eine neue Phase eintritt, wird an dem hier abgedruckten Schreibversuch eines Mädchens im Vorschulalter deutlich. Das Kind hat ein Blatt orangefarbiges Papier als Anlass genommen: Es freut sich sowohl an den Spuren, die sein Stift auf dem Papier hinterlässt, als auch an seinen Schriftkenntnissen, die es ihm erlauben, die Farbe des Papiers zu benennen und so aufzuschreiben, dass es andere verstehen.

Hinsichtlich der alphabetischen Phase kann man ferner trefflich streiten, ob man hier noch einmal zwischen phonetischen und phonemischen Schreibungen differenzieren möchte (vgl. dazu Scheerer-Neumann 1996: 1165; kritisch: Karg 2008: 149). Werden Generalisierungen erkennbar – einschließlich der ›intelligenten Fehler‹ im Sinne einer Hyperkorrektheit – und wird bei den Schreibungen deutlich, dass auch andere Verschriftungsprinzipien als die Phonem-Graphem-Korrespondenzen bewusst geworden sind und angewendet werden, so wäre die orthographische Phase erreicht. Sind dann für die meisten Schreibabsichten Routinen vorhanden und werden Unsicherheiten vom Schreiber selbst ausgeräumt, so wird man von der idealen Orthographiekompetenz sprechen können. Es ergäbe sich dann eine Abfolge von unterscheidbaren Phasen.

Zunächst erscheint dies als ein plausibles Raster, in das die Fähigkeiten von Lernern eingeordnet werden könnten. In mancherlei Hinsicht besteht jedoch Klärungsbedarf. Ferner ist dieses Raster äußerst grob.

Wenn man sich beispielsweise Schreibungen wie *Kulturdenkmehler, *Handtieren, *bei Waldbrenden, *geschedigt, die sich bei etwa 12-Jährigen in einem Diktat entdecken lassen (Karg 2008: 245ff.), ansieht, so merkt man, dass hier regionale, lokale, aber auch idiosynkratische Aussprachevarianten in eine Schriftform gebracht wurden. Die Schreiber wird man dennoch nicht in eine ›phonetische Phase‹ einordnen. Vielmehr sieht man an ihren Schreibungen noch viel mehr, als es sich durch das Phasenraster bestimmen lässt: Sie bilden Analogien – und dies nicht nur, was die Phonem-Graphem-Korrespondenz angeht; sie haben auch so etwas wie ein morphematisches Prinzip bzw. Stammprinzip im Kopf, denn man könnte ja auch der Auffassung sein, dass die *Waldbrende (korrekt: Waldbrände) etwas mit brennen zu tun haben. Sie kennen also Wortfamilien und Ableitungen, haben diese Kenntnisse jedoch nicht in systematischer Form präsent und setzen sie daher einigermaßen willkürlich ein. Andererseits sind ihnen bestimmte Sachverhalte der Welt unbekannt und sie können daher auch mit den sie bezeichnenden sprachlichen Einheiten nichts anfangen. In diesen Fällen greifen sie auf die Vorstellung zurück, dass man Gehörtes in Geschriebenes umsetzen kann, versuchen ihr Bestes und schreiben *ankranzende für angrenzende, *ein jahrhundert Hochwasser für ein Jahrhunderthochwasser (Karg 2008: 245ff.).

Doch nicht nur mit Übergängen zwischen den Rastergrenzen des Erwerbsmodells ist zu rechnen, sondern die Schreibungen ein und derselben Person wären verschiedenen und noch dazu weit auseinanderliegenden Phasen zuzuordnen. Das Raster könnte demnach zwar als Instrument dienen, um überhaupt einen Zugriff zum Orthographieprofil zu gewinnen. Es hätte hierfür auch eine durchaus akzeptable und praktikable Funktion. Doch die Orthographieprofile von Lernern ergäben auf jeden Fall ein wesentlich komplexeres Bild, als dies mit dem Erwerbsraster beschreibbar wäre. Wollte man den Orthographieleistungen einzelner Lerner gerecht werden, so müsste über die Einzelwortanalyse hinaus der Kontext des Textes, der entstanden ist, bedacht und darüber hinaus die Schreibsituation einbezogen werden. Denn es ist ein Unterschied, ob jemand etwas selbstständig schreibt oder diktiert bekommt, ob sein Text im schulischen oder in einem anderen Zusammenhang verfasst wurde (vgl. Kapitel 1) und welche Instruktion nach welchem Modell bzw. welchen impliziten Annahmen er oder sie bereits erhalten hat. Unterricht ist wirksamer als man gelegentlich meint, was jedoch nicht bedeutet, dass die Unterrichtsintention bei den Schülerinnen und Schülern auch immer ankommt.

Auch erscheint die Bestimmung und Benennung der Phasen selbst viel zu wenig differenziert, was sich wiederum auf ihre nur begrenzte Tauglichkeit als Diagnoseinstrument auswirkt. Differenziert wäre – wie bereits die wenigen Beispiele oben zeigen – nach Gründen zu fragen, die zu Verschreibungen führen, und dabei eher die Orthographieprinzipien als Schlüssel anzusetzen als einen Phasenablauf. Der Text einer Schreibanfängerin (vgl. die Aufgaben zu diesem Kapitel) könnte als ein Beispiel zur Anwendung und Diskussion dienen.

4.2.4 Fehlertypologien als Möglichkeit des Erkenntnisgewinns

Verschreibungen, die bei Lernern, vor allem der späten Primarstufe und mehr noch der Sekundarstufe, zu beobachten sind, können verschiedene Gründe haben. Zunächst ist aber immer festzustellen, welche Art von Verschreibung vorliegt. Für eine systematische Analyse kann auf Fehlertypologien zurückgegriffen werden, wie sie etwa von Thomé entworfen und mehrfach verfeinert wurden.

Tabelle 11: Die Kategorien der OLFA-Version 4.2 (nach Thomé/Thomé 2010; Optik geringfügig anders)

01 Klein- für Großschreibung davon: *Abstrakta*
02 Groß- für Kleinschreibung davon: *Verben*
03 Großschreibung im Wort
04 Getrennt- für Zusammenschreibung
05 Zusammen- für Getrenntschreibung
06 Getrenntschreibung von unselbstständigen Teilen
07 Einfachschreibung für Konsonantenverdoppelung
(*dass, dann, denn, wenn, renn-, hatte, immer*)
08 Konsonantenverdoppelung. für Einfachschreibung nach Kurzvokal
09 Einfache Vokalschreibung für markierte Länge (*ie, -h*)
10 Markierte Längen- für Einfachschreibung bei Langvokal
11 Konsonantenverdoppelung n. Langvokal oder Konsonant
12 Markierte Vokallänge bei Kurzvokal
13 s für ß
14 ß für s
15 ss für ß
16 ß für ss
17 e/eu für ä/äu
18 ä/äu für e/eu
19 p t k für b d g im Silbenende
20 b d g für p t k im Silbenende
23 f für v
24 v für f
25 w für v
26 v für w
27 ch für g im Silbenende
28 g für ch im Silbenende
29 Konsonantenzeichen fehlt *r, t, l, n* (davon *-en:*)
30 Konsonantenzeichen zugefügt *r*
31 Vokalzeichen fehlt a, *e* (davon *-en:*)
32 Vokalzeichen zugefügt
33 Falscher Konsonant *m-n, n-m, s-z, z-s, n-ng*
34 Falscher Vokal
35 Zeichenumstellung
36 Umlautbezeichnung
37 Sonstige Fehler (auch Fremdwortfehler)

Diese Fehlertypologie stellt eine viel genauere Überprüfungsmöglichkeit von Schreibungen – nicht nur bei Lernern – dar, als dies mithilfe der Erwerbsphasen der Fall ist, und kann zu Befunden sowohl für einzelne Lerner als auch für Lerngruppen führen, auf deren Grundlage auch gezielt eine Förderung angesetzt werden kann (Karg 2008: 204ff.). Die Art der Verschreibungen in einer Lerngruppe kann ermittelt werden und Lernende mit Problemen bei bestimmten Orthographieerscheinungen können ein spezifisch auf ihre Bedürfnisse zugeschnittenes Programm erhalten.

Für ein solches Programm (Karg 2008; Karg 2010) könnten Lehrpersonen eine Analyse und Kategorisierung der Verschreibungen in freien Texten (Aufsätzen) und Diktaten ihrer Lerngruppe vornehmen und nach der Fehlerhäufigkeit Gruppen bilden, denen dann gezielt förderliches Material zur Verfügung gestellt wird. Beispielsweise wären dies

- für die Groß-/Kleinschreibung und die Zusammen-/Getrenntschreibung Schlagzeilen in Blockbuchstaben und Sätze ohne Spatien,
- für die Konsonantengemination, die Kennzeichung der Vokallänge oder überzählige und fehlende Schriftzeichen in Schülertexten ›Wortwirbler‹, d.h. Sätze mit Wörtern, in deren Innerem die Schriftzeichen vertauscht sind,
- für fehlende Konsonanten- und Vokalzeichen in Arbeiten von Lernenden didaktisierte Texte mit absichtlich entfernten (anderen!) Buchstaben (vergleichbar einem *cloze deletion test),*
- für die s-Schreibung von den Schülern selbst formulierte Schlagzeilen in Blockbuchstaben zur Umschrift – ein <ß> gibt es bekanntlich als Majuskel nicht,
- für *das/dass* didaktisierte Texte, in denen alle Erscheinungen von *das* und *dass* entfernt und die Lücken mit Phantasiezeichen gefüllt werden,
- generell und für die Arbeit der gesamten Lerngruppe die Einrichtung und ständige Ergänzung eines ›Orthographieposters‹, in das Auffälligkeiten, die sich in der Lerngruppe zeigen, kategorisiert und eingetragen werden. Auch kann jeder Schüler sein eigenes solches Poster (auch in Kleinformat) anlegen.

Im Anhang zu diesem Kapitel finden sich hierzu illustrierende Konkretisierungen (F4 Additum).

Die Arbeit mit den Fehlertypen sagt andererseits natürlich nichts über einen Entwicklungsstand im Sinne der Erwerbsphasenmodelle aus, was allerdings auch nicht intendiert ist. Andererseits erscheinen Typologien dieser Art wiederum ungeeignet, in der ersten Phase des Orthographieerwerbs sinnvoll eingesetzt werden zu können, da wahrscheinlich alle Typen bedient bzw. ggf. nur das (wenn überhaupt) umgesetzt wird, was im Unterricht gelernt wurde. Sinnvoll ist die Typologie bei der Arbeit mit Lernenden, die bereits – wenn man so will – bei der orthographischen Phase angelangt sind und über die daher die Phasenraster nichts mehr aussagen, denn sie fallen alle in eine Kategorie; für einzelne Verschreibungen hat das Raster des Erwerbsmodells ohnehin keinen Erklärungswert. Allerdings kann auch diese Typologie als solche nicht unkommentiert bleiben:

Zum einen wäre zu überlegen, ob die angebotene Bildung von Ober- und Unterkategorien sinnvoll ist. Ferner wäre die Typologie zu ergänzen. Denn bei dem, was Schülerinnen und Schüler schreiben, kommt es zu Erscheinungen, die hier nicht aufgeführt sind. Nicht vorgesehen ist beispielsweise die Verschreibung <w> für <f> und <f> für <w>. Auch wird die Verwechslung von <p>, <t>, <k> und <b>, <d>, <g> hier auf das Silbenende beschränkt; dahinter steht die Erscheinung der nicht graphemisch repräsentierten Auslautverhärtung. Es kommt jedoch nicht nur am Silbenende zu solchen Verwechslungen, was zeigt, dass die Probleme für die Lerner anders gelagert sind als sie die Systematik der Typologie nahelegt. Ferner muss im Bereich der s-Schreibung – zumal nach der neuen Rechtschreibreform – die (inkorrekte) Vertauschung von <s> und <ss> ergänzt werden. Weitere Typen anzusetzen läuft jedoch andererseits Gefahr, dass die Typologie sehr umfangreich wird und damit auch ihr Erkenntniswert sinkt. Spätestens in diesem Moment stellt man fest, dass mitunter weniger Kategorien ›mehr‹ sind, zumal sich manche Erscheinungen an verschiedenen Stellen einordnen lassen – ein fehlendes zweites <s> ist sowohl ein fehlendes Konsonantenzeichen als auch ein Einfachkonsonant statt eines Doppelkonsonanten. Der Wert einer solchen Typologie ist damit keinesfalls grundsätzlich in Frage gestellt; vielmehr ist deutlich, dass es sich um ein Instrument zum Erkenntnisgewinn handelt, das auch Erscheinungen in den Blick rückt, die im Raster des Erwerbsmodells nicht vorgesehen sind. In der Sekundarstufe wird man auch die Interpunktion mit einbeziehen müssen. Für die Förderung eignen sich hierfür didaktisierte Texte, aus denen *alle* Satzzeichen entfernt wurden. Auch sollte der tatsächliche Gebrauch von Satzzeichen in der Sprechergemeinschaft – journalistische Texte; Texte aus Jugendseiten von Zeitungen oder Jugendliteratur – untersucht werden, auch und gerade im Klassenzimmer in der Lernsituation.

4.3 Pädagogische Psychologie, Phonologische Bewusstheit – und die Folgen

4.3.1 Forschung zur Phonologischen Bewusstheit

Unter dem Terminus ›Phonologische Bewusstheit‹ wird die Fähigkeit von Kindern verstanden, das Lautkontinuum der gesprochenen Sprache in Einheiten aufgliedern zu können, dies auch wahrzunehmen, darauf aufzubauen und damit weiter arbeiten zu können. Kinder, die ›Phonologische Bewusstheit‹ haben, können erkennen, dass mit den Lauten Silben und mit den Silben Wörter gebildet sind. Beispielsweise können sie Reime bilden oder den Anfangslaut identifizieren, wenn man ihnen ein Wort vorspricht oder ein Bild mit einem Gegenstand zeigt und sie das dazugehörige Wort nennen. Dies habe, so scheint man erkannt zu haben, eine hohe Vorhersagekraft für den Erwerb des Lesens und Schreibens. Noack (2010a: 92) äußert zwar Skepsis, weil ihrer Meinung nach nicht geklärt sei, ob sich diese Phonologische Bewusstheit vor dem Erlernen der Alphabetschrift einstellen kann oder ob sie ggf. erst eine Auswirkung davon ist. Allerdings war diese Frage überhaupt der Anlass für eine Forschergruppe aus Dänemark, einschlägige Untersuchungen mit Vorschulkindern durchzuführen und die Probanden ein Stück weit in ihre Schullaufbahn hinein zu begleiten. In in ihrem Bericht (Lundberg [u.a.] 1988) formulieren sie folgendes Ergebnis:

> The evidence obtained in the present study suggests, first, that phonological awareness can be developed *before* reading ability and independently of it, and second, that this phonological awareness facilitates subsequent reading acquisition, thus providing unconfounded evidence of a causal link. (Lundberg [u.a.] 1988: 282)

Die Forschergruppe hat als Versuchsinstrument ein Trainingsprogramm entworfen und mit 235 dänischen Vorschulkindern durchgeführt. Sie hat eine Kontrollgruppe mit 155 Kindern einbezogen und die Kinder dann in den ersten beiden Grundschuljahren beobachtet. Die Komponenten des Programms bestanden in Spielen, bei denen Kinder Reime, Silben, die Laute am Anfang und im Inneren eines Wortes und Wörter in Sätzen erkennen und – bei Silben und Lauten – auch ersetzen oder weglassen mussten.

Dazu ist mehreres zu sagen: Das Programm war systematisch angelegt, beinhaltete jedoch solche Elemente, die ohnehin in der Sozialisation der meisten Kinder und erst recht in der Vorschulerziehung eine Rolle spielen. Zu allen Kulturen gehören *nursery rhymes* und Abzählverse. Die kleinsten Einheiten des mündlichsprachlichen Lautkontinuums, die die Kinder wahrnehmen sollten, werden im Bericht der dänischen Forscher teils als *phonemes*, teils synonym als *sounds* bezeichnet. Mehr nebenbei bzw. als ein Nebeneffekt wird auch das Rechtschreiben erwähnt: »Thus, the level of phonemic ability in preschool is a powerful predictor of reading and spelling performance in school« (ebd.: 282). Die Orthographie ist demnach nicht im Zentrum des Interesses. In der Folgezeit wird jedoch, insbesondere von der deutschen Pädagogischen Psychologie, der Orthographieerwerb ausschließlich auf der Grundlage der ›Phonologischen Bewusstheit‹ modelliert. Ferner hat – und dies z.T. als Folge dessen – die Theorie der Phonologischen Bewusstheit auf verschiedenen Ebenen große Popularität erfahren. Sie ist nicht nur Voraussetzung für Forschungsprogramme der Pädagogischen Psychologie in Deutschland, sondern dient der Konstruktion von Diagnose- und Testverfahren zur Ermittlung von Orthographiekompetenz (Deutscher Rechtschreibtest: Stock/Schneider 2008; Jansen 2002; Bielefelder Screening[8]), und es werden daraus Förderprogramme (Küspert/Schneider 2007a, b; Küspert/Schneider 2008; Stock/Schneider 2011) abgeleitet, die

---

8 http://entwicklungsdiagnostik.de/bisc.html <09.01.2013>.

von Kindergärten und Schulen gekauft und dort eingesetzt werden. Sie führen zu Aussagen über die erwartbaren Leistungen in der Orthographie während der Schulzeit. Das Paradigma findet demnach große Akzeptanz und genießt weitreichenden Erfolg. Es verdient daher noch eine etwas genauere Beachtung. Zunächst soll eine publizierte Darstellung von »Trends in der Diagnostik von Rechtschreibleistungen und Rechtschreibkompetenz im deutschsprachigen Raum« betrachtet werden (Schneider/Marx/Hasselhorn (Hgg.) 2008, Zitat: Vorwort), in der sich die Arbeit der Pädagogischen Psychologie manifestiert. Anschließend wird auf Förderprogramme eingegangen.

Als Erstes wird insgesamt aus den Forschungsberichten (Schneider/Marx/Hasselhorn (Hgg.) 2008) deutlich, dass sich dieser Bereich als eigenständig versteht und sich zwar der linguistischen Begrifflichkeit bedient, dass deren sprachwissenschaftliche Grundlegung oder gar eine entsprechende Diskussion schwerlich erkennbar ist. Denn ähnlich wie dies bereits für den Bericht der dänischen Forschergruppe festgestellt werden konnte, wird der Terminus ›Phoneme‹ synonym und austauschbar mit ›Lauten‹ verwendet. Stets sind Laute gemeint, auch wenn von ›Phonemen‹ die Rede ist, was dadurch deutlich wird, wenn es heißt, »Leseanfänger [müssten] beim Erlesen eines Wortes jeden Buchstaben in das entsprechende Phonem übertragen« (Barth/Gomm 2008: 13).

Rechtschreibung kommt generell nur als Phonem-Graphem-Zuordnung (mit den o.g. Voraussetzungen) in den Blick. Angezweifelt wird bei Schneider/Marx/Hasselhorn (2008: 1) zunächst, dass Lesenlernen und Orthographieerwerb etwas miteinander zu tun haben. In einem weiteren Beitrag des Sammelbandes erfolgt jedoch ein Bezug auf das Modell von Uta Frith zum Schriftspracherwerb (Stock/Schneider 2008: 45). Der Widerspruch wird nicht gesehen, geschweige denn aufgelöst.

Richtig ist, dass Kinder ›lauttreu‹ schreiben, wenn sie einen Laut, den sie produzieren, mit einem Buchstaben repräsentieren; eine Phonem-Graphem-Zuordnung, wie behauptet wird, ist dies allerdings nicht, sondern allenfalls eine Laut-Buchstaben-Zuordnung. Die deutsche Orthographie macht Schwierigkeiten nicht deshalb, weil »für einen wahrgenommenen Laut [...] durchaus regelkonform eine Vielzahl von Graphemen (Buchstaben) erzeugt werden« können (Schneider/Marx/Hasselhorn 2008: 1), sondern weil verschiedene Verschriftungsprinzipien wirksam sind. Diese werden jedoch im Rahmen der Arbeiten in diesem Forschungskontext nicht als solche benannt, sondern als »Strategien« (»Alphabetische«, »Orthographische«, »Morphematische«, »Wortübergreifende«) aufgefasst (May 2008: 102ff.), was infolge dessen zu einer fälschlichen Zuordnung zum ›prozeduralen Wissen‹ führt (vgl. auch Kapitel 5.2). Da Verschriftungsprinzipien gelernt und gewusst werden müssen (s.o.), gehören sie aber zum Bestand des ›deklarativen Wissens‹. Sie sind Grundlage und Bedingung für erst daran sich anschließende ›Operationen‹ oder ›Strategien‹. Dass die Verschriftungsprinzipien als ›Strategien‹ aufgefasst werden, findet sich allerdings öfter (Blatt 2010: 101).

Ferner liegt dem Arbeitsfeld eine Vorstellung von Sprache als Regelsystem (wie besprochen bei Cherubim 2000) zugrunde, die auch die Aussprache mit einbezieht. Da die tatsächlich gesprochene Sprache nicht und schon gar nicht regionale Varietäten in den Blick kommen, werden bestimmte grundlegende Bedürfnisse der Kinder erst gar nicht erkannt. Förderprogramme sowohl als auch Diagnoseprogramme auf dieser Grundlage gehen an der Wirklichkeit vorbei – ein Beispiel:

Noch nicht schreibkundigen Kindern im Vorschulalter wird eine Bildleiste mit drei Bildern vorgelegt, die einen Esel, einen Elefanten und einen Papagei darstellen. Dazu wird folgende Aufgabe formuliert: »Die Kinder sollen die beiden Wörter, die mit demselben Anlaut beginnen, herausfinden [...]« (Barth/Gomm 2008: 19). Das große Rüsseltier ist ohne Weiteres erkennbar und das Konzept *Elefant* ist wohl im Weltwissen, im Wortschatz und in der Verbindung beider bei Vorschulkindern vorhanden. Anders sieht es möglicherweise mit den anderen beiden Bildern aus. Folgendes Szenarium erscheint daher durchaus denkbar:

Wenn der Esel als Pferd gesehen wird, was angesichts der Zeichnung und angesichts der Erfahrungswelt heutiger Kinder keinesfalls unsinnig wäre, und wenn ferner Kinder in ihrer sprachlichen Sozialisation in bestimmten Regionen der Republik die Aussprachevarietät [feat] gelernt haben, so gibt es bei den Anfangslauten der Bezeichnungen für die drei Tiere in dieser Bildleiste überhaupt keine Übereinstimmungen. Da die Aufgabe aber so gestellt ist, dass die Kinder zwei Übereinstimmungen finden sollen, werden sie dies auch versuchen. Dabei könnten sie auf die Idee kommen, den Papagei als Vogel zu identifizieren. Dann aber könnten sie bei Vogel und [feat] denselben Anlaut vermuten. Das heißt: Die Testkonstrukteure gehen von ihrem eigenen Modell des Wortes und seiner lautlichen Repräsentanz aus, bei dem die Kenntnis der Schreibung bereits vorausgesetzt ist. Dennoch sehen sie Schrift als sekundäres System (Dependenzhypothese) und Abbild von Gesprochenem, nicht aber Orthographie als eine Systematik mit Prinzipien, von denen die Laut-Buchstaben-Zuordnung nur eines ist, die aber alle zu erlernen und – dann erst – strategisch anzuwenden sind.

Die Verunsicherung der Kindergartenkinder und ihrer Eltern durch den diagnostischen Test kann enorm sein. ›Risikokinder‹ sind stigmatisiert, auch wenn das Gegenteil behauptet wird. Die Didaktiker- und Lehrerschelte sollte unterbleiben (May 2008: 115), solange man sich nicht wirklich mit den einschlägigen Positionen und den komplizierten Verhältnissen im Unterricht befasst hat.

4.3.2 Populäre Test- und Förderprogramme

Das dänische Forschungsinstrument als solches, d.h. die Spiele zur Laut- und Silbenerkennung, die Reimverse, das Tanzen und Klatschen sind ins Deutsche übertragen und ausgebaut worden. In Form eines Trainingsprogramms wird es in Kindergärten eingesetzt und soll zur Förderung der Kinder dienen, die im Screening (das z.T. identische Komponenten hat) als ›Risikokinder‹ identifiziert wurden.[9] Es ist auf der Webseite des Lehrstuhls für Pädagogische Psychologie aufrufbar[10] und als DVD käuflich zu erwerben (Küspert/Schneider 2007). Auch ein Arbeitsbuch gibt es dazu (Küspert/Schneider 1999, 6. Auflage 2008). Die ursprüngliche Version spricht von »Phonemen« (vgl. die Webseite), die neueste Auflage der Buchversion von »Phonen«. In beiden Fällen geht es darum, dass die Kinder Laute entdecken, denen scheinbar problemlos später beim Schriftspracherwerb Buchstaben zugeordnet werden sollen. Für deutsche Kinder zumindest kann dieses Programm verhängnisvolle Folgen haben: Da die Verschriftungsprinzipien der deutschen Orthographie nicht erwähnt werden, geschweige denn im Programm zum Tragen kommen, werden Kinder – was noch der mildere Effekt ist – verwirrt oder aber – was erheblich schlimmer ist – zu Fehlkonzepten geführt, die vielleicht nie mehr korrigierbar sind (Karg 2008: 146ff.).

Auch in der Grundschule werden Programme eingesetzt, die dem Konzept der »Phonologischen Bewusstheit« verpflichtet sind. Ein Beispiel ist das »Phonit«-Programm (Stock/Schneider 2011). Eingangs findet man die Aussage:

> Trotz der Unklarheit über die genauen Abhängigkeitsstrukturen zwischen der phonologischen Bewusstheit und den Schriftsprachfertigkeiten ist ein bedeutsamer Einfluss der phonologischen Bewusstheit sowohl auf das Lesen als auch auf das Rechtschreiben hinreichend belegt. (ebd.: 11)

Dennoch geht man vom fraglosen Zusammenhang zwischen ›Phonologischer Bewusstheit‹ und späterer Orthographiekompetenz aus, was auch der Grund dafür sein mag, das Programm von Küspert und Schneider zur Frühdiagnose zu empfehlen. Die Arbeit mit »Phonit« lässt sich als direkter Anschluss daran in der Grundschule verstehen, indem die »Zerlegung der geschriebenen Wörter in Einzelbuchstaben« als »phonologische Rekodierung« bezeichnet wird und ferner behauptet wird, der »Rechtschreibprozess [beinhaltet] die Analyse von Wörtern in ihren Einzellauten, die dann in Buchstaben übersetzt werden können« (ebd.: 12). Auch hier wird nur die Laut-Buchstaben-Zuordnung überhaupt als Orthographie verstanden; erneut werden die Termini ›Phonem‹ und ›Laut‹ bzw. ›Graphem und Buchstabe‹ jeweils synonym verwendet.

Das Programm enthält »Regeln«, »Phonologische Übungen«, die Behandlung einiger Orthographieerscheinungen und Diktattexte für die verschiedenen Jahrgangsstufen der Grundschule. Eine dieser Regeln betrifft das Dehnungs-h. Sie ent-

---

9 Wirkungsmacht: http://www.111mn.de/index.php?s=file&id=361 <08.01.2013>; http://www.regierung.oberbayern.bayern.de/imperia/md/content/regob/internet/dokumente/bereich4/aufgaben/foerderschule/beratung/testverfahren/testempfehlungen.pdf; http://www.eb-regensburg.de/pdf-Dateien/11%2012%20Aus%20der%20aktuellen%20Arbeit.pdf: Bielefelder Screening genau beschrieben: http://entwicklungsdiagnostik.de/bisc.html <09.01.2013>.
10 http://www.phonologische-bewusstheit.de/programm.htm <24.04.2014>.

hält teilweise Richtiges, ist jedoch unzureichend und führt in eine falsche Richtung. Beispielsweise heißt es, dass »ein Dehnungs-h nur vor den Buchstaben <r>, <m>, <n> und <l>« stehe und »vor allen anderen Buchstaben nicht, und auch nach <au>, <ei> und <eu> steht nie ein Dehnungs-h« (ebd.: 52). Weiter wird erläutert, es folge kein Dehnungs-h, »wenn ein Wort mit <t>, <sch>, <sp>, <kr> anfängt und einen langen Selbstlaut hat [...]« und »ein Wort mit <qu> anfängt und einen langen Selbstlaut hat« (ebd.). Das stimmt natürlich – bis Kindern, falls sie sich überhaupt mit diesen ›Regeln‹ befassen, Wörter auffallen, die sie mit dieser Regel vielleicht nicht in Einklang bringen können (*dreht, späht, siehst*). Diese Schreibungen müssten mit den Verschriftungsprinzipien erklärt werden (Silbengelenk und Morphemkonstanz), die jedoch im Förderprogramm nicht auftauchen. Probleme beim Schreiben und im Unterricht bei der Erklärung sind vorprogrammiert. Zur Überprüfung des Kompetenzerwerbs dienen kurze Diktattexte für die einzelnen Jahrgangsstufen. Vor dem Hintergrund der vermittelten Regeln können aber auch diese nicht überzeugen: Die Kinder sollen Sätze schreiben, die mit den Regeln nicht immer kompatibel und inhaltlich nicht unproblematisch sind (vgl. die Aufgaben unten).

Nicht nur in Dänemark oder der Bundesrepublik hat das Konzept der Phonologischen Bewusstheit Fuß gefasst. Kaum ist es jedoch anderswo so in den Vorschul- und Schulalltag eingedrungen wie in Deutschland. Ein Zusammenhang zwischen der Fähigkeit, die Reim- und Klatschspiele mitzumachen bzw. ›Laute‹ zu erkennen, und der späteren Orthographiekompetenz wird inzwischen als gegeben angenommen und einschlägigen Tests Prognosequalität zuerkannt. Doch andere Studien kommen zu anderen Ergebnissen. Torgerson [u.a.] (2006), deren Arbeit sich im Archiv des Department for Education des UK findet, geben einen Überblick über die Forschungen, die sich mit der Wirkung von *phonics instruction* befassen. Die Ergebnisse werden wie folgt zusammengefasst:

The effect of synthetic and analytic phonics (see definitions below):[11]
- The weight of evidence on this question was weak (only three randomized controlled trials were found). No statistically significant difference in effectiveness was found between synthetic phonics instruction and analytic phonics instruction.

---

11 *Phonics instruction*: Literacy teaching approaches which focus on the relationships between letters and sounds.
Synthetic phonics: The defining characteristics of synthetic phonics for reading are sounding-out and blending.
Analytic phonics: The defining characteristics of analytic phonics are avoiding sounding-out, and inferring sound-symbol relationships from sets of words which share a letter and sound, e.g. *pet, park, push, pen*.
Systematic phonics: Teaching of letter-sound relationships in an explicit, organised and sequenced fashion, as opposed to incidentally or on a ›when-needed‹ basis. May refer to systematic synthetic or systematic analytic phonics. (Torgerson [u.a.] 2006: 8); aufrufbar unter: www.education.gov.uk/publications/standard/publicationDetail/Page1/RR711 <14.04.2014>.

> The effect of phonics on spelling:
> – The weight of evidence on this question was weak (only three randomized controlled trials were found). No effect of systematic phonics instruction on spelling was found.

Der enorme Erfolg, den das psychologische Forschungsparadigma und seine praktische Umsetzung in Form von Tests und Förderprogrammen im deutschen Kontext hat, weist eine bestimmte Diskursstrategie auf, die Zweifel an der eigenen Position ausschließt und die Deutungsmacht über das Gegenstandsfeld ausübt. Im Konzert der Wissenschaften, die sich um den Bereich Bildung kümmern, hat die Pädagogische Psychologie eine wichtige, wenn nicht sogar die dominierende Stimme. Verständlich ist dies aus mehreren Gründen: Sie kann einen wissenschaftlichen Anspruch erheben, da Wissenschaftler die Programme entwerfen – oder ursprünglich zumindest entworfen haben. Das könnten andere Wissenschaften zwar auch. Doch dazu kommt, dass der Eindruck der unmittelbaren Praxisrelevanz vermittelt werden kann: Lehrerinnen und Erzieherinnen können das Diagnose- und Förderprogramm, wenn sie oder ihre Einrichtung es kaufen, ohne weiteren Aufwand in ihren Lerngruppen einsetzen, und bis hinein in Lehrplanvorgaben tauchen die Namen der einschlägigen Wissenschaftler auf. Vor allem wenn Forschungsergebnisse in Form von Zahlen kommunizierbar werden, vermittelt dies den Eindruck von Objektivität und verleiht ihnen Überzeugungskraft. Doch muss zum einen bedacht werden, dass aus Erhebungen kein Unterricht unmittelbar abzuleiten ist, und sich zum anderen bis heute kein Konsens darüber hat erreichen lassen, welches die beste Orthographieinstruktion ist. Insbesondere aber sind alle jemals angebotenen Vermittlungsverfahren der Kritik ausgesetzt worden. Einen kritischen Blick auf gegenwärtig genutzte Tests werfen mit Recht Frahm/Blatt (2011: 564; 564), allerdings geht es ihnen v.a. um die Testlogik und Testtheorie. Deutlicher könnten demnach noch die als Selbstverständlichkeiten angesehenen Annahmen der Tests betrachtet werden und erst recht die gar nicht erst zur Debatte gestellten Aufgaben hinsichtlich ihres Wortschatzes und der *Aussagen* der Sätze, die als Testinstrumente dienen (vgl. dazu die Aufgaben zu diesem Kapitel).

4.4 Vermittlung von Orthographie

4.4.1 Unterricht in Orthographie

Karl Philipp Moritz erzählt in seinem Roman »Anton Reiser« von 1785/86 eine gescheiterte Bildungsgeschichte. Die Alphabetisierung des Protagonisten sieht jedoch zunächst sehr positiv aus. Denn er bekommt Bücher, die ihn faszinieren und die ihm eine neue Welt eröffnen, in die er sich geradezu flüchtet. Interessant ist die Charakterisierung seines Lesestoffs:

> Im achten Jahre fing denn doch sein Vater an, ihn selber etwas lesen zu lehren, und kaufte ihm zu dem Ende zwei kleine Bücher, wovon das eine eine Anweisung zum Buchstabieren, und das andre eine Abhandlung gegen das Buchstabieren enthielt. (Moritz 2006, Bd.I, Teil 1: 17)

Solche Bücher, die Moritz seinen Protagonisten lesen lässt, hat es tatsächlich gegeben. Sie sind nach einem bestimmten Muster aufgebaut, d.h. zunächst werden Buchstaben präsentiert, als Reihe oder in Reimen mit Bildern von Wörtern, sodann folgen Buchstabenkombinationen oder Silben, schließlich Wörter, Sätze und kleine Geschichten mit moralischen Inhalten. Ihre Popularität war jahrzehntelang ungebrochen. In England und den USA hießen sie *primers* (Karg/Kuzminykh 2014). Interessant ist, dass Moritz eine Kontroverse in der Vermittlung der Schriftsprache formuliert, die schon über 350 Jahre zuvor Valentin Ickelsamer beschäftigte. Die Notwendigkeit, Anfängern im Lesen und Schreiben die Schriftzeichen zu lehren ist dabei allerdings nicht in Frage gestellt.

Dies ergibt sich erst aus der Konsequenz, die man glaubte, aus den Augenmessungen James McKeen Cattells (Cattell 1885) ableiten zu können. Die Methode, den Kindern Wortbilder anzubieten, die sie sich durch Abschreiben einprägen sollten, wurde in Amerika im frühen 20. Jahrhundert eingeführt und praktiziert, während sie im nationalsozialistischen Deutschland verboten wurde. Nicht ganz unverständlich ist es daher, dass sie nach dem Zweiten Weltkrieg zur Methode schlechthin aufstieg – und wiederum in die Kritik geriet: Insbesondere aus der Perspektive der Legasthenieforschung wurde sie für mangelnde Rechtschreibleistungen und eine Verstärkung der Disposition zur Rechtschreibschwäche verantwortlich gemacht. Ihre Hauptvertreter waren in Deutschland Artur und Erwin Kern (Kern 1931/1974). Auch Hans Brückls Fibel von 1922 mit dem Titel: »Mein Buch zum Anschauen, Zeichnen, Schreiben, Lesen und Zählen« war unter dem nationalsozialistischen Regime nicht geduldet, nach dem Zweiten Weltkrieg jedoch in Neuauflagen weit verbreitet, wobei darin die ›Ganzwortmethode‹ nur dem Leselehrgang (der Erfassungsfunktion), nicht aber dem Schreiblehrgang (der Aufzeichnungsfunktion) diente. Letzterer war analytisch-synthetisch angelegt.

In den 1970er-Jahren entwickelt der Schweizer Pädagoge Jürgen Reichen für den schriftsprachlichen Anfangsunterricht sein Programm »Lesen durch Schreiben« (Reichen 1982). Das Kernstück seiner Methode ist der so genannte ›Reichenbogen‹, der bis in die Gegenwart als ›Anlaut-‹ oder ›Lautiertabelle‹ in einer Reihe von Fibeln die Grundlage für den Lese- und Schreibunterricht bietet: Die Buchstaben des Alphabets (Majuskeln und Minuskeln) sind zusammen mit Bildern in Form eines Bogens angeordnet. Die Bilder repräsentieren einen Gegenstand oder ein Tier, wobei der Anfangsbuchstabe der verschrifteten Bezeichnung dafür jeweils der zu lernende Buchstabe ist. Laut und Buchstabe werden in Beziehung zueinander gesetzt.

Auch Reichen (1982) ist vehementer Kritik ausgesetzt worden, auf didaktischer Ebene (Bredel/Günther 2006a) wie auch in populären Kommunikationszusammenhängen (von Bredow/Heckenbroch 2013). Dabei wird kritisch argumentiert (von

Bredow/Heckenbroch 2013: 98; Bredel/Müller/Hinney 2010a: 2ff.), dass mit der Vorstellung, Laute seien durch Buchstaben repräsentiert, ein falsches Konzept von Orthographie erzeugt werde. Denn Kinder machten die Erfahrung, dass Buchstaben mit anderen als den angenommenen Lauten assoziiert werden und dass umgekehrt ein Lautwert auch mit unterschiedlichen Buchstaben verschriftet wird. Eine »kontextfreie Zuordnung von Lauten zu Buchstaben« stelle »falsche Weichen« (ebd.). Vielmehr müsse Schrift als ein »autonomes Teilsystem« der Sprache vermittelt und »eine konstruktive Beschäftigung mit dem Schriftsystem« eingeleitet werden (ebd.; ähnlich auch Hinney 2010). Keiner Kritik ausgesetzt werden allerdings die o.g. Tests, Forschungs- und Förderprogramme, die ebenfalls auf der Grundlage von Laut-Buchstaben-Zuordnungen arbeiten. Auch ist wohl Reichens Anlauttabelle *als solche* nicht dafür verantwortlich, wenn die ersten Versuche von Schreibanfängern nicht in jedem Fall korrekt sind. Keine andere Methode ermöglicht eine so »konstruktive«, ja geradezu generative Arbeit wie der ›Reichenbogen‹. Wichtig ist jedoch in jedem Fall die Spracherfahrung, die Kinder im Laufe ihrer Entwicklung machen, sowie die unterrichtliche Begleitung bei der Umsetzung ihrer Ausdruckswünsche.

Die Diskussion um die Laut-Buchstaben-Zuordnung ist alt und berührt implizit auch die immer wieder im Kontext der Orthographie aufscheinende Unklarheit in der Terminologie (Phonem/Phon; Graphem/Buchstabe); auf Verschriftungsprinzipien gehen auch Bredel u.a. (2010) nicht ein, und die tatsächlichen Probleme der Schreibanfänger (und auch älterer Schreiber) kommen ebenfalls nicht in den Blick. Das Beispiel *Kelter* und *kälter*, das für die Tatsache der Zuordnung desselben Lautes zu verschiedenen Schriftzeichen herangezogen wird (Bredel/Müller/Hinney 2010a: 2), ist zwar nach »Duden«-Aussprachewörterbuch zutreffend; doch ›Laute‹ sind das, was Sprecher tatsächlich produzieren – und Sprecher aus unterschiedlichen Regionen sprechen die beiden Wörter eben *nicht* notwendigerweise gleich aus – abgesehen von der Tatsache, dass sich in dem Moment, in dem ein Sprachnutzer weiß, wie ein Wort geschrieben wird, auch eine (neue, andere, bestimmte) Vorstellung von seiner Aussprache einstellen kann (Bremerich-Vos 2009: 53).[12] Und schließlich ist nicht unbedingt anzunehmen, dass *Kelter* ein Wort ist, das Schreibanfänger allzu oft zu schreiben haben. Was die Ablehnung des Konzepts von Jürgen Reichen angeht, so ist zu bedenken, dass es Reichen in erster Linie um einen Leselehrgang (Erfassungsfunktion) ging, denn er nennt seine Schrift »Lesen durch Schreiben«. Wenn Bredel/Günther (2006a: 199) Rudolf Flesch (1955) als Gewährsmann für ein verstärktes Interesse an Orthographie in den USA im Zuge des so genannten ›Sputnikschocks‹ aufrufen, so ist dazu zu sagen, dass erstens sein Buch »Why Johnny can't read and what you can do about it« als das *classic book on phonics* gilt, d.h. explizit

---

12 Wieder wäre die Begrifflichkeit zu korrigieren sowie die Notation von Phon, Phonem und Graphem den sprachwissenschaftlichen Darstellungskonventionen anzupassen; beides hängt zusammen; auch die Aussagen zur behandelten Publikation (Stetter 1990a) bedürften einer Korrektur.

der Lautiermethode verpflichtet ist, und zweitens keine Reaktion auf den ›Sputnikschock‹ sein kann, da es 1955 erschienen ist, der Sputnik aber am 4. Oktober 1957 die Erde umkreiste. Aus dem ›Sputnikschock‹ heraus wurden in den USA zwar Bildungsansagen gemacht, doch betrafen sie nicht das Lesen und schon gar nicht das Schreiben, sondern die Naturwissenschaften und die Einführung von Russischunterricht (Karg/Kuzminykh 2014).

Damit ist die Diskussion um den Orthographieunterricht und seine Methoden jedoch noch lange nicht zu Ende. In der o.g. Publikation (Bremerich-Vos 2009) wird Christian Stetter referiert, der Didaktiker deswegen kritisiert, da sie nach wie vor Laute durch Buchstaben repräsentiert sähen und über eine Laut-Buchstaben-Zuordnung die Orthographie lehrten. Zunächst ist Stetter dahingehend zu korrigieren, dass Didaktiker nicht lehren und schon gar keine Laut-Buchstaben-Zuordnung, sondern dass dies zum einen allenfalls die Unterrichtspraxis (auf der Grundlage der Anlauttabelle) darstellt und zum anderen in den Verfahren der Pädagogischen Psychologie (›Phonologische Bewusstheit‹, Tests, Diagnose- und Förderprogramme) zu finden ist. Angesichts dessen, dass seitens der Didaktiker, wie Bremerich-Vos (2009) richtigerweise sagt, inzwischen andere Verfahren wie etwa ein silbenbasiertes Vorgehen vorgeschlagen werden, ist allerdings auch zu bedenken, dass Schreibanfänger Buchstaben schreiben (lernen müssen) und dass eine Tastatur für eine Alphabetsprache – ebenfalls – Buchstaben hat. Dies ist auch dem Konzept von Ossner (2010) entgegenzuhalten, der in seinem Orthographielehrgang von der Silbe ausgehen möchte. Der Grund liegt nicht nur darin, dass er ein entsprechendes Beschreibungsmodell der deutschen Orthographie ansetzt, sondern ist auch in seiner Beobachtung begründet, dass Kinder reimen könnten, daher auch eine Vorstellung von Silben hätten und sich eine Silbenorientierung auch in Texten von Schreibanfängern feststellen lasse. Dazu ist zu sagen, dass Kinder sicherlich reimen können, wenn sie Abzählverse kennen oder eine häusliche oder vorschulische Förderung erfahren haben. Ob allerdings der zitierte Schülertext (Ossner 2010: 115) eine Silbenorientierung des jungen Schreibers erkennen lässt, sei dahingestellt. Jedenfalls kann aber auch hier nicht übersehen werden, dass die Buchstaben gelernt werden müssen und – das wäre zu ergänzen – Kinder mit dem Gelernten auch unmittelbar etwas anfangen wollen und sollen. Letztlich wird auch das bei Ossner (2010) vorgeschlagene Curriculum nicht wesentlich anders aufgebaut, als man es kennt. Zwar wird eine alternative Anlauttabelle auf der Basis der Silbenorientierung, d.h. des Silbenaufbaus – Anfangsrand, Kern, Endrand – und der »Sonorität« der Laute (Ossner 2010: 123) vorgeschlagen, doch war schon der vielfach geschmähte und doch immer wieder, wenn auch in Abwandlungen eingesetzte ›Reichenbogen‹ lautorientiert, nicht alphabetisch angelegt. Ossners Lauttabelle ist einigen didaktischen – wie es heißt – und optischen Kompromissen geschuldet. Die Tabelle verzeichnet Buchstaben, der erläuternde Text aber Phoneme, und schließlich ist die Notation (erneut) nicht mit den linguistischen Darstellungskonventionen konform:

> Dass beim Endrand bei /s/ noch einmal die Sonne, die auf stimmhaftes /z/ hinweist, zu sehen ist, ist phonologisch nicht korrekt, didaktisch aber sinnvoll, da im Deutschen stimmloses /s/ am Anfangsrand nur in Konsonantenclustern zu finden ist. Zudem ist es aus didaktischen Gründen sinnvoll, wenn die beiden Bilder übereinstimmen. (Ossner 2010: 122)

Das Curriculum Ossners sieht dann in Folge phonographische Schreibungen im »engeren« und »weiteren« Sinn, idiosynkratische Schreibungen und »Wortfamilien als Hilfe für <ß>-Schreibung« (Ossner 2010: 127) vor; besonders behandelt werden die Zusammen- und Getrenntschreibung, die Groß- und Kleinschreibung und die Fremdwörter, die Interpunktion und die Trennung am Zeilenende mit Vorschlägen zur Ansiedelung in bestimmten Jahrgangsstufen.

4.4.2 Orthographie in den Vorgaben für den Deutschunterricht

Die Bildungsstandards der KMK für den Primarbereich von 2004 geben für den Bereich Orthographie Folgendes vor:

> Die Kinder verfügen über grundlegende Rechtschreibstrategien. Sie können lautentsprechend verschriften und berücksichtigen orthographische und morphematische Regelungen und grammatisches Wissen. Sie haben erste Einsichten in die Prinzipien der Rechtschreibung gewonnen. Sie erproben und vergleichen Schreibweisen und denken über sie nach. Sie gelangen durch Vergleichen, Nachschlagen im Wörterbuch und Anwenden von Regeln zur richtigen Schreibweise. Sie entwickeln Rechtschreibgespür und Selbstverantwortung ihren Texten gegenüber. (Bildungsstandards im Fach Deutsch 2004: 8)

Zunächst bestehen angesichts dieser Äußerung einige Unklarheiten und Problemkonstellationen:
- Unklar ist an dieser Stelle, was mit »Rechtschreibstrategien« gemeint ist. Bei den unmittelbar anschließend genannten Komponenten handelt es sich nicht um Strategien, sondern um einige wenige Verschriftungsprinzipien, die jedoch kategorial unklar aufgeführt werden.
- Man scheint anzunehmen, dass ein »lautentsprechendes« Verschriften die grundlegende und vorrangige Orthographiekompetenz ist und »orthographische und morphematische Regelungen und grammatisches Wissen« gleichsam ›dazukommen‹ müssen. Das gibt den Verschriftungsprinzipien keinen angemessenen Status.
- Falls dem so ist, scheint dahinter ein Modell auf, das zum einen Schrift als Umsetzung von Gesprochenem in ein anderes Medium und daher als sekundär (vgl. Kapitel 3) erachtet und zum anderen bei der Zuordnung von Geschriebenem zu Gesprochenem von Regeln und Ausnahmen ausgeht. Wissenschaftlich ist dies kaum haltbar und allenfalls in der frühesten Phase des Erwerbs der Orthographie hilfreich. Gar nicht bedacht wird, dass Orthographieerwerb ein Prozess ist,

und nichts wird darüber gesagt, was denn nun an steuernden Maßnahmen durch eine Lehrperson erfolgen soll. Das ist angesichts des Anspruchs von Bildungsstandards in gewisser Weise verständlich, da die Kompetenzorientierung die Beschreibung eines erreichten Endzustandes verlangt.
- Des Weiteren wird vom »Vergleichen, Nachschlagen im Wörterbuch und Anwenden von Regeln zur richtigen Schreibweise« (Bildungsstandards im Fach Deutsch 2004: 8; 12; 52) gesprochen. Damit sind nun zwar »Strategien« benannt, doch unklar bleibt dabei, auf welche »Regeln« hier Bezug genommen wird und wann diese in welcher Weise vermittelt werden. Das »Erproben« kann zur Verwirrung führen und »Rechtschreibgespür« ist keine greifbare und für Kinder hilfreiche Kategorie, da sie über einen willkürlich-subjektiven Ansatz nicht hinausgehen muss. Ein wenig genauer wird der Bereich dann gefasst, wenn es heißt:

richtig schreiben
- geübte, rechtschreibwichtige Wörter normgerecht schreiben,
- Rechtschreibstrategien verwenden: Mitsprechen, Ableiten, Einprägen,
- Zeichensetzung beachten: Punkt, Fragezeichen, Ausrufezeichen, Zeichen bei wörtlicher Rede,
- über Fehlersensibilität und Rechtschreibgespür verfügen,
- Rechtschreibhilfen verwenden
    - Wörterbuch nutzen,
    - Rechtschreibhilfen des Computers kritisch nutzen,
- Arbeitstechniken nutzen
    - methodisch sinnvoll abschreiben,
    - Übungsformen selbstständig nutzen,
    - Texte auf orthographische Richtigkeit überprüfen und korrigieren. (Bildungsstandards im Fach Deutsch 2004: 10f.)

Zwar ist auch im Kontext dieser Aussagen wieder vom »Rechtschreibgespür« (ebd.: 11) die Rede, doch erschließt sich nun, woran man bei den »Strategien« denkt. Die Nutzung von Nachschlagewerken und Hilfen ist realistisch, solange dies im Unterricht nicht als Zeichen von Unkenntnis interpretiert wird oder aber dazu führt, dass Kinder nun gar keinen Anlass mehr sehen, sich das Rechtschreiben anzueignen. Die kritische Nutzung und die Überprüfung auf Richtigkeit erfordern einen hohen Kenntnisstand und ein enormes Maß an Reflexion. Woran man unterrichtspraktisch dabei denkt, wird durch die beigefügten Aufgaben verdeutlicht: Tatsächlich sollen (in Partnerarbeit) die Kinder selbstgeschriebene Texte einer Überprüfung aussetzen. Erfreulich ist, dass man keine fehlerhaften Texte zur Verfügung stellt. Auch wenn gegenwärtig die absolute Fehlervermeidung nicht mehr im Mittelpunkt didaktischer Vorstellungen steht, so ist doch nicht auszuschließen, dass eine Fehlerpräsentation im Unterricht einen negativen Effekt haben kann.

In den Bildungsstandards für den Mittleren Schulabschluss (Bildungsstandards im Fach Deutsch 2003) wird an vier Stellen auf die Orthographie eingegangen, nämlich

1. allgemein als Kompetenz

richtig schreiben
- Grundregeln der Rechtschreibung und Zeichensetzung sicher beherrschen und häufig vorkommende Wörter, Fachbegriffe und Fremdwörter richtig schreiben,
- individuelle Fehlerschwerpunkte erkennen und mit Hilfe von Rechtschreibstrategien abbauen, insbesondere Nachschlagen, Ableiten, Wortverwandtschaften suchen, grammatisches Wissen anwenden. (Bildungsstandards im Fach Deutsch 2003: 11)

2. in der Anwendung unter der Fähigkeit

Texte überarbeiten
- Aufbau, Inhalt und Formulierungen eigener Texte hinsichtlich der Aufgabenstellung überprüfen (Schreibsituation, Schreibanlass),
- Strategien zur Überprüfung der sprachlichen Richtigkeit und Rechtschreibung anwenden. (Bildungsstandards im Fach Deutsch 2003: 13)

3. bei den Arbeitstechniken

- Rechtschreibstrategien anwenden: z.B. Ableitung vom Wortstamm, Wortverlängerung, Ähnlichkeitsschreibung,
- Nachschlagewerke nutzen. (Bildungsstandards im Fach Deutsch 2003: 17)

4. und schließlich beim

Aufgabenbeispiel 5
- genaue Rechtschreibkenntnisse beweisen
  - Flüchtigkeitsfehler vermeiden, eigene Unsicherheiten einschätzen können und ein rechtschriftliches Nachschlagewerk einsetzen. (Bildungsstandards im Fach Deutsch 2003: 38)

Die Formulierungen sind eine Vision einer nur zu befürwortenden Kompetenzvorstellung. Wer das kann und ausführt, wird in der schriftlichen Kommunikation erfolgreich sein. Grundlage allerdings scheint immer noch eine Vorstellung von Regel und Ausnahme bzw. Ausnahmesituation zu sein, die zu bewältigen ist: Strategien gehen nicht auf das gesamte System der Verschriftungsprinzipien ein, sondern zerlegen es und verfahren damit höchst selektiv. Die Laut-Buchstaben-Zuordnung gehört in dieser Phase der schulischen Bildung offenbar schon nicht mehr zu dem, was bedacht werden müsste; was mit »Wortverlängerung« (Bildungsstandards im Fach Deutsch 2003: 17) als Strategie gemeint ist, kann man allenfalls erraten und vermuten, dass damit (wieder einmal) die schriftlich nicht realisierte deutsche Auslautverhärtung in den Blick genommen werden und durch Genitiv- oder Pluralbildung (»Verlängerung« durch Suffix) die richtige Schreibung des Singulars bedacht werden soll. Man sollte allerdings annehmen müssen, dass die Automatisierung der

Schriftlichkeit bei ca. 16-Jährigen so entwickelt ist, dass es solcher »Strategien« nicht mehr bedarf.

In den »Bildungsstandards für die Allgemeine Hochschulreife« ist die Orthographie nicht mehr gesondert ausgewiesen. Sie gehört zu den »Schreibstrategien«, wenn es nur noch heißt:

> Die Schülerinnen und Schüler können
> Texte orthografisch und grammatisch korrekt sowie fachsprachlich präzise, prägnant und stilistisch angemessen verfassen (Bildungsstandards im Fach Deutsch 2012: 16)

4.4.3 Fragen, die sich für die Vermittlungsarbeit in der Schule stellen

Man kann nicht deutlich genug darauf hinweisen, dass Lehrpersonen, denen im Unterricht Schreibanfänger anvertraut sind, ›irgendwie‹ beginnen und Lernende auf ihrem weiteren Weg begleiten müssen. Dies ist alles andere als einfach. Denn wenn Kinder in die Schule kommen, haben sie sehr unterschiedliche Voraussetzungen. Die einen können bereits lesen und schreiben, andere sind damit überhaupt noch nicht befasst gewesen. Dazwischen liegt ein Kontinuum von Fähigkeiten und Wissensbeständen, was Sprache und Schrift angeht. Ein konsensfähiger Bildungsauftrag besteht darin, zu erreichen, dass möglichst viele Menschen einer Sprechergemeinschaft möglichst viele Texte möglichst richtig schreiben können. Doch hinsichtlich der Erreichbarkeit dieses Ziels gibt es eine Reihe ungeklärter Fragen.

Die Fähigkeit zur kommunikativen Praxis bedarf der Routinen. Doch schreibt nicht jeder Mensch jeden Tag alles, was er je schon routiniert geschrieben hat. Bei Störungen der Routine besteht die Notwendigkeit zur Reflexion, die es erforderlich macht, auf deklaratives Wissen zurückzugreifen.

Deklaratives Wissen wird durch Instruktion aufgebaut. Dazu gehört, die Wissensbestände zum Zweck der Vermittlung in Portionen einzuteilen. Lehrpersonen halten sich dabei an die Lehrpläne ihrer Kultusbehörde, an die genehmigten Unterrichtswerke oder suchen sich zusätzliches Material.

Dem Programm zum Aufbau von Wissensbeständen können didaktische, pädagogische, lerntheoretische oder auch sprachwissenschaftliche Aussagen zugrunde liegen. Eine Zusammenführung von Angeboten aus diesen Wissenschaftsbereichen gibt es bislang jedoch nicht. Dass man sich um Probleme, Klärungen und Einzelerscheinungen im Untersuchungs- und Lernfeld Orthographie bemüht, davon geben unzählige Publikationen ein eindrucksvolles Zeugnis, auf die nur exemplarisch verwiesen werden kann:

- bei Röber-Siekmeyer (2002) werden silbische Strukturierungen und ihre Repräsentation, regionale Varietäten und satzbezogene Orthographieerscheinungen bearbeitet;

- Röber (2006) untersucht, welche Voraussetzungen Schülerinnen und Schüler mitbringen, was sie wissen und welche Konzepte von gesprochener und geschriebener Sprache sie tatsächlich haben;
- bei Bredel/Fuhrhop/Noack (2011) geht es um Laut und Schrift – auch mit Blick auf Kinder aus anderen Herkunftssprachen – sowie um das Lesen und Schreiben und um die Frage, inwieweit Instruktion reichen kann bzw. wo sie an ihre Grenzen stößt;
- Gaebert (2012) untersucht die satzinterne Großschreibung bei Lernenden und kommt zu einer Ablehnung der Vermittlung auf der Grundlage von Wortarten;
- Röber (2011) interessiert die Orthographiekompetenz auf der Grundlage der Regelhaftigkeit des Systems, nimmt jedoch nur s-Laute in den Blick.

Die s-Schreibung (vgl. das zuletzt genannte Beispiel Röber 2011) ist auf jeden Fall ein Fehlerpotential, allerdings nicht das einzige. Am Beispiel einzelner Lernender bestimmte Verfahren der Vermittlung wie etwa die Laut-Buchstabenzuordnung oder die der Wortarten abzulehnen, scheint zu wenig abgesichert. Es ist leicht, den Unterricht für Fehlschreibungen und falsche Hypothesen vom Gegenstand, die ihm zugrunde liegen, verantwortlich zu machen. Auch andere Verfahren wie die Ganzwortmethode oder das Buchstabieren wurden in der Vergangenheit jeweils als Ursachen für spätere Defizite der Schreiber vermutet. Wie in der Abfolge von Schuljahren eine ›Systematik‹ vermittelt werden soll und welche Systematik in welcher Differenziertheit es dann sein soll, ist unklar. Eine Systematik ist auf jeden Fall in einzelne Einheiten aufzubrechen. Daher ist die Frage alles andere als trivial, wie mit Schreibversuchen umzugehen ist, die Kinder unternehmen und für die sie aktuell noch keine Anbindungsmöglichkeit an die zum Zeitpunkt ihres Schreibversuchs vermittelten Teile der Systematik haben. Auch liegt die Lösung nicht darin, das Grapheminventar für die ersten Schulwochen so auszuwählen, dass es »geeignet« ist, »möglichst schnell Wortmaterial erstellen zu können, das zum einen Sinnentnahme möglich macht und zum anderen die Positionen der Grapheme innerhalb der Schreibsilbe transparent erscheinen lässt« (Krauß 2010). Denn immer noch bleibt die Frage, was eine Lehrperson mit Kindern macht, die ›mehr‹ schreiben als das bereits explizit zur Verfügung gestellte Grapheminventar. Ein wenig konkreter hinsichtlich der Abfolge von Komponenten im Unterricht wird Fuhrhop (2010) mit Bezug auf die Zusammen- und Getrenntschreibung, die sie für grammatisch motiviert ansieht und daher fordert, dass Wortbildung, Komposition und syntaktische Strukturen schon gelernt sein müssten, wenn die Zusammen- und Getrenntschreibung gelehrt werden soll. Welche syntaktischen Strukturen dabei jedoch relevant sind, müsste noch expliziert werden.

Abgesehen davon gibt es bislang keine Schulklasse, die im Sinne dieser Vorstellungen ›systematisch‹ unterrichtet worden wäre, so dass man eine empirische Grundlage für deren (bessere) orthographische Kompetenz hätte. Vielmehr lehrt die Erfahrung, dass Ursachen für welche Schwierigkeiten auch immer, die Kinder mit den schulischen Angeboten haben, niemals monokausal, sondern vielfältig sind – bis hin zu schlichtweg mangelndem Interesse und Verweigerung, womit ebenfalls zu rechnen ist. Abgesehen davon unterrichten Lehrpersonen weder einzelne Schüler noch statistische Werte, sondern Lerngruppen.

Der Aufbau eines Grundwortschatzes nach Jahrgangsstufen ist kultusministerielle Vorgabe, ist jedoch je nach Bundesland unterschiedlich geregelt. Ein Curriculum nach dem Muster: »Grundregel vor Spezialregel vor Irregularität sowie prototypische (kanonische) Erscheinungen vor weniger prototypischen« (Primus 2010: 11) anzulegen klingt faszinierend, muss sich jedoch die Frage gefallen lassen, was der Skopus der jeweiligen »Regel« ist und was man mit Kindern tut, die etwas schreiben (wollen), was eine Regel ›niederer Ordnung‹ nicht erfasst oder der an »prototypische[n] Erscheinungen« orientierte Unterricht ihnen noch nicht angeboten hat. Ähnliches gälte auch für bestimmte Erscheinungen der Orthographie (vgl. Fuhrhop 2011 für die Getrennt-/Zusammenschreibung). Ein in 16 Bundesländern verbindliches Kerncurriculum für die Orthographie insgesamt oder einzelne Bereiche mit Rändern dessen, was vielleicht ›nicht so wichtig‹ ist, gibt es jedenfalls nicht.

In Arbeiten aus dem Bereich der Fachdidaktik und didaktikorientierter Wissenschaften finden sich demnach keine konkret ausformulierten Ablaufpläne, die Elemente des Gegenstandsfeldes Orthographie benennen und in Zusammenhang mit Unterrichtsverfahren als konkrete Handlungsvorlagen für Lehrpersonen darstellen. Dies leisten Lehrwerke und Trainingsbücher. Wenn Empfehlungen gegeben werden, die sich auf mögliche (alternative) Grundlagen des Anfangsunterrichts oder bestimmte Orthographieerscheinungen beziehen (vgl. exemplarisch oben), so werden sie durch einen Blick in die Realität oder durch die Untersuchung der behandelten spezifischen Orthographieerscheinung in Lerngruppen oder bei einzelnen Schülerinnen und Schülern untermauert. Die Zahl der Vorschläge ist nahezu unübersehbar. Ein Konsens herrscht nicht.

4.4.4 Diktate, Diktatkritik, Alternativen – und deren Kritik

Es gibt *ein* stabiles Element des Orthographieunterrichts, das Zeiten und Diskussionen überdauert hat, nämlich das Diktat. Vor allem aus deutschdidaktischer Sicht wurde daran jedoch vehement Kritik geübt (Fix 1994, insbes. 365ff.; Fix 2004). Vorgebracht wird, dass ein Diktat heute keinen Ort (mehr) in der Realität des Lebens habe. Das mag richtig sein, denn Berufsbilder haben sich geändert und das reine Schreiben nach Diktat ist komplexeren Anforderungen an eine qualifizierte Tätigkeit gewichen. Auch bieten computergestützte Textverarbeitungsprogramme die Möglichkeit, den Schreibprozess in pro- und regressiven Phasen anzugehen und wechselweise inhaltliche Konzeption, Layout und Umfang des geplanten Schriftstücks aufeinander zu beziehen. Andererseits sind Situationen auch nicht ausgeschlossen, in denen jemand einem anderen Menschen etwas sagt und ihn dies aufschreiben lässt. Für beide und ggf. für andere muss das Aufgeschriebene jederzeit wieder lesbar und verständlich sein.

Weitere Einwände gegen das Diktat im Unterricht beziehen sich auf die sachfremde Funktion als Instrument der Disziplinierung, der (vermeintlich) einfachen Handhabe der Fehlerzählung und der undifferenzierten Diagnose. Dies sind allerdings eher pädagogisch-didaktische Fehlleistungen einer Lehrperson, wenn sie überhaupt vorkommen, und haben nichts mit dem Diktat als solchem zu tun. Denn aus einem durch Diktat geschriebenen Text kann sehr wohl eine differenzierte Diagnose erwachsen, die auch zu förderlichem Unterricht führen kann. Daher ist mit dem Diktat keine Defizitorientierung festgeschrieben, sondern es sind sehr wohl individuelle Kompetenzprofile der Lerner möglich (Karg 2008). Die Betonung – oder Überbetonung – in der Schullaufbahn ist ebenfalls nicht dem Diktat *per se*, aber auch nicht den Lehrpersonen anzulasten, allenfalls den Vorgaben der Schulcurricula oder aber auch der Öffentlichkeit, für die die über Diktate ermittelte Orthographieleistung immer noch Signalwirkung und Symbolcharakter hat.

Gänzlich unberechtigt und in der Konsequenz zu Widersprüchen führt der Vorwurf, beim Diktat spielten *verschiedene* Kompetenzen zusammen – nicht nur die Orthographiefertigkeit –, und die gleichzeitige Forderung, in Aufsätzen die Orthographie nicht in die Leistungsbilanz (Note) eingehen zu lassen. Schreiben als Bewältigung einer Kommunikationsanforderung umfasst eben auch das richtige Schreiben, die Kenntnis, Wahrnehmung und Leistung der Aufzeichnungs- und Erfassungsfunktion, die mit dem Schriftstück garantiert werden muss. Es ginge also eher darum, das Diktat auf die tatsächlichen Chancen hin zu überprüfen, die es für die Lerner im Hinblick auf ihre schriftsprachlichen Kompetenzen bietet, als es radikal abzuschaffen. Gelungen ist die radikale Lösung allerdings ohnehin nicht. Auch Fix (1994: 373ff.) bleibt letzten Endes moderat in seiner Forderung nach nur wenigen Textdiktaten und einer untergeordneten Rolle für die Notengebung. Ob bei seinem Postulat der »Orientierung am Grundwortschatz der Altersstufe« (Fix 1994: 373) die tatsächlichen Kenntnisse der Kinder in einer Lerngruppe, die sehr heterogen sein kann, gemeint ist oder ob an kultusministerielle Wörterkorpora für bestimmte Jahrgänge gedacht ist, müsste geklärt werden; zumindest gibt es ab der Sekundarstufe keinerlei Wortschatzvorgaben durch Kultusbehörden mehr. Eine Einbettung eines Diktats in andere Unterrichtsthemen ist sinnvoll, kann aber auch zu einem Zuviel führen. Die Fehler als Lernchancen zu nehmen, ist fast schon zum Schlagwort geworden und die Heranführung an die Benutzung von Wörterbüchern eine selbstverständliche Notwendigkeit. Hingegen ist die »Begrenzung von Schwierigkeiten« eine Forderung, die allenfalls angesichts einer bestimmten Lerngruppe und deren Lernstand Sinn hat, und die Forderung nach Gewährleistung, »dass *alle* im Text vorkommenden orthographischen Fälle von den Schülern bereits mehrfach geschrieben worden sind« (Fix 1994: 374, Markierung Original), erschließt sich nur auf der – problematischen – Vorannahme, dass es so etwas wie nicht orthographische Fälle gibt: Zu vermuten ist, dass man damit wieder einmal an die Phonem-Graphem-

Korrespondenz (oder schlichter: an die Laut-Buchstaben-Zuordnung) als ›Regel‹ denkt und andere Verschriftungsprinzipien als ›Ausnahmen‹ betrachtet, die besonders ›zu lernen‹ sind.

Etwas weiter gehen tatsächlich Alternativen zum Textdiktat, wie man es herkömmlicherweise aus dem Unterricht kennt, und die unter Titeln wie ›Kunstwortdiktat‹, ›Fantasiewörterdiktat‹, ›Partnerdiktat‹, ›Kassettendiktat‹, ›Dosendiktat‹, ›Schleich- oder Laufdiktat‹ firmieren (vgl. Köhler 1997; Süselbeck 1996; Bellgardt/Gerdes 1997; Fix/Lutz 1997; Klenck 1997; Lüthgens 2005). Um eine gewisse Vorstellung von den Verfahren zu geben: Bei einem Laufdiktat beispielsweise hängen Texte im Klassenzimmer aus, zu denen die Kinder hingehen, sich Teile davon merken und anschließend in ihr Heft schreiben; beim Dosendiktat findet jedes Kind in einer (eigenen) Dose einen Text, der in nummerierte Streifen mit einzelnen Sätzen oder auch Wörtern zerschnitten ist. Die Dose wird ausgeleert und die Papierstreifen werden in die richtige Reihenfolge gebracht. Der Reihe nach werden die Sätze oder Wörter auf den Streifen gelesen, auswendig aufgeschrieben und wieder in die Dose zurückgelegt. Mit einem Kontrollblatt kann berichtigt werden, was das Kind aufgeschrieben hat. Andere Diktatalternativen erschließen sich weitgehend durch ihren Namen. Sind diese Unterrichtsvorschläge noch weitgehend dem klassischen Diktat verpflichtet und verstehen sich als lernerzentrierte Methoden, so gibt es darüber hinaus didaktische Programme, die sich noch viel weiter vom Diktat entfernen und spielerisches Lernmaterial vorschlagen (dazu z.B. Hoitz 2010).

Bredel/Müller/Hinney (2010a: 2) unterziehen auch die alternativen Diktatmethoden einer Pauschalablehnung als »falsch verstandene[s] Paradigma des individualisierten und eigenverantwortlichen Lernens«, das »epidemisch an den Schulen verbreitet« sei und »den letzten Rest an Konsistenz aufgegeben« habe. Allerdings ist zu differenzieren: Denn immerhin ist anders als im herkömmlichen Klassendiktat die Rolle der Lehrperson bei diesen Alternativen nicht ausschließlich die einer Gebenden und die der Lerner nicht nur die der Empfänger. Vielmehr wird der Wissens- und Kompetenzerwerb durch die Lehrperson und ihr didaktisches Handeln initiiert und begleitet. Daher ermöglichen die Alternativen den Kindern individuelle Bewältigungsgeschwindigkeiten, eine größere Eigenaktivität und erfordern verschiedene Aufmerksamkeiten (visuelle Wahrnehmung, Gedächtnisleistung, Schreiben). Lernen wird als Prozess erfahren, was derzeit favorisierten kognitionspsychologischen und konstruktivistischen Lerntheorien entspricht. Auch steht dahinter die Absicht, zwischen Lernsituation und Überprüfungssituation zu unterscheiden, was Lehrpersonen jedoch in der Konsequenz vor die Frage stellt, wie sie beides dann wieder aufeinander beziehen können, da die Notengebung zu ihren genuinen Aufgaben gehört. Auch ist für diese Alternativen im Unterricht ein sehr umfangreiches Zeitkontingent zu veranschlagen, vor allem aber können sie ihre Herkunft aus der Primarstufendidaktik und -pädagogik nicht verbergen. Die Gefahr von Vermeidungsstrategien ist ebenfalls nicht ganz auszuschließen. Orthographiekompetenz als Befähigung, schriftliche Kommunikation tatsächlich selbständig zu bewältigen, ist langfristig, d.h. bis in höhere Jahrgangsstufen und über die Schule hinaus, mit Sicherheit mehr, als es die Bearbeitung von didaktisiertem Material in spielerischer Einkleidung erlaubt.

Aus diesen Überlegungen heraus scheint es nicht unangebracht, eine Rehabilitierung des Diktats zu versuchen (vgl. Karg 2008: 158ff.).

1. Ein Diktat muss nicht ein standardisierter Text aus einer ›Lehrerhilfe‹-Publikation sein. Fünf der sechs bei Karg (2008) untersuchten Lerngruppen haben zwar solche Diktate geschrieben. In einer Lerngruppe hingegen wurde von der Lehrperson ein Text aus einem Jugendbuch diktiert, was damit zusammenhängt, dass in den Vorgaben des betreffenden Bundeslandes das Diktat im Gymnasium keine schriftliche Leistungserhebung darstellt und daher auch nicht verlangt wird, dass Lehrpersonen Diktate üben, um damit die Schülerinnen und Schüler auf die Prüfungsleistung vorzubereiten. Orthographievermittlung allerdings wird nicht vernachlässigt. Diese Situation gewährt Lehrpersonen einen Entscheidungsspielraum, in dem sie ggf. ein Diktat tatsächlich für Diagnose- und Förderzwecke zu nutzen – oder auch nicht.
2. Ein Diktat gibt Aufschluss darüber, was bei den Lernern angekommen ist. Sie verstehen Gehörtes, aber sie verstehen es stets vor dem Hintergrund ihres Vorwissens. Dieses besteht aus Weltwissen, Sachwissen, Sprach- und Textwissen, das in der außerschulischen und schulischen Sozialisation erworben wird (oder nicht), das stets zusammenspielt (man lernt eine Sprache nicht abstrakt) und das Verständnisleistungen auf welcher Ebene und bis zu welchem Grad auch immer erst ermöglicht (Gadamer 1990; Kintsch 2004). Was die Adressaten eines Diktats schreiben, gibt demnach der Lehrperson Aufschluss darüber, was sie wissen und welche Zugriffe zu Verstehensanforderungen sie haben und welche nicht. Gehörtes verstehen hat im Fremdsprachenunterricht immer einen Ort gehabt, im Deutschunterricht kann das Diktat eine solche Funktion übernehmen.
3. Einen Text zu schreiben, der nicht der eigene ist, verlangt vom Schreiber Aufmerksamkeit und verhindert, dass er sich und anderen mit Vermeidungsstrategien Fähigkeiten vorspiegelt, die er nicht hat. Wer »Fehler als Lernchancen« (Lernchancen 2004) ernst nimmt, sollte auch Lernchancen bieten, um Lernenden über die Fehler hinwegzuhelfen. Dazu bedarf es einer Analyse und Besprechung dessen, was aus den geschriebenen Schülertexten erkennbar ist, um die Verfasser auf dem Weg hin zu einer routiniert umsetzbaren Orthographiekompetenz weiterzubringen.
4. Beim Diktat findet ein Prozess statt: Zunächst wird ein Text gehört und von seinem Inhalt auf jeden Fall ›etwas‹ verstanden. Die Modellierung des lesenden Verstehens und verstehenden Lesens (Gadamer 1990; Kintsch 1998) geht davon aus, dass ein Leser ein so genanntes ›Situationsmodell‹ dessen entwirft, was der Text beinhaltet, und unterscheidet drei Ebenen: die der Worterkennung, die des Textes und die des Inhalts. Sie werden im Verstehensprozess nicht etwa nacheinander durchlaufen und stellen auch keine unterschiedlichen Niveaus der

Verstehensleistung dar (Kintsch 1998: 101ff.). Überträgt man das Modell auf das hörende Verstehen und verlangt, dass ein diktierter Text geschrieben werden soll, muss der Hörer sowohl ein ›Situationsmodell‹ entwerfen, d.h. sich eine Vorstellung vom Inhalt des Textes bilden, als auch den Text selbst im Wortlaut behalten. Dies bedeutet, dass bei einem Diktat alle drei Ebenen der Textverarbeitung gleich bedeutsam sind.

Ein Diktat stellt damit eine äußerst komplexe kognitive Leistung dar, die gerade unter der Vorgabe gegenwärtig allgemein akzeptierter Lern- und Verstehenstheorien in der Schule ihren Platz haben sollte, die aber natürlich auch von Lehrkräften als eine solche wahrgenommen und in ihren Chancen erkannt werden muss. Es kann eine Komponente im Orthographieerwerb und der Vermittlung sein, die der Tatsache Rechnung trägt, dass das richtige Schreiben weder im Gegenstandsfeld Sprache noch im schriftkommunikativen Handeln ein isolierter Bereich ist.

Weiterführende Literatur:
Bredel (2011), Bredel/Günther (2006a; b), Bredel/Müller/Hinney (Hgg.), (2010b), Bredel/Fuhrhop/Noack (2011), Bredel/Reißig (Hgg.) (2011b), Dürscheid (2012), Karg (2008), Ossner (2010), Thomé (1999)

4.5 Aufgaben

A 4.1
Sie finden hier einen von der Schülerin selbstständig (ohne Arbeitsauftrag durch eine Lehrperson) verfassten Text, den sie im Alter von etwas über 6 Jahren in der zweiten Hälfte der ersten Klasse Grundschule geschrieben hat. Versuchen Sie eine systematische Beschreibung mithilfe der Erwerbsphasen und der Fehlertypologie. Formulieren Sie die Chancen und Grenzen dieser wissenschaftlichen Instrumente. Erkennen Sie Strategien der Schülerin? Hilft Ihnen der silbenbasierte Zugriff (Ossner 2010: 115) weiter?

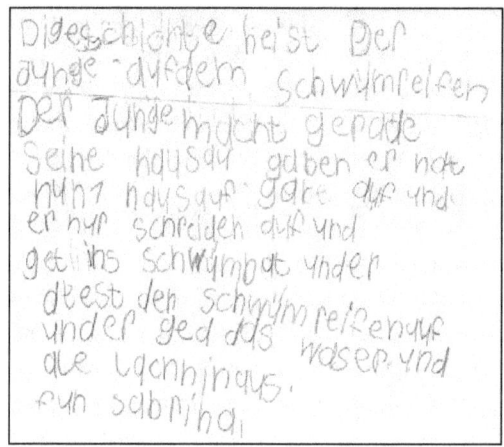

Abbildung 9: Schreibanfängerin – eigene Geschichte

A 4.2
Besorgen Sie sich ein Programm zur Förderung der Orthographiekompetenz und kommentieren Sie
- die »Regeln«, die formuliert werden
- die Übungen, die vorgeschlagen werden
- die Wörter, Sätze und ggf. Diktattexte
    - was die Auswahl angeht
    - hinsichtlich ihres Inhalts
    - in Bezug auf die Orthographie

Benennen Sie Probleme, die im Unterricht auftauchen können. Denken Sie dabei an Gegenbeispiele zu dem im Programm herangezogenen sprachlichen Material!
Als Möglichkeit der Bearbeitung werden hier einige Passagen aus dem »Phonit«-Programm (Stock/Schneider 2011) zitiert:
Unter »Regeln« findet man etwa:

> S. 46: »Orthografische Regel: Nach einem kurz gesprochenen Selbstlaut werden meistens zwei Mitlaute geschrieben. Dies können zwei verschiedene Mitlaute sein (z.B. l und t bei ›alt‹). Wenn nur ein Mitlaut zu hören ist, wird der entsprechende Laut verdoppelt.«
> S. 47: »Nach einem kurz gesprochenen Selbstlaut schreiben wir immer zwei Mitlaute. In manchen Wörtern hören wir diese zwei Mitlaute, wie in dem Wort ›alt‹ [sic Komma!].
>
> danke, Anke [Name!], singen, Berg, Lampe...«
>
> »Es gibt aber auch Wörter, in denen wir nur einen Mitlaut hören, wie in dem Wort ›Matte‹. Das ist ein Zeichen, dass wir den gleichen Mitlaut zweimal nacheinander schreiben, also doppelt

[...]. Wenn wir aber das Wort in zwei Silben unterteilen, können wir zweimal das /t/ hören: /mat/-/te/.«

Als Diktattexte werden angeboten:

1. Klasse:
»Der kleine Hase braucht nicht in die Schule gehen.«
»Aber er schreibt seiner Mutter gern Karten.«
2. Klasse:
»Ein kleiner Junge hat einen schönen Tag.«
»Er muss nicht in die Schule gehen und kann mit seiner Schwester auf dicke Bäume klettern.«
»Mit seinem Vater wird er später im Garten Waffeln essen.«
»Morgen sind Ferien und wir brauchen nicht jeden Tag in die Schule gehen.«
»Wir haben einen tollen, warmen Sommer.«
»Ich will oft schwimmen gehen und mit meinen Freunden ganz viel Sport treiben.«
3. Klasse
»Ab morgen sind vier Wochen Ferien und wir brauchen nicht jeden Tag in die Schule gehen.«
»Wir haben einen tollen, warmen Sommer.«
»Ich will oft schwimmen gehen, spielen und mit meinen Freunden ganz viel Sport treiben.«

A 4.3

Besorgen Sie sich die folgende Literatur, fassen Sie die Positionen zusammen und kommentieren Sie diese kritisch:

Castles, Anne/Coltheart, Max (2004): Is there a causal link from phonological awareness to success in learning to read? In: *Cognition* 91, S. 77-111.

Castles, Anne [u.a.] (2009): The genesis of reading ability: What helps children learn letter-sound correspondences? In: *Journal of Experimental Child Psychology* 104, S. 68-88.

Castles, Anne/Wilson, Katherine/Coltheart, Max (2011): Early orthographic influences on phonemic awareness tasks: Evidence from a preschool training study. In: *Journal of Experimental Child Psychology* 108, H. 1, S. 203-210.

Duff, Fiona J./Hulme, Charles (2012): The Role of Children's Phonological and Semantic Knowledge in Learning to Read Words. In: *Scientific Studies of Reading* 16, H. 6, S. 504-525.

Hulme, Charles u.a. (2005): Phonological Skills Are (Probably) One Cause of Success in Learning to Read: A Comment on Castles and Coltheart. In: *Scientific Studies of Reading* 9, 4, 351-365.

Schneider Wolfgang/Küspert Petra/Roth Ellen/Vise, Mechtild/Marx Harald (1997): Short-and long-term effects of training phonological awareness in kindergarten: Evidence from two German studies. In: *Journal of Experimental Child Psychology* 66, H. 3, S. 311-340.

F4 Additum

Förderung der Orthographiefertigkeiten von Lernenden

Materialien und Lehrerhandreichungen zum Erwerb, zur Übung und zur Verbesserung der Orthographieleistungen in Lerngruppen gibt es in einer unüberschaubaren Zahl. Nahezu jede Buchhandlung hat davon eine mehr oder weniger umfangreiche Palette im Angebot, aus der um die Rechtschreibkenntnisse ihrer Kinder besorgte Eltern, aber auch Lehrkräfte gerne auswählen – »Phonit« ist nur ein Beispiel, für das ein wissenschaftlicher Anspruch erhoben wird. Auch spielerische Angebote werden mitunter wissenschaftlich fundiert (Hoitz 2010), doch nicht überall wird dieser Anspruch erhoben. »Phonit« ist Laut-Buchstaben basiert (»*b* oder *p*«), andere Programme gehen mitunter auch auf Silben, Wortarten und/oder Syntax ein. Orthographieprobleme werden meist unabhängig von der Lerngruppe nach Bereichen identifiziert (s-Schreibung, Dehnungs-h, Konsonantengemination). Die Tatsache überlappender und in Konflikt stehender Prinzipien der Schreibung oder gar spezifische Schwierigkeiten einer bestimmten Lerngruppe werden dabei kaum identifiziert. Gelegentlich findet sich der Hinweis, dass man den Orthographieerwerb im Grunde genommen nur als einen individuellen Lernprozess verstehen und begleiten muss. Angesichts der Unterrichtsorganisation und des Status von Schule in einer Gesellschaft kann dem jedoch nur schwer Rechnung getragen werden. Sinnvoller erscheint es daher, Lehrpersonen Unterstützung bei dem zu geben, wie sie mit den Befunden einer Lerngruppe förderlich verfahren können.

Mit den folgenden, v.a. die Aussagen in Kapitel 4.2.4 illustrierenden Aufgaben wird ein Weg zu gehen versucht, dessen Ausgangspunkt nicht einer wie auch immer verstandenen Bereichssystematik der Orthographie geschuldet ist, sondern der Lehrpersonen eine Unterstützung geben möchte, um Schwierigkeiten auffangen zu können, die sie in ihrer Lerngruppe identifizieren. Die Aufgaben sind daher exemplarische Vorschläge, deren Prinzipien – einmal durchschaut – Lehrpersonen die Möglichkeit eröffnen, selbst Vergleichbares zu entwerfen und dabei speziell auf unterschiedliche Bedürfnisse *innerhalb* ihrer Lerngruppe eingehen zu können (vgl. Karg 2008: 204ff.; Karg 2010). Mit den Aufgaben wird sowohl die Aufzeichnungs- als auch die Erfassungsfunktion der Orthographie bedacht und bedient. Manche davon können daher auch für Kinder in der Grundschule interessant sein, wenn man davon ausgeht, dass sie ja in ihrer Umgebung auf mehr treffen, als ihre Fibel gerade in einem bestimmten Lernschritt bietet – jedenfalls sollten Lehrpersonen in diesem Sinne auch die außerschulische Umgebung der Kinder als Anregungen ernst nehmen.

F 4.1 Didaktik-Poster

Didaktisches Poster zur nachhaltigen Förderung der Orthographiekompetenz	
Prinzipien der Verschriftung	
Laute werden Buchstaben	
▶ Das kennen wir aus Texten *Frost, laut, …*	▶ Da mussten wir aufpassen

Grammatik: Die Wörter im Satz

<table>
<tr><td colspan="3" align="center">*das* und *dass*</td></tr>
<tr><td colspan="2">▶ Das kennen wir aus Texten</td><td>▶ Da mussten wir aufpassen</td></tr>
<tr><td rowspan="3">*das*</td><td>ist ein Artikel/Begleiter
***Das** Kleid ist modern.*</td><td rowspan="3"></td></tr>
<tr><td>ist ein Demonstrativpronomen (weist auf etwas hin)
***Das** ist ein modernes Kleid!*</td></tr>
<tr><td>ist ein Relativpronomen (bezieht sich auf zuvor Genanntes zurück)
*Es ist ein modernes Kleid, **das** Anna trägt.*</td></tr>
<tr><td>*dass*</td><td>ist eine Konjunktion (verbindet Teilsätze)
*Weißt du, **dass** Anna immer modern angezogen ist?*</td><td></td></tr>
</table>

Substantive, Verben, Adjektive – und der Rollentausch	
▶ Das kennen wir aus Texten *essen, gutes Essen, etwas Gutes zu essen, zum Essen gehen wir aus, …*	▶ Da mussten wir aufpassen

Silben und ihre Gelenke

▶ Das kennen wir aus Texten *Tas-se, Hum-mel, dre-hen, …*	▶ Da mussten wir aufpassen

Wörter haben eine „Familie"

▶ Das kennen wir aus Texten *Räder – Rad; Schnauze – schnäutzen; ABER: Haare - Härchen*	▶ Da mussten wir aufpassen

Woher die Wörter kommen

▶ Das kennen wir aus Texten *Thron, Orthographie/ Orthografie, Waggon, …*	▶ Da mussten wir aufpassen

Über Schönheit kann man streiten

▶ Das kennen wir aus Texten *Schifffahrt, Schlossstraße, Wolllappen, …*	▶ Da mussten wir aufpassen

Was uns manchmal besondere Sorgen macht

▶ Das kennen wir aus Texten …	▶ Da mussten wir aufpassen

Abb. 10: Didaktisches Poster

Das Didaktik-Poster stellt eine Umsetzung des Postulats dar, Wissen und Können im Erwerbs- und Optimierungsprozess der Lernenden stets wechselseitig aufeinander zu beziehen (vgl. Hinney 2011: 195). Hinney (2010) geht dabei auf die in der Psychologie gängigerweise unterschiedenen Wissensformen (deklaratives Wissen, prozedurales Wissen) ein und erklärt, dass es sich bei der Orthographiekompetenz um »prozedurales Wissen« handle. Doch gibt es bekanntlich ohne deklaratives auch kein prozedurales Wissen. Ferner ist ihr Postulat (ebd.: 96), die Orthographie in die Grammatik zu holen – mit Eisenberg – zu befürworten. Allerdings werden dabei bestimmte Erscheinungen wie etwa der Unterschied zwischen Dehnungs- und Silbengelenk-h, etymologische Schreibungen und ein (inkonsequent umgesetztes) semantisches Prinzip (*malen/mahlen; Moor/Mohr; Wal/Wahl*) zu wenig beachtet. Fehlschreibungen zu bereinigen und in ein solches ‚Poster' für einige Zeit einzutragen, sollte als Maßnahme nicht unterschätzt werden. Das Poster kann (und sollte) immer wieder neu überdacht werden.

F 4.2 Schlagzeilen

FEUERWEHR RETTET KATZE VON BAUM

»LÖWE« IN SCHULTOILETTE: KINDER IN PANIK

FRÜHLINGSFEST MIT HINDERNISSEN

SCHLANGE FUHR TAXI

Abb. 11: Schlagzeilen

Die Schlagzeilen können aus authentischen Berichten genommen, aber auch von einer Lehrperson, von Schülerinnen und Schülern selbst (Klasse 3 bis Klasse 6) oder im Rahmen eines Pädagogischen Tages von den Teilnehmern und Teilnehmerinnen leicht selbst verfasst werden. Es gibt verschiedene Möglichkeiten, sie anschließend zu nutzen:

(1) Sie werden in die übliche Form mit Majuskeln und Minuskeln umgeschrieben. Dabei sollen grammatisch korrekte Sätze verwendet werden.
(2) Sie werden Anlass für die Schülerinnen und Schüler, kurze Erzählungen oder Berichte zu schreiben. Die Reizwortgeschichten der späten Primar- und frühen Sekundarstufe sind den Kindern bekannt. Der Impuls hier ist ähnlich. Wenn Texte entstehen, ist auch auf die Zeichensetzung zu achten. Ferner kommt eigenes Sprachmaterial der Verfasser dazu.

Gedacht ist an Texte wie den folgenden:

> Göttingen. Am gestrigen Montag musste die Städtische Feuerwehr Göttingen zu einem sicher nicht alltäglichen Einsatz ausrücken. Passanten hatten in der Kurzen-Geismar-Straße nahe dem Musikwissenschaftlichen Seminar der Georg-August-Universität auf einem Baum eine

Katze entdeckt. Da das Tier sehr verängstigt wirkte, alarmierten zwei junge Frauen die Feuerwehr, die es in Sicherheit brachte. Im Tierheim Auf der Hufe wird die Katze nun vorerst liebevoll betreut, bis sich ein Besitzer meldet. (Eigener Text IK)

Texte können auch durch gestufte Impulse entstehen, was den bekannten Unterrichtsgepflogenheiten noch näherkommt. Beispiel: Löwe – Schultoilette – Bernhardiner – nahegelegene Pizzeria – Besitzer.

F 4.3 Didaktisierte Texte

Wortgrenzen bestimmen

> Schülerhelfenschülerngymnasiumstartetförderungmitlernpartnern
> Neueglockefürdenrathausturm

Wort- und Satzgrenzen bestimmen

> Diefeuerwehrerhältzweineuefahrzeugedamitverbessernsichdieeinsatzmöglichkeiten
>
> beieinergroßenmüllsäuberungsaktionimstadtparkzeigtedie9.klassederhauptschulegroßeneinsatz

Lückentexte ergänzen

> Göt_ingen. Am gestrigen _ontag mus_te die Städ_ische Feuerwe_r Göt_ingen zu eine_ sicher nicht al_täglichen Einsa_z ausrü_ken. Pas_anten hat_en in der Kur_en-Geismar-Stra_e na_e dem Musikwis_enschaftlichen Seminar der Georg-August-Universit_t auf eine_ Baum eine Ka_ze entde_kt. Da das Ti_r sehr verän_stigt wirkte, ala_mierten zwei junge Frau_n die Feuerwe_r, die es in Sicherheit brachte. Im Ti_rheim Auf der Hufe wird die Ka_ze nun vorerst li_bevol_ betr_ut, bis sich ein Besi_zer melde_.

Auch hier kann ein von den Lernenden selbst verfasster Text verwendet werden, der als didaktisierter Text anderen in der Lerngruppe vorgelegt wird. Es könnte das Interesse wecken, wenn Schülerinnen und Schüler selbst für ihr Lernmaterial verantwortlich sind. Bei dem Beispiel wurden Stellen genutzt, die bekanntlich Probleme machen (-ie; -tz). Es können aber auch in regelmäßigen Abständen Buchstaben entfernt werden oder Texte so didaktisiert werden, dass sie bestimmte Probleme fokussieren (s-Schreibung; Groß-/Kleinschreibung). Die Lücken wurden hier angezeigt, was nicht unbedingt erforderlich ist. Man wird dies aber von der Situation in der Lerngruppe abhängig machen.

das/dass

Vulkane sind Ventile der Erde. Wenn der Druck des Magmas unter der Erde zu gro## wird, dann bahnt es sich seinen Weg nach drau##en und der Vulkan bricht aus. Wu##test du, da## es auch in Deutschland Vulkane gibt? Da## mu## aber nicht dazu führen, da## man Angst bekommt, denn mit einem schlimmen Ausbruch ist nach Ansicht von Experten nicht zu rechnen. (adaptiert aus MZ Junior 07.08.2012)

Be##erwi##er und Verrücktes. Erwachsene tun gern so, als wü##ten sie alles. Von wegen! Da## sie oft keine Ahnung haben, zeigt ein neues Magazin. Es hei##t »motzgurke.tv«. (adaptiert von MZ Junior 18.08.2012)

F 4.4 Wortwirbler

Das Taem riest für die Zschuuaer in Lbaroe, Froschnugsneirichutngen oder Msueen und macht Slebstvreschue, bseipielswseie einen Tag lnag als Fnesetrptzuer zu abreietn.
(adaptiert von http://www.checkeins.de/motzgurke-tv-startseite.html <23.07.2014>)

Hier wird die Erfassungsfunktion der Orthographie deutlich. Sie ist zugleich verknüpft mit der Lesekompetenz von Rezipienten, die wiederum mit deren Vorwissen zusammenhängt. Vorwissen umfasst sprachliches Wissen, Textwissen und Weltwissen: Mit den Wörtern »Labore«, »Forschungseinrichtungen«, »Museen« und »Selbstversuche« wird ein Themenfeld angesprochen, mit dem wissende Leser schon bestimmte Erwartungen verbinden, die dann ihren weiteren Verstehensprozess steuern. Andere sprachliche Komponenten des Textes sind eher von einer allgemeinen Sprach- und Dekodierungskompetenz abhängig. Zweierlei ist hier zu bemerken: Zum einen zeigt das Beispiel, dass Orthographie keine isolierte Angelegenheit des Sprachsystems und der Kommunikation ist, zum anderen ist von Lehrpersonen immer auch die gesamte sprachlich-kommunikative Kompetenz ihrer Schülerinnen und Schüler zu bedenken. Dabei muss es immer darum gehen, einerseits mit Voraussetzungen zu rechnen und andererseits Zielvorstellungen zu haben, was mit dem Unterricht erreicht werden soll.

5 Andere Länder und lebenslange Aufmerksamkeit

5.1 Schriftsysteme und Orthographie

Aus den bisherigen Darstellungen lässt sich zusammenfassend feststellen, dass Festlegungen und Vereinheitlichungen der Orthographie insbesondere von drei Komponenten abhängen, die in Phasen ablaufen. Da diesen aber unterschiedliche Prinzipien bzw. Vorstellungen von dem, was eine ›richtige‹ Schreibung ist oder sein soll, zugrunde liegen können, werden auch Konflikte heraufbeschworen:

Zum einen ist dies die Verschriftung der Vulgärsprachen. Latein bleibt als Schriftsprache für Europa bzw. den geographischen Raum des einstigen Römischen Reiches weit in die Neuzeit hinein bedeutsam, was weitgehend dafür verantwortlich ist, dass für die Verschriftung der Vulgärsprachen das lateinische Alphabet übernommen und der Lautbestand einer zunächst nur mündlich existierenden Sprache mit diesem Alphabet in Verbindung zu bringen war. Die Bemühungen Otfrids im 9. Jahrhundert und Notkers um 1000 stellen frühe Versuche dar, mit den Mitteln der lateinischen Buchstaben schriftliche Aussagen in der Volkssprache zu machen. In anderen Vulgärsprachen erfolgen solche Versuche zu anderen Zeiten. Otfrids und Notkers Motivation war die Vermittlung der christlichen Heilsbotschaft und der antiken Schriften. In der weltlichen Umgebung der mittelalterlichen Städte und ihrer weiteren Geschichte war schließlich auch die Notwendigkeit gegeben, Verwaltungs- und Rechtsakte in der Volkssprache zu verfassen. Latein blieb jedoch noch lange als Sprache der Gelehrsamkeit, der Wissenschaft und vor allem der Römischen Kirche erhalten.

Zum anderen ist der Buchdruck zu nennen, der als eine neue Kunst schon als solche eine vereinheitlichende Wirkung hatte, als identische schriftsprachliche Produkte hergestellt werden und in großem Umfang verbreitet werden konnten. Eine Vereinheitlichung der Schreibung ist einerseits Bedürfnis, eine ständige Änderung (›Reform‹) jedoch weder den Buchdruckern genehm noch der Kommunikation unbedingt förderlich.

Schließlich ist als weitere einflussreiche Komponente, die in der Geschichte der Festlegungen von Verschriftungsprinzipien die Etablierung von Nationalstaaten zu nennen, wobei Sprache einerseits der Kommunikation dient, andererseits als Symbol und Status und damit identitätsstiftend wirkt.

Die Komponenten spielen bei jeder Regelung der schriftsprachlichen Norm eine Rolle und spielen nicht selten zusammen. Ihre Akzentuierung ist in der Geschichte einzelner Nationalsprachen verschieden. Daher stellen sich auch die Orthographien von (europäischen) Nationalsprachen höchst unterschiedlich dar. Zu bedenken ist ferner, dass es Sprachen gibt, die andere Alphabete nutzen – die griechischen und kyrillischen Alphabete sind im Prinzip ähnlich organisiert wie das lateinische

System, arabische und hebräische Schriften bezeichnen keine Vokale oder doch nur in reduzierter Form – und schließlich gibt es auch Sprachen mit Silben- oder Wortschriften.

Einige Sprachen, die für die schriftlichen Kommunikationsformen das lateinische Alphabet nutzen, seien exemplarisch und kurz vorgestellt. Dabei sind die Probleme und Herausforderungen für die Orthographie mit denen vergleichbar, die sich für das Deutsche stellen. Die Lösungen sehen jedoch z.T. völlig anders aus (vgl. dazu: Biddau 2013).

5.1.1 Englisch

> English has a pre-eminent place in education and in society. A high-quality education in English will teach pupils to speak and write fluently so that they can communicate their ideas and emotions to others, and through their reading and listening, others can communicate with them.
>
> Quelle: https://www.gov.uk/government/publications/national-curriculum-in-england-english-programmes-of-study/national-curriculum-in-england-english-programmes-of-study. <14.04.2014>

England bzw. der anglo-amerikanische und anglophone Sprachraum nutzt für die Schriftsprache die lateinische Alphabetschrift, die im Zuge der Christianisierung Englands übernommen wurde und eine Laut-Buchstabenzuordnung ermöglichte. Sieht man sich altenglische Schriftzeugnisse an, deren älteste seit dem 8. Jahrhundert nachweisbar sind, so fallen einige Schriftzeichen auf, die im gegenwärtigen Englisch nicht mehr genutzt werden. Sie sind Überreste aus Runenschriften, die zur Kennzeichnung bestimmter Laute dem lateinischen Alphabet hinzugefügt wurden. Dazu gehören þ (*thorn*) und ƿ (*wynn*) als Repräsentanten des stimmlosen Reibelautes wie er sich – im einen Fall – etwa im Auslaut von *cloth* und – im andern Fall – als der Lautwert [w] findet. Entsprechende Zeichen (und vermutlich auch Lautwerte) waren im Lateinischen nicht vorhanden. Der stimmhafte Reibelaut wie in *clothes* wurde zunächst durch ð (*eth*), einer Abwandlung des lateinischen <d> repräsentiert. Ferner wurden das æ bzw. Æ (*ash*) wie in *hat* und das ȝ für <g> genutzt (Mitchell/Robinson 2012: 13).

Trotz – oder gerade wegen – der Tatsache, dass im Laufe der Zeit diese Zeichen aufgegeben wurden, ist jedem Lerner, der sich schriftlich auf Englisch ausdrücken will, ob er nun (mündlich) englischsprachig aufgewachsen ist oder nicht, sehr schnell einsichtig, dass man mit einer Umsetzung von Laut in Buchstaben nur bedingt weiterkommt. Zwar konnte in Amerika Rudolph Flesch 1955 mit seinem Buch »Why Johnny can't read and what you can do about it« eine überraschende Systematisierung der Laut-Buchstaben-Zuordnung für das Englische vornehmen, doch ist klar, dass mehr und andere Prinzipien der Verschriftung gelten als für das

Deutsche, dass die englische Lautung sich weiterentwickelt hat, seit die Orthographie festgelegt wurde, und dass diese Orthographie zur Zeit ihrer Festlegung Spracheinflüsse dokumentierte, die einigermaßen vielfältig sind.

Probleme bereitet in erster Linie die Schreibung der Vokale, für die die Zahl der zur Verfügung stehenden Buchstaben des römischen Alphabets nicht ausreicht, um sie zu repräsentieren, v.a. wenn man die Diphthonge mit einbezieht (Rollings 2004: 14). Zu berücksichtigen ist die Silbengestalt (*plan – plane*) und die Morphologie (ebd.), denn oft werden verschiedene Morpheme gleich geschrieben.

Ein wesentliches Kennzeichen der englischen Sprachgeschichte ist die Tatsache, dass sich das Lautsystem verändert hat, während die Sprechergemeinschaft eine konservative Haltung gegenüber der Orthographie eingenommen hat und noch einnimmt. Dies ist insbesondere für das britische Englisch der Fall, während Reformbestrebungen, die sich im Laufe des 19. Jahrhunderts zeigten, in den USA zumindest zu einigen vereinfachten Formen wie *favor, center, catalog* bzw. den dahinter stehenden Prinzipien führten (Venezky 1980: 24ff.). Der Haupteinwand gegen eine Reform bestand und besteht auch in neuerer Zeit darin, dass mit einer anderen Schreibung die Informationen über die Herkunft der Wörter verloren gingen. Die Schreibung verweist mittlerweile nicht nur auf Einflüsse aus dem Alt- und Mittelenglischen, sondern auch aus Latein und Griechisch sowie aus dem Französischen, die zu unterschiedlichen Zeiten jeweils auf die englische Sprache einwirkten (Upward/Davidson 2011). Befürworter einer Reform (Follick 1965) hingegen bringen vor, dass kaum jemals eine umfassende Systematik erreichbar wäre, dass niemals alle Informationen über die Herkunft eines Wortes in der Schreibung gegeben würden (*steward* von *styward*), dass sich Sprache ändert und die Schrift angepasst werden sollte und schließlich eine Reform eine Erleichterung für alle wäre, die Schriftstücke in englischer Sprache verfassen wollen oder müssen.

Die Kontroversen haben damit zu tun, dass unterschiedliche Vorstellungen darüber herrschen bzw. ihnen jeweils zugrunde liegen, was Schrift leistet und leisten soll, d.h. ob es darum geht, Gesprochenes in Geschriebenes umzusetzen, ob man Schriftstücke lesen und produzieren können soll und ob man nur gegenwärtig oder auch historisch denkt. Jedenfalls ist zum augenblicklichen Zeitpunkt eine Rechtschreibreform nicht abzusehen. Eher erfolgt sie schleichend durch Firmen und Produkte bzw. deren Namen, die in der Werbung auftauchen, sowie durch Einflüsse des in Amerika gesprochenen und v.a. geschriebenen Englisch.

5.1.2 Französisch

> L'enseignement de l'égalité filles-garçons à l'École
> L'égalité entre les filles et les garçons est-elle une mission de l'École ? Que dit le ministre au sujet de l'enseignement de l'égalité ? Quelles sont les obligations légales de l'cole en matière

d'enseignement de l'égalité filles-garçons ? Qu'est-ce que l'ABCD de l'égalité ? Comment ça fonctionne ? Informez-vous.

Quelle: http://www.education.gouv.fr/. <14.04.2014>

Wohl kaum ein französischer Schüler, dem der Erwerb der Orthographie seiner Sprache keine Probleme bereitet hätte. Sowohl gesprochene und geschriebene Sprache als auch phonischer und graphischer Code erscheinen im Französischen, insbesondere auf der Ebene der grammatischen Markierungen, gleich zwei eigenständigen Systemen. (Beinke/Rogge 1990: 471)

Es gibt eine Reihe von Gründen, warum es zu dieser Situation kam, denn in der Geschichte der Verschriftung der französischen Sprache sind einige aufschlussreiche Phänomene zu beobachten.

Zunächst gilt für die mittelalterliche Schriftkultur im gegenwärtigen französischen Sprachraum dasselbe wie für (fast) ganz Europa: Schriftkundigkeit war identisch mit der Kenntnis des Latein (anders Russland; vgl. Grabner-Haider/Maier/Prenner 2010: 51). Gerade die lateinische Schriftkultur bedeutet jedoch eine andere Ausgangslage für die Verschriftung des Französischen als für andere europäische Sprachen bzw. Sprachen mit Buchstabenschrift: Das gesprochene Französisch war eine Weiterentwicklung des gesprochenen Latein, und dies hieß: Wer immer beginnen wollte, französisch zu schreiben, traf bereits auf eine existierende Schriftsprache, die seiner mündlichen Sprache nicht fern war – jedenfalls nicht so fern wie etwa die germanischen Dialekte. Als politische Veränderungen des 5. Jahrhundets auch Veränderungen der Sozialstruktur und der Sprachenlandschaft mit sich brachten, hatte sich allerdings die mündliche Sprache vom klassischen Latein bereits weiter entfernt, wobei zu bedenken ist, dass kaum jemand einen Sprecher des klassischen Latein dieses jemals hatte sprechen hören. Jedenfalls kam es zu Spontanschreibungen und schließlich zur Digraphie, d.h. zwei Schreibungen, die nebeneinander bestanden: Latein im Bereich der Wissenschaft, der Religion und der Verwaltung und eine volkssprachliche Schrift für Texte der Unterhaltung, wobei Texte aus einer Region vergleichsweise einheitlich waren. Die Übertragung des lateinischen Alphabets auf die – nunmehr – französische Sprache machte es dann auf jeden Fall erforderlich, Lücken zu füllen, d.h. weitere Zeichen zu verwenden, die das lateinische Alphabet nicht aufwies (Beinke/Rogge 1990; dazu auch im Folgenden).

Die Ausgangslage lässt damit einen Konflikt benennen, der sich durch die Jahrhunderte der Diskussion über die Schreibung des Französischen zeigen sollte, nämlich der Konflikt zwischen etymologischer und phonographischer Schreibung. Auf der einen Seite wurden sogar etymologisierende Konsonanten eingeführt, auf der anderen wurde die Streichung von Buchstaben ohne Lautwert befürwortet oder aber ein komplett neues Zeichensystem vorgeschlagen, was sich jedoch bekanntlich nicht durchsetzte. Vielmehr behielten die Etymologisten immer wieder die Oberhand und es wurde sogar versucht, die ›richtige‹ Aussprache über die Schreibung zu regeln.

Konservierend, d.h. die etymologische Schreibung fördernd, wirkte vor allem eine Reihe von Phänomenen: Dazu gehört die politische Zentralmacht, gehören die Buchdrucker, die nicht an der Einführung neuer Zeichen und an häufigen Veränderungen interessiert waren, sowie die Tatsache, dass Schreiber im Spätmittelalter nach der Schreibmenge bezahlt wurden (d.h. mehr Buchstaben bedeutete mehr Geld), bis schließlich in der Renaissance (Geoffrey Tory) eine bereinigte Orthographie vorgeschlagen wurde, die sich allerdings – wiederum – an der lateinischen Herkunft der Wörter orientierte. Stumme Buchstaben sollten nur geschrieben werden, wenn sie aus dem Latein erklärbar waren, und der tatsächliche Schriftgebrauch sollte eine Rolle für Entscheidungen und Festlegungen spielen. Zentrale Probleme waren <i/j>, <u/v>, die Doppelkonsonanten und die e-Varianten. Der Lautung wurde durch die Einführung der Akzente und der Cédille Rechnung getragen. Mitte des 16. Jahrhunderts tauchte das Argument des Erwerbs auf, da breitere Bevölkerungsschichten lesen und schreiben sollten. Es richtete sich in erster Linie gegen den Umstand, dass verschiedene Graphien nebeneinander standen, nicht aber unbedingt für eine Vereinfachung der Schreibung. Orthographie wurde – und ist noch – ein Bildungsfaktor. Im 19. Jahrhundert war die Kenntnis der richtigen (und das heißt für die französische Sprache der etymologischen) Schreibung sogar Bedingung für die Einstellung im öffentlichen Dienst.

Die Gründung der Académie Française im Jahr 1635 brachte das, was als staatliche Orthographie bezeichnet werden kann, in Form des Wörterbuches heraus. Die 3. Auflage von 1740 ist noch immer Grundlage der Orthographie heute. Raymond Queneaus »ortograf fonétik« ist kaum als ernsthaftes Angebot zu werten, die französische Orthographie tatsächlich zu verändern. Denn so absurd, chaotisch, inkonistent und arbiträr sie sei und zu nichts anderem tauge als zu einem Privileg arroganter gebildeter Schichten, wie er sagt, so bietet er sein Diskussionsangebot doch ›nur‹ in Form eines fiktionalen Romans mit dem Titel »Zazie dans le métro« an, der in der Éditions Gallimard in Paris 1959 erschienen ist (Queneau 1959/1967).

Frankreichs Schulen könnten mittlerweile in den Genuss eines Toleranzedikts kommen, das mehr und andere Schreibungen zulässt, als die offizielle Regelung ›eigentlich‹ erlaubt. Doch wenn Lehrer davon nicht einmal etwas wissen, so werden sie auch keine Toleranz üben können. Es bleibt daher für die französische Orthographie bei gelegentlichen Einzelversuchen zur Veränderung, doch eine ernste Diskussion mit tatsächlichen Konsequenzen wird nicht geführt. Die *Rectification de l'orthographe du français* von 1990 kommt in der Praxis nicht an.[1] Nach wie vor sind bestimmte Problembereiche der Orthographie identifizierbar – aber nicht gelöst – wie etwa die Doppelkonsonanten, die Akzente, die aus dem Griechischen stam-

---

1 Offizielle Webseite: http://www.orthographe-recommandee.info/ <08.04.2014>.

menden Wörter, die Pluralbildung und deren Repräsentation im Schriftsystem, Homonyme, Komposita und Überlegungen zu einer Erweiterung des lateinischen Alphabets.

5.1.3 Tschechisch

Zákon č. 561/2004 Sb., o předškolním, základním, středním, vyšším odborném a jiném vzdělávání (školský zákon)

Quelle: http://www.msmt.cz/dokumenty/novy-skolsky-zakon <17.11.2014>

Wie an diesem Zitat aus der offiziellen Webseite des tschechischen Schulministeriums, das auf gesetzliche Veränderungen im Schulwesen hinweist, leicht zu erkennen ist, nutzt die tschechische Schriftsprache das lateinische Alphabet, ergänzt es aber um die diakritischen Zeichen *háček* (Haken), *krouček* (Ring) und *čárka* (Akzent: Akut).

Sowie man weiß, welche Laute bzw. Lautqualitäten damit schriftlich repräsentiert werden sollen, ist es für denjenigen, der einen deutschen Text laut vorlesen kann, nicht unbedingt schwer, tschechische Wörter und Sätze, die ihm in schriftlicher Form vorgelegt werden, auszusprechen. Alle Schriftzeichen vertreten einen bestimmten Laut. Über die Frage, ob jemand den Text auch versteht, ist damit nichts gesagt und ebensowenig darüber, ob jemand einen gesprochenen Text dann auch aufschreiben kann.

Schriftliche Überlieferungen in tschechischer Sprache gibt es laut Šlosar (2002) seit dem 12. Jahrhundert – nach Sochronek seit dem 10. Jahrundert)[2] zunächst in Form von Glossentexten. Der Einsatz der schriftlichen Texte ist zugleich der Beginn der Verschriftung einer zunächst ausschließlich mündlichen Volkssprache; schriftliche Texte waren in altkirchenslavischer und lateinischer Sprache verfasst. Genutzt wurde das lateinische Alphabet in ›einfacher Orthographie‹, d.h. ohne Zusatz- und Sonderzeichen, was jedoch letztlich dem reichen Lautsystem der tschechischen Sprache nicht gerecht werden konnte. Dies versuchte man im 13. Jahrhundert durch die so genannte ›Digraphenorthographie‹ zu verbessern, d.h. einer Darstellung von Lauten, für die das lateinische Alphabet keine als adäquat empfundenen Repräsentationen hatte, durch zwei Zeichen, die als Lautkombinationen ansonsten nicht vorkamen (vgl. Šlosar 2002: 528). Diakritische Zeichen wie *háček* (Häkchen) und *čárka* (Akut) gehen auf den Reformator Jan Hus (1370 - 1415 [verbrannt auf dem Konstanzer Konzil]) und seine »Orthographia Bohemica« vom Anfang des 15. Jahrhunderts zurück (Schröpfer 1968). Seine Vorschläge wurden jedoch nicht alle und nicht sogleich übernommen; entscheidend war auch, wie man dies anderswo

---

[2] http://www.sochorek.cz/archiv/sprachen/tschechisch/fakten.htm <08.04.2014>.

ebenfalls kennt, die Rolle des Buchdrucks. Ferner muss im Laufe der Zeit auch mit Aussprache- und Lautveränderungen gerechnet werden.

Dušan Šlosar (2002) nennt für das gegenwärtige tschechiche Lautsystem fünf kurze und fünf lange Vokale – wobei die Länge bedeutungsunterscheidend ist –, einen Diphthong und 25 Konsonanten. Man erkennt, dass die Grundlage der Orthographie der Versuch ist, Gesprochenes in Geschriebenes umzusetzen, dass hierfür in der Vergangenheit unterschiedliche Entscheidungen getroffen wurden und dass sowohl Lautententwicklung als auch Grammatik und grammatikalische Veränderungen der Sprache Einfluss genommen haben. Interessant ist der Umgang mit (neuen) Fremdwörtern, der sich nicht an ein etymologisches Prinzip hält, sondern von der Aussprache ausgeht und sie mit den eigenen schriftsprachlichen Zeichen verschriftet. Man schreibt *kontejner* für *container*; *ofsajd* für *offside*, *džíny (kalhoty)* für *jeans* (pl.), *džus* für *juice* und daher auch *ortografie*.

Die »Orthographia Bohemica« (Jan Hus) wird schließlich zur *ortografie česka* (ganz allgemein). Mit einem Stift als Schreibinstrument ist das einfach zu bewerkstelligen, sowie man weiß, wie ein Wort geschrieben wird; die tschechische Tastatur, einst für Schreibmaschinen und inzwischen für Computer, muss dem gesondert Rechnung tragen.

5.1.4 Finnisch

> Äidinkielen ja kirjallisuuden tavoitteena on myös rakentaa oppilaan identiteettiä ja itsetuntoa. Opetus tarjoaa mahdollisuuksia monipuoliseen viestintään, lukemiseen ja kirjoittamiseen. Äidinkieli ja kirjallisuus on tieto-, taito- ja taideaine.
>
> Quelle: http://www.edu.fi/perusopetus/aidinkieli. <14.04.2014>

Auch wer kein Finnisch versteht, kann diesen Text, der etwas über die Muttersprache im Bildungswesen aussagt, laut vorlesen, und wird, wenn man ihm sagt, dass er darauf achten muss, jedes Wort nur auf der ersten Silbe zu betonen, wahrscheinlich auch von Mitgliedern der finnischen Sprechergemeinschaft verstanden. Der Grund dafür liegt in einer sehr ›nahen‹ Laut-Buchstaben-Zuordnung – in den Worten Richard Venezkys:

> Finnish, in contrast to English, has a highly predictable relationship between letters and sounds. (Venezky 1973: 2)

Sprache und Sprachnutzung haben nur allzu häufig mit politischen Situationen und Entscheidungen zu tun. Die trifft für viele Sprachen zu. Die finnische Schriftsprache nutzt die bekannten Zeichen der lateinischen Alphabetschrift, was seinen Grund darin hat, dass das heutige Finnland einst zu Schweden gehörte und sich Verschriftung der finnischen Sprache an die schwedische Schriftsprache angelehnt hat. Diese wiederum hat aus den bekannten Gründen das lateinische Alphabet benutzt. Noch heute sind beide Sprachen, Finnisch und Schwedisch Landessprachen und werden als Mutter- und als Landessprache in den Schulen gelehrt. Neben den historisch-politischen sind jedoch – allerdings nicht ohne Verflechtung damit – insbesondere kulturgeschichtliche Ursachen dafür verantwortlich, dass die finnische Orthographie als »phonological« bezeichnet werden kann (Lehtonen 1978: 60). Da sich die Schrift langsamer ändert als die gesprochene Sprache, findet man in Kulturen, die ihre Sprache spät verschriftet haben, eine größere Nähe von Lauten und Buchstaben zueinander als in solchen, deren Schriftkultur früh entstand: Englisch und Französisch gehören zu Letzteren, Finnisch, Tschechisch oder auch Türkisch zu Ersteren. Dazu kommt, dass überhaupt eine schrift-literarische Tradition in finnischer Sprache spät einsetzt.

> The almost complete letter/sound -relation in Finnish orthography can be attributed both to the competent developers of the spelling convention and to the soundpattern of Finnish itself: the number of phonemes in Finnish is such that, with only a few modifications of the basic characters the Latin alphabet has been sufficient for giving each sound a symbol of its own. (Lehtonen 1978: 61)

Konkret bedeutet dies dennoch keine 1:1-Relation von Laut und Schrift. Dies liegt schon einmal darin begründet, dass eine solche Relation grundsätzlich nicht möglich ist, wie dies der finnische Sprach- und Kommunikationswissenschaftler Jaakko Lehtonen ausdrückt: »Writing can never get converged to pronunciation in a phonetic sense – not even in the finest transcription« (Lehtonen 1978: 54). Dazu kommt, dass die finnische Schriftsprache zwar die 26 Zeichen des römischen Alphabets nutzt, jedoch für genuin finnische Wörter nur 19 davon erforderlich sind. Selten gebraucht werden <b>, <c>, <f>, <q>, <w>, <x>, <z>, die für Übernahmen aus anderen Sprachen, insbesondere dem Schwedischen zur Verfügung stehen. Dazu kommen <ä> und <ö> für [æ] und [œ] sowie Verschleifungen von <ng> und <nk> zu [ŋ:] und [ŋ] in der Aussprache. In ursprünglich schwedischen Wörtern und Namen findet sich darüber hinaus <Å> bzw. <å>. Außerdem ist zu bemerken, dass auch die Lautqualität in den Schriftzeichen zum Ausdruck kommt: Ein lang ausgesprochener Laut erscheint in der Schrift als Doppelzeichen, d.h. Doppelzeichen und Einfachzeichen bzw. in der Aussprache Länge und Kürze haben bedeutungsunterscheidende Funktion.

> If the sound is long, the letter is written twice. For example, in the word kissa (cat), the consonant sound /s/ is double the length of the single sound in the word kisa (game). (Note that a missing letter may change the meaning.) Similarly, words have double letters for a long vowel sound, such as the long vowel sound /u:/ in the word tuuli (wind) compared with the short vowel sound /u/ in tuli (fire) which is marked with one letter. (Korkeamäki/Dreher 2000: 350)

Auch dies kann zwar zunächst als Folge aus dem Prinzip einer vergleichsweise klaren Zuordnung von Laut und Buchstabe verstanden werden. Schreibungen wie der bereits erwähnte Name *Jaakko* oder die finnische Bezeichnung der Stadt Lübeck als *Lyyppekki* – sowie natürlich jede Menge anderer Beispiele – sind diesem Prinzip geschuldet. Markierungen oder suprasegmentale Zeichen (Akzente) sind damit überflüssig. Allerdings sind Doppelvokal und Konsonantengemination keine Angelegenheit der Vokallänge oder Konsonantenschärfe, sondern der Struktur und Qualität der Silben (Lehtonen 1978: 61). Dies wiederum macht manchen Kindern beim Erwerb der finnischen Schriftsprache Probleme. Buchstabenauslassungen machen einen erheblichen Umfang der Verschreibungen in den ersten Schuljahren aus (Lehtonen 1978; Korkeamäki/Dreher 2000). Man reagiert darauf mit einer Kombination bzw. phasenweisen Nutzung von Alphabet- und Ganzwortmethode. Jedenfalls wird befürwortet, dem Problem mit einer verstärkten Aufmerksamkeit auf Buchstaben und auf Wörter zu begegnen und die bislang praktizierte reine *phonics instruction* zu ergänzen. Korkeamäki/Dreher (2000: 353) berichten von ihrer Arbeit in Grundschulklassen:

> In contrast to learning to read with a synthetic phonics drill approach (bislang die üblicherweise praktizierte Methode – IK) that builds to the eventual reading of meaningful text, the instructional context in this first-grade classroom included the teacher and children reading big books together, as well as opportunities for children to read in a library corner and write in a writing center. In addition, children were encouraged to write with invented spelling. For example, in one instructional sequence, the teacher and children read a big book titled *Jussi ja Puhelin* (*Jussi's Telephone*, Löfgren, 1989). They then explored the letter-sound relationship for the letter S and noted that it was in the middle of the word. *Jussi* (a common Finnish name) is one of the most frequent words in the book, and the children learned to remember it by sight. Also the sound /s/ in the middle was very salient; therefore, it was easy for children to explore and discover the letter-sound relationship in this meaningful context. It should also be noted that the teacher stopped the formal letter-sound introductions after 11 letters when ongoing assessment showed that the children had developed an understanding of the alphabetic principle.

Die Markierungen (IK) zeigen die Anbindung an die Orthographievermittlung durch Methoden an, bei denen andere Verschriftungsprinzipien als die Laut-Buchstaben-Zuordnung relevant sind. Zugleich macht der Blick auf die Lerngruppen, die in diesem Forschungsprojekt beobachtet wurden, deutlich, dass ein wechselseitiger Effekt zwischen Lesen und Schreiben besteht und für die Förderung schriftsprachlicher Kompetenz genutzt werden kann.

5.2 Lebenslange Aufmerksamkeit – Lebenslanges Lernen

›Lebenslanges Lernen‹ ist eine bildungspolitische Ansage und ein pädagogischer Auftrag seit geraumer Zeit. Allerdings ist die Diskussion um dieses Thema nicht frei von Widersprüchen und unterschiedlichen Auffassungen (Hof 2009: 11ff.), die mit verschiedenen Wissenskonzepten und Vorstellungen von Lernen zu tun haben.

Redensarten zeugen von einer vorwissenschaftlichen und alltagssprachlichen Auffassung und andererseits wird seitens der Lernpsychologie und Pädagogik ein traditioneller Wissensbegriff vehement in Frage gestellt – insbesondere, was die Wirksamkeit von Wissen für das Handeln von Menschen angeht. Vor allem hat nach Aussagen der Autorin die

> Hinwendung zu Fragen der Kompetenzentwicklung [...]zwei zentrale Neuerungen mit sich gebracht:
> Zum einen steht nicht mehr in erster Linie die Frage der Vermittlung umfassender Kenntnisse über die Welt oder von für die Durchführung konkreter Arbeiten erforderlichen Qualifikationen im Mittelpunkt der erwachsenenpädagogischen Reflexion, sondern das individuelle Handlungssubjekt mit seinen spezifischen Erfahrungen und Intentionen.
> Zum zweiten wird die Frage der Anwendbarkeit des Wissens akzentuiert. Wissen erscheint damit nicht mehr als (theoretische) Voraussetzung für (praktisches) Handeln, sondern als konkreter Umgang mit Wissen innerhalb und außerhalb pädagogischer Situationen. (Hof 2009: 83)

Das ist sicher richtig, muss jedoch hinsichtlich der Orthographiekompetenz von Menschen konkretisiert, differenziert und auch präzisiert werden. Orthographiewissen ist erforderlich und immer wieder zu erneuern und zu revidieren. Denn Leser und Leserinnen stoßen nicht nur auf Texte, die dem gegenwärtig gültigen amtlichen Regelwerk (Deutsche Rechtschreibung 2006) entsprechen, was die folgenden Tesxtausschnitte deutlich machen:

Im Eingangskapitel der Ausgabe von 1988 des bekannten Jugendbuches »Krabat« von Otfried Preussler liest man:

> Die folgende Nacht verbrachten sie in der Schmiede von Petershain auf dem Heuboden; dort geschah es, daß Krabat zum erstenmal jenen seltsamen Traum hatte (Preussler 1988: 12).

Bei Neuauflagen und Leseproben auf ihren Webseiten kommt es vor, dass Verlage die Texte der neuen Orthographieregelung anpassen:

> Die folgende Nacht verbrachten sie in der Schmiede von Petershain auf dem Heuboden; dort geschah es, dass Krabat zum ersten Mal jenen seltsamen Traum hatte.
>
> (Leseprobe »Krabat« bei Thienemann-Esslinger, Seite 12). http://www.thienemann-esslinger. de/uploads/tx_auwpondus/9783522200875.pdf <04.08.2014>

Allerdings ist nicht auszuschließen, dass Kinder und Jugendliche in Bibliotheken, bei Freunden oder älteren Geschwistern noch auf Ausgaben mit vergangener Rechtschreibung stoßen. Denn mit Schreibungen lange vor der jüngsten Orthographiereform ist man stets dann konfrontiert, wenn man sich Texten zuwendet, die zu einem früheren Zeitpunkt ediert und publiziert wurden. Dies ist in wissenschaftlichen Zusammenhängen stets der Fall; doch soll es auch literaturinteressierte Menschen geben, die sich nicht nur der Lektüre aktuellster Gegenwartsliteratur widmen. Sollten sie sich etwa für Reiseliteratur aus dem 19. Jahrhundert interessieren, so mögen sie auf folgende Beschreibung des jungdeutschen Autors Heinrich Laube von 1837 stoßen:

> Sachsen leistet in der Kuchenbäckerei nur etwas weniger als Thüringen, wobei ich blos an zwei Vergnügungsorte bei Leipzig erinnern darf, welche ohne weitere Umstände der große und kleine Kuchengarten genannt sind. Die ärmste Frau bäckt mit dem Brode einen Kuchen [...]. Ich hatte eine lange Zeit das Glück, mitten im Schooße dieses nationalen Appetits zu wohnen, und alle Nüancen desselben alle Tage zu beobachten (Laube 1837, Bd. 6: 9).

Neben den in diesem Zitat sichtbaren Andersschreibungen bestimmter Ausdrücke und der Wahl des Kommas findet man in den »Reisenovellen« Laubes (und anderer Autoren seiner Zeit) Erscheinungen wie *Athem, Theilnahme, Thüre, seyn, dieß, deßhalb, definiren, es kömmt* – und *mußte* und *daß* ohnehin. An früheren Stellen (Kapitel 1; Kapitel 3) wurde bereits auf Goethes »Faust« hingewiesen.

Die Frage ist allerdings nun, ob eine Aneignung neuer und immer wieder anderer orthographischer Festlegungen, selbst wenn sie immer wieder erfolgt, bereits ein ›lebenslanges Lernen‹ im Sinne relevanten und kompetenzorientierten Erwerbs von Wissen bedeutet. Seit einiger Zeit weit verbreitet für die Beschreibung von Kompetenzdimensionen ist ein Modell aus der Pädagogischen Psychologie zum Wissenserwerb (Mandl [u.a.] 1986), bei dem zwischen verschiedenen Wissensbeständen unterschieden wird, indem von deklarativem Wissen, Fertigkeiten, Problemlösestrategien und Metakognition die Rede ist. Dabei ist zu bedenken, dass dies weder ein ontologisches System darstellt, d.h. die Kategorien als solche einfach ›bestehen‹, noch dass in Wahrnehmungs- und Verstehenszusammenhängen sowie kommunikativen Handlungsfeldern eine lineare Abfolge in der erwähnten Reihenfolge stattfinden kann. Ferner ist zu bemerken, dass bei Mandl [u.a.] (1986: 143ff.) bereits »deklaratives Wissen« als Wissen über Sachverhalte einfach (»Rom liegt in Italien«) oder vielschichtig (»der Welthandel«) sein kann. Fertigkeiten, die zweite Wissenskategorie, stellen einen zunehmend automatisierten Einsatz von deklarativem Wissen in bestimmten Prozessen dar. Dies beruht auf der »Annahme, daß Fertigkeitserwerb von einem deklarativen Wissen ausgeht, das durch anschließende Lösung in eine prozedurale Form gebracht wird« (ebd.: 178). Damit Wissen in Fertigkeiten und Routinen (automatisierte Prozesse) übergehen kann, ist Üben unabdingbar. Allerdings gehen Fertigkeiten auch wieder verloren, wenn das ihnen zugrunde liegende Wissen nicht ständig übend re-aktiviert und erneut eingesetzt wird. Auch ist es eine menschliche Erfahrung, dass gelegentlich für eine Aufgabe, die jemand zu bewältigen hat, keine Routinen zur Verfügung stehen. In diesem Fall wäre es erforderlich, deklaratives Wissen nicht nur zu aktivieren, sondern anders als in den bisherigen Routinen zu kombinieren und einzusetzen, was bedeutet, dass Strategien für die Problemlösung gefunden und eingesetzt werden müssen. Kommt dies öfter vor, so übt der Lernende mit zunehmender Herausforderung auch das Lösen von Problemen und entwickelt dafür Routinen. Vor allem wird er darüber nachdenken, wie er zu einem Erfolg, wenn sich dieser einstellt, gekommen ist, d.h.

er verschafft sich metakognitives Wissen, das er seinerseits nun ›deklarieren‹ kann. So besehen gehen alle vier Wissenskategorien ineinander über und zwar im Laufe eines Lebens bei unterschiedlicher Konfrontation mit einer Sachdomäne auf- und abbauend.

Angewandt auf den Erwerb der Orthographiekompetenz könnte man zunächst auf die Idee kommen, dass sich jemand als deklaratives Wissen das gesamte amtliche Regelwerk (Deutsche Rechtschreibung 2006) anzueignen hätte und alle Details auf Abruf parat haben müsste, was wohl zweifellos eine unrealistische Zielvorstellung wäre. Eher wäre daran zu denken, dass er Verschriftungsprinzipien genannt bekommt, sie sich einprägt und sie illustrierend mit Beispielen auffüllt. Doch bedeutet weder die Kenntnis der Verschriftungsprinzipien noch die des gesamten Regelwerks schon die Fertigkeit, orthographisch, d.h. richtig, zu schreiben, sondern stellt lediglich eine – allerdings wichtige und unabdingbare – Aufrufmöglichkeit dar, wenn Routinen ausfallen und ein Problem auftaucht, das sich so noch nicht gestellt hat. Auch die verschiedenen Lehrmethoden können ein solches deklaratives Wissen darstellen, indem sich ein Schreiber für seine Problemlösestrategie an ein Wortbild, an die Namen der Buchstaben oder der Zuordnung von Buchstaben zu Lauten erinnert. Allerdings gibt es auch andere Strategien der Lösung als den Wissensaufruf, etwa wenn Schreiber bei Unsicherheit ein Wort in verschiedenen Varianten schreiben und nach der für sie plausiblen Ästhetik entscheiden. Für denjenigen, der eine Entscheidung über eine Schreibweise zu treffen hätte, würde dies ein Bewusstwerden und eine Reflexion darüber bedeuten, welche Verfahren er im Unterschied und in bewusst-überlegter Auswahl gegenüber anderen, die auch zur Verfügung gestanden hätten, angewandt hat, und wie sein Erwerb, seine Fertigkeiten und seine Problemlösestrategien vonstatten gegangen sind.

Da die Wissensarten auseinander hervorgehen und sich in zunehmender Komplexität aufbauen, bedeutet dies, dass für den einen Sprachnutzer ein Problem darstellen kann, für das er (noch) keine Routinen hat, was ein anderer mit eingeübten und automatisierten Verfahren löst. Durch das zunehmend komplexe Ineinanderspiel der Wissenskategorien, bei denen sich Herausforderungen für einzelnene Lernende laufend verändern, bauen sich Kompetenzen auf. Dass dies ein lebenslanger Prozess sein muss, ist sowohl vom Gegenstandsfeld Orthographie als auch von der Tatsache her verständlich, dass Menschen nicht täglich und ständig mit denselben Herausforderungen konfrontiert sind.

Weiterführende Literatur:
Beinke/Rogge (1990), Biddau (2013), Follick (1965), Hof (2009), Korkeamäki/Dreher (2000), Lehtonen (1978), Mitchell/Robinson (2012), Rollings (2004), Upward/Davidson (2011), Šlosar (2002), Venezky (1973), Venezky (1980)

5.3 Aufgaben

A 5.1
Erkunden Sie die Orthographien in Sprachen, die oben nicht erwähnt sind. Betrachten Sie zunächst solche, die das lateinische Alphabet nutzen, und versuchen Sie herauszufinden, warum dies so ist. Falls Sie Kenntnisse haben oder sich solche verschaffen können, denken Sie auch an Sprachen, die kyrillische Schriftzeichen nutzen, und weitere, die auch auf Laut-Buchstaben-Zuordnung beruhen. Schließlich gibt es auch Sprachen, die ihre Schriftkommunikation anders angelegt haben.

A 5.2
Rufen Sie Artikel aus Zeitungen anderer Länder auf, etwa

- aus Schweden: Svenska Dagbladet: http://www.svd.se/
- aus den Niederlanden: Nederlands Dagblad: http://www.nd.nl/
- aus Italien: La Stampa: http://www.lastampa.it/
- aus der Slowakei: Hospodárske noviny: http://hnonline.sk/
- aus Griechenland: Μακεδονία: http://www.makthes.gr/
- aus Russland: Известия: http://izvestia.ru/

Verstehen Sie etwas, wenn Sie eine Laut-Buchstaben-Zuordnung annehmen?

A 5.3
Betrachten Sie Unterrichtswerke für das Fach Deutsch, aber auch für den Fremdsprachenerwerb. Können Sie erkennen, ob und wie die verschiedenen Wissensbestände (deklaratives, prozedurales Wissen, Problemlösen und Metakognition) eine Rolle spielen?

A 5.4
Nehmen Sie eine ›metakognitive Position‹ Ihrer eigenen Lernbiographie gegenüber ein und konzentrieren Sie sich dabei auf den Orthographieerwerb!

6 Lösungshinweise

A 1.1
Recherchemöglichkeit bietet die vom Rat für deutsche Rechtschreibung zusammengestellte Bibliographie http://rechtschreibrat.ids-mannheim.de/download/gesamtbibliografie.pdf <21.07.2014>, die sicher langfristig zur Verfügung steht. Darin kann man mit Suchfunktion Angaben finden zu »Erfurt«, »leipziger plan« [sic!], »Stuttgarter und Wiesbadener Empfehlungen«, »Mitteilungen der Österreichischen Kommission für die Orthographiereform« und »Schweiz«. Dennoch sind die Funde genau anzusehen. In Bibliothekskatalogen kann man die Publikationen suchen. Man wird die Vorschläge bezüglich der Praktikabilität prüfen, die Argumente betrachten und mit den gegenwärtigen Entscheidungen abgleichen.

A 1.2
Sie können Personen Ihrer eigenen Umgebung einbeziehen, Gleichaltrige oder Menschen anderer Altersgruppen als Sie. Keinesfalls haben Sie eine ›repräsentative Stichprobe‹, sondern Sie können nur Aussagen über die von Ihnen untersuchten Personen machen. Allerdings zeigt ein Befund sehr wohl, wie – eben in der untersuchten Umgebung – die neue Reform angekommen ist und was man unter Orthographie versteht. Möglich wäre es auch, einen fehlerhaften Text zur Korrektur vorzulegen.

A 1.3
Es gab Befürworter der gemäßigten Kleinschreibung, die diese auch in ihrem wissenschaftlichen Alltag praktiziert haben. Die Schule kann sich allerdings nicht von den gültigen Regelungen verabschieden und auch nicht Vorreiter für Neuerungen sein.

A 1.4
Vermutlich brauchen Sie unterschiedlich lange Zeit, um einen Text zu lesen, der nicht in der üblichen Form mit der deutschen satzinternen Großschreibung verfasst ist. Dies ist jedoch Gewöhnungssache (vgl. auch 3.2).

A 1.5
Haarmann (2011) gibt Auskunft; dort auch weiterführende Literatur. Die vielfältige Kombinierbarkeit von Zeichen ist sicher ein Vorteil der Alphabetschrift; Piktogramme und Bilderschriften sind auch für Nichtkundige bis zu einem gewissen Grad verständlich.

A 2.1
Man findet Aussagen aus verschiedenen Bereichen des öffentlichen und privaten Lebens. Die Bereiche sollten unterschieden und systematisch sortiert werden. Dann können die Aussagen auf ihre Wissensgrundlage überprüft und ggf. realisierbare oder nicht realisierbare Ziele formuliert werden (vgl. auch A 2.3).

A 2.2
Sie können sich für die Recherche im Deutschen Referenzkorpus des Instituts für deutsche Sprache in Mannheim kostenlos anmelden und dieses für Untersuchungen nutzen. Vielleicht können Sie sich auch aus einer Tageszeitung ein Korpus zusammenstellen, falls Sie ein Abonnement haben.

A 2.3
Die Aufgabe führt die Impulse von A 2.2. weiter. Lehrpersonen und Berater müssen das orthographische Wissen haben, um ihrer Klientel in konkreten Situationen Unterstützung geben zu können.

A 2.4
Die angegebene Adresse führt zu einer wahren Fundgrube. Alle unter 2.3.2 genannten Erscheinungen können gefunden werden. Interessant wäre eine Sortierung nach Gegenden, aus denen die Anzeigen stammen, oder auch nach Kategorien.

A 2.5
Ein solcher Artikel sollte nicht nur persönliche Einschätzungen vortragen, sondern diese mit Wissen um die bereits geführten Diskussionen untermauern.

A 2.6
Zum Thema ›Verweigerung‹:
http://www.spiegel.de/kultur/gesellschaft/zurueck-zur-alten-rechtschreibung-die-faz-ruft-zur-konterrevolution-auf-a-86856.html vom Mittwoch, 26.07.2000 – 17:41 Uhr <06.08.2014>.

Über http://www.faz.net kann für die »Frankfurter Allgemeine Zeitung« eine Suche mit bestimmten Schlüsselwörtern (z.B. »Rechtschreibreform«) gestartet werden, die zeitlich eingegrenzt werden kann. Man erhält Artikel zum entsprechenden Thema, die kostenpflichtig sind, deren Titel und Textanfänge man jedoch sehen kann.

Für die »Süddeutsche Zeitung« sieht die Situation ähnlich aus: http://suche.sueddeutsche.de; auch im »Focus« kann man suchen: http://www.focus.de/suche/ Stenschke (2005) hat die Titel seines untersuchten Korpus (»Focus«, »Spiegel«, »SZ«) ausführlich aufgelistet.

Es ist natürlich auch interessant, sich ein eigenes Korpus gegenwärtiger Texte aus einer Regionalzeitung zusammenzustellen und dieses nach Ausdruckswunsch und Orthographie zu untersuchen. Dies käme einer weiterreichenden Stiluntersuchung gleich.

A 3.1
stöhnen – dröhnen – verhöhnen – versöhnen – gewöhnen – frönen; Verzeihung – Prophezeiung – Verleihung; Reiher – Geier – Eier – Seiher – Weiher – Leier – leihen – Leihgabe – befreien – Freigabe

Erklärungen: *frönen (Fron); Prophezeiung* (Ableitung aus altgrie. προφήτης [prophḗtēs], keine Analogiebildung); eine gewisse Erklärung für das Silbengelenk-h bei ei in der vorausgehenden Silbe ist gelegentlich die Morphemkonstanz (Endsilbe ohne <h>); doch auch diese wird nicht konsequent angewendet.

A 3.2
Methode, Flyer, Coach, Couch, Computer, Cocktailparty ...

A 3.3
Man findet weit verbreitet eine herkömmliche Terminologie der Wortarten (Substantiv/Substantivierung/Nominalisierung, Adektiv, Verb, Pronomen, Indefinitpronomen, Artikel, Zahladjektiv...).

Die Gruppe Bredel/Fuhrhop/Noack und ihnen folgende Didaktikerinnen und Didaktiker verwenden die eigene Nomenklatur: http://www.francke.de/wie-kinder-lesen-und-schreiben-lernen/uebung_gro%DFschreibung_4.pdf <21.07.2014>.

Zu beachten ist, dass bei Aufgaben nicht schon das Wissen vorausgesetzt wird, das erst erworben werden soll.

Wenig erfährt man im Zusammenhang mit Aufgaben zu den Verschriftungsprinzipien; wenig auch zu Mündlichkeit und Schriftlichkeit; zu beurteilen wäre, inwiefern die Inhalte der Texte bzw. Sätze in den Aufgabenteilen aus dem Lebensbereich der Adressaten genommen sind (positiv etwa: Sport, Kinderparty, nicht moralisierend).

A 3.4
Wortarten kann man als Lexeme verstehen, die gleichsam für die Verwendung in syntaktischen Zusammenhängen ›vorbereitet‹ und in einem Lexikon bereits in dieser Form eingetragen sind. Der Stamm ist noch keiner Wortart zuzuordnen und die Einbindung im Satz kann dann noch einmal weitere Veränderungen erfordern. Sprachen, die hier unterschiedlich verfahren, wären etwa das Chinesische – vgl. das eindrucksvolle Beispiel bei Busch/Stenschke (2008: 63f.) Auf die geschichtlichen Zusammenhänge von Grammatiktheorien kann hier verständlicherweise nicht eingegangen werden.

A 3.5

Man wird feststellen, dass man kaum einen Anlass finden wird, um zu schreiben: *ich bergsteige (du bist berggestiegen)*, obwohl dies ›korrekt‹ wäre. Man wird schreiben, dass man den Berg hinaufsteigt oder eine Bergwanderung unternimmt.

Man wird auch feststellen, dass man versucht, eine andere Formulierung zu finden statt *er ist eisgelaufen* oder *morgen laufen wir eis.* ›Stil‹ bedeutet, aus den zur Verfügung stehenden Möglichkeiten des Sprachsystems auszuwählen, nicht aber notwendigerweise auch alles wahrzunehmen, was möglich wäre.

A 4.1

Es hilft, wenn man den Text erst mit den von der Schülerin verwendeten Buchstaben und anschließend orthographisch richtig schreibt. Auf jeden Fall hat die Schülerin die Vorstellung, dass gesprochenen Lauten geschriebene Buchstaben zugeordnet werden müssen. Interessant und möglicherweise ein Hinweis auf die regionale Herkunft sind **schwümreifen* (zweimal) und **schwümbat* für *Schwimmreifen* und *Schwimmbad*, aber **ged* für *geht* (gedehnter Vokal in der Silbe – zuvor aber **get*) – ist dann auch wieder erstaunlich. Gelegentliche <b/d>-Vertauschung; Wortauslassungen; satzinterne Großschreibung fehlt; *Seine/seine* ist unklar; Bilanz: wenig systematisch, auch nicht systematisch fehlerhaft.

A 4.2

Man müsste erkunden, ob sich Lernende tatsächlich diese Regeln merken können und ob sie danach richtig schreiben können. Die Konsonantenverdoppelung wird auf das ›Hören‹ zurückgeführt. ›Meistens‹ ist keine das Lernen unterstützende Aussage. Bei den Diktattexten dürfte es sich kaum um authentische Ausdruckswünsche handeln. Als Aussagen sind sie problematisch, grammatikalisch ebenfalls (*brauchen*).

A 4.3

Es handelt sich um Forschungsliteratur, mit der ausführlich und aus verschiedenen Perspektiven die Frage (und der Nutzen) der Phonologischen Bewusstheit diskutiert werden kann.

A 5.1

Anhand von Sprachlehrwerken oder Lehrprogrammen, die auch online zur Verfügung stehen, und zweisprachigen Internetseiten kann man sich kundig machen.

A 5.2

Wenn man überhaupt die Typen als solche identifizieren kann, versteht man eine Art internationalen Wortschatz, etwa aus dem Bereich Technik, Politik oder öffentliche Einrichtungen. Möglicherweise hilft es, die Wörter auszusprechen, möglicherweise auch, wenn man um die Herkunft weiß. Sind den Texten Bilder beigegeben und handelt es sich um ein aktuelles Geschehen, über das berichtet wird, so weiß man immerhin, dass die Zeitung darüber informiert. Es ist dann interessant, weitere Erkundungen der Schriftsprache vorzunehmen.

A 5.3
Neuere Unterrichtswerke tragen dem Rechnung, dass sie neben den Unterrichtsprogrammen, mit denen die Lehrpersonen und Lernenden aktuell im Unterrichtsgeschehen arbeiten, auch Zusammenfassungen, Merkkästen und ähnliche Komponenten anbieten. Meist sind diese in Anhängen zu finden und sollen der Festigung bzw. dem Wiederaufruf von Gelerntem dienen.

A 5.4
Es wäre zu überlegen und sich zu erinnern, wann man lesen und schreiben gelernt hat, mit welchem Material (Fibel), wo man Schwierigkeiten hatte und wie man sie überwunden hat. Auch eine Wahrnehmung der Herausforderungen der jüngsten Orthographiereform wäre einzubeziehen.

Bibliographie

Internetseiten, die an Ort und Stelle im Text relevant sind, werden hier nicht noch einmal angegeben, da sie in den meisten Fällen nicht für sich interessant sind.
Die Bibliographie zur Rechtschreibliteratur 1900-2012 des Rats für deutsche Rechtschreibung ist abrufbar unter:
http://rechtschreibrat.ids-mannheim.de/download/gesamtbibliografie.pdf <20.07.2014>.

Forschungsliteratur und Quellen

Adelung, Johann C. (1788): *Vollständige Anweisung zur Deutschen Orthographie, nebst einem kleinen Wörterbuche für die Aussprache, Orthographie, Biegung und Ableitung.* Frankfurt am Main [u. a.]. Regensburg, Staatliche Bibliothek. Signatur: 999/Ling.452. Permalink: http://www.mdz-nbn-resolving.de/urn/resolver.pl?urn=urn:nbn:de:bvb:12-bsb11104959-1.

Adick, Christel (2003): Globale Trends weltweiter Schulentwicklung: Empirische Befunde und theoretische Erklärungen. In: *Zeitschrift für Erziehungswissenschaft* 6, 2. Vj., S. 173–187.

Altmann, Hans/Ziegenhain, Ute (2010): *Prüfungswissen Phonetik, Phonologie und Graphemik. Arbeitstechniken, Klausurfragen, Lösungen.* Göttingen.

Auflagen und ihre Bedeutung. http://www.duden.de/ueber_duden/auflagengeschichte <06.08.2013>.

Augst, Gerhard/Dehn, Mechthild (2007): Rechtschreibung und Rechtschreibunterricht. Können – Lehren – Lernen; eine Einführung für Studierende und Lehrende aller Schulformen. Stuttgart [u. a.].

Barth, Karlheinz/Gomm, Berthold (2008): Gruppentests zur Früherkennung von Lese- und Rechtschreibschwierigkeiten. Phonologhische Bewusstheit bei Kindfergartenkindern und Schulanfängern (PB-LRS). In: Schneider/Marx/Hasselhorn (Hgg.) 2008, S. 7–43.

Beinke, Christiane/Rogge, Waltraud (1990): Französisch: Geschichte der Verschriftung. In: Günter Holtus/Michael Metzeltin/Christian Schmitt: *Lexikon der Romanistischen Linguistik (LRL)* V. 1, S. 471–493.

Belke, Gerlind (2001): *Mehrsprachigkeit im Deutschunterricht. Sprachspiele, Spracherwerb, Sprachvermittlung.* Baltmannsweiler.

Bellgardt, Martina/Gerdes, Susanne (1997): Spielerisch die Rechtschreibung verbessern. Laufdiktat, Wörterpuzzle und andere Übungen. In: *Praxis Deutsch* 25, H. 142, S. 36–40.

Bernasconi, Tobias/Hlebec, Hrvoje/Reißig, Tilo (2011): Ressourcen und Probleme der Lehrer im Orthographieunterricht. In: Bredel/Reißig (Hgg.) (2011b), S. 496–506.

Biddau, Federico (Hg./cur.) (2013): *Die geheimen Mächte hinter der Rechtschreibung. L'ortografia e i suoi poteri forti. Erfahrungen im Vergleich. Esperienze a confronto.* Akten der internationalen Tagung (Mainz, 28.-29.02.2012). Atti del convegno internazionale (Magonza, 28–29 febbraio 2012). Frankfurt am Main.

Bildungsstandards im Fach Deutsch für die Allgemeine Hochschulreife (Beschluss der Kultusministerkonferenz vom 18.10.2012).

Bildungsstandards im Fach Deutsch für den Mittleren Schulabschluss (Beschluss der Kultusministerkonferenz vom 04.12.2003).

Bildungsstandards im Fach Deutsch für den Primarbereich (Beschluss der Kultusministerkonferenz vom 15.10.2004). http://www.kmk.org/bildung-schule/qualitaetssicherung-in-schulen/bildungsstandards/dokumente.html <28.01.2014>.

Blatt, Inge (2010): Sprachsystematische Rechtschreibdidaktik: Konzept, Materialien, Tests. In: Bredel/Müller/Hinney (Hgg.) (2010b), S. 101–132.

Blatt, Inge/Müller, Astrid/Voss, Andreas (2010): Schriftstruktur als Lesehilfe. Konzeption und Ergebnisse eines Hamburger Leseförderprojekts in Klasse 5 (HeLp). In: Bredel/Müller/Hinney (Hgg.) (2010b), S. 171–202.
Bock, Michael/Hagenschneider, Klaus/Schweer, Alfred (1989): Zur Funktion der Groß- und Kleinschreibung beim Lesen deutscher, englischer und niederländischer Texte. In: Peter Eisenberg/Hartmut Günther (Hgg.): *Schriftsystem und Orthographie*. Tübingen (= Reihe germanistische Linguistik 97).
Böger, Joachim [u. a.] (2003): *Suomi – saksa – suomi sanakirja*. Helsinki.
Bredel, Ursula (2010): Die satzinterne Großschreibung. System und Erwerb.
In: Bredel/Müller/Hinney (Hgg.) (2010b), S. 217–234.
Bredel, Ursula (2011): Die Interpunktion des Deutschen. In: Bredel/Reißig (Hgg.) (2011b), S. 129–144.
Bredel, Ursula/Günther, Hartmut (2006a): Orthographietheorie und Rechtschreibunterricht. In: dies. (Hgg.) (2006b), S. 197–215.
Bredel, Ursula /Fuhrhop, Nanna/Noack, Christina (2011): *Wie Kinder lesen und schreiben lernen*. Tübingen.
Bredel, Ursula/Günther, Hartmut (Hgg.) (2006b): *Orthographietheorie und Rechtschreibunterricht*. Tübingen.
Bredel, Ursula/Müller, Astrid/Hinney, Gabriele (2010a): Einleitung. In: Bredel/Müller/Hinney (Hgg.) (2010b), S. 1–7.
Bredel, Ursula/Müller, Astrid/Hinney, Gabriele (Hgg.) (2010b): *Schriftsystem und Schrifterwerb. linguistisch – didaktisch – empirisch*. Berlin [u.a.].
Bredel, Ursula/Reißig, Thilo (Hgg.) (2011b): *Weiterführender Orthographieerwerb*. Baltmannsweiler.
Bredow, Rafaela von/Heckenbroch, Veronika (2013): Die neue Schlechtschreibung. In: *Der Spiegel* 25 v. 17.06.2013, S. 96–104.
Bremerich-Vos, Albert (2009): Das »Mimesisbild der Alphabetschrift« und didaktische Kontroversen zum Schriftspracherwerb. In: Elisabeth Birk/Jan Georg Schneider (Hgg.): *Philosophie der Schrift*. Tübingen, S. 43–55.
Brückl, Hans (1922): *Mein Buch zum Anschauen, Zeichnen, Schreiben, Lesen und Zählen*. München.
Brügelmann, Hans/Brinkmann, Erika (1994): Stufen des Schriftspracherwerbs und Ansätze zu seiner Förderung. In: Hans Brügelmann/Sigrun Richter (Hgg.): *Wie wir recht schreiben lernen. 10 Jahre Kinder auf dem Weg zur Schrift*. Lengwil, S. 44–52.
Bubenhofer, Noah (1999): *Ein Quäntchen Delfin macht die Spagetti auch nicht genusssüchtig*. Digitale Proseminararbeit Universität Basel WS 98/99. www.bubenhofer.com/rechtschreibung <14.04.2014>.
Busch, Albert/Stenschke, Oliver (2008): *Germanistische Linguistik. Eine Einführung*. 2., durchges. und korr. Aufl. Tübingen.
Cattell, James McKeen (1885): Über die Zeit der Erkennung und Benennung von Schriftzeichen, Bildern und Farben. In: *Philosophische Studien* 2, S. 635–650.
Cherubim, Dieter (Hg.) (1980): Fehlerlinguistik. Beiträge zum Problem der sprachlichen Abweichung. Tübingen.
Cherubim, Dieter (2000): Erziehung zur Sprachmündigkeit. Grenzen der normativen Betrachtung von Sprache. In: Hansjörg Witte [u. a.] (Hgg.): *Deutschunterricht zwischen Kompetenzerwerb und Persönlichkeitsbildung*. Baltmannsweiler, S. 286–296.
Dehn, Mechthild (1985): Über die sprachanalytische Tätigkeit des Kindes beim Schreibenlernen. In: *Diskussion Deutsch* 16, H. 81, S. 25–51.
Deutsche Rechtschreibung. Regeln und Wörterverzeichnis, entsprechend den Empfehlungen des Rats für deutsche Rechtschreibung (2006). Überarbeitete Fassung des amtlichen Regelwerks 2004. München/Mannheim. http://www.rechtschreibrat.com/ <24.07.2014>.

Duden. Aussprachewörterbuch (2005). Bearb. v. Max Mangold in Zusammenarbeit mit der Dudenredaktion. 6., überarb. und aktualis. Aufl. Mannheim [u.a.].
Duden. Die deutsche Rechtschreibung (2013). Hg. v. Dudenredaktion. 26., völlig neu bearb. und erw. Aufl. Berlin [u.a.].
Duden. Die Grammatik. (2009). Hg. v. Dudenredaktion. 8., überarb. Aufl. Berlin.
Dürscheid, Christa (2003): Medienkommunikation im Kontinuum von Mündlichkeit und Schriftlichkeit. Theoretische und empirische Probleme. In: *Zeitschrift für Angewandte Linguistik* 38, S. 37–56.
Dürscheid, Christa (2006): Merkmale der E-Mail-Kommunikation. In: Schlobinski, Peter (Hg.): *Von »hdl« bis »cul8r«. Sprache und Kommunikation in den neuen Medien.* Mannheim [u.a.], S. 104–117.
Dürscheid, Christa (2012): *Einführung in die Schriftlinguistik.* 4. Aufl. Göttingen.
Eisenberg, Peter (2009): Phonem und Graphem. In: *Duden. Die Grammatik.* 8., überarb. Aufl. Mannheim [u.a.], S. 19–94.
Eisenberg, Peter (2011): Grundlagen der deutschen Wortschreibung. In: Bredel/Reißig (Hgg.) (2011b), S. 83–95.
Fay, Johanna (2010): Die Entwicklung der Rechtschreibkompetenz beim Textschreiben. Eine empirische Untersuchung in Klasse 1 bis 4. Frankfurt am Main.
Fix, Martin (1994): *Geschichte und Praxis des Diktats im Rechtschreibunterricht. Aufgezeigt am Beispiel der Volksschule/Hauptschule in Württemberg bzw. Baden-Württemberg.* Frankfurt am Main.
Fix, Martin/Lutz, Karin (1997): »Wieder einer der verdammten Tage...« – Ein Rap-Song als Walkman-Diktat. In: *Praxis Deutsch* 25, H. 142, S. 55–58.
Fix, Martin (2004): Funktionen des Diktats und Diktatkritik. In: *Grundschule* 36, H. 1, S. 8–10.
Fleischer, Wolfgang/Helbig, Gerhard/Lercher, Gotthard (Hgg.) (2001): *Kleine Enzyklopädie Deutsche Sprache.* Frankfurt am Main.
Flesch, Rudolf (1955): *Why Johnny can't read, and what you can do about it.* New York.
Follick, Mont (1965): *The Case for spelling reform.* London.
Frahm, Sarah/Blatt, Inge (2011): Rechtschreibtests. In: Bredel/Reißig (Hgg.) (2011b), S. 546–567.
Frith, Uta (1985): Beneath the surface of developmental dyslexia. In: Karalyn E. Patterson [u. a.] (Hgg.): *Surface dyslexia.* London, S. 301–327.
Fuhrhop, Nanna (2007): Zwischen Wort und Syntagma. Zur grammatischen Fundierung der Getrennt-und Zusammenschreibung. Tübingen.
Fuhrhop, Nanna (2009): *Orthografie.* 3. Aufl. Heidelberg.
Fuhrhop, Nanna (2010): Getrennt- und Zusammenschreibung: Kern und Peripherie. Rechtschreibdidaktische Konsequenzen aus dieser Unterscheidung. In: Bredel/Müller/Hinney (Hgg.) (2010b), S. 235–257.
Fuhrhop, Nanna (2011a): Fremdwortschreibung. In: Bredel/Reißig (Hgg.) (2011b), S. 145–163.
Fuhrhop, Nanna (2011b): System der Getrennt- und Zusammenschreibung. In: Bredel/Reißig (Hgg.) (2011b), S. 107–128.
Funke, Cornelia (2003; 2005; 2007): *Tintenherz; Tintenblut; Tintentod.* Hamburg.
Gadamer, Hans-Georg (1990): *Hermeneutik I. Wahrheit und Methode. Grundzüge einer philosophischen Hermeneutik. Gesammelte Werke. Band I.* Tübingen.
Gaebert, Désirée-Kathrin (2012): *Zur Didaktik der satzinternen Großschreibung im Deutschen für die Sekundarstufe I. Wortartenbezogene Umwege und syntaktische Katalysatoren.* Frankfurt am Main. (= Germanistik – Didaktik – Unterricht 7).
Goethes Werke. Herausgegeben im Auftrage der Grossherzogin Sophie von Sachsen (1897): Faust. In ursprünglicher Gestalt. I, 39 WA, Hermann Böhlaus Nachfolger. Weimar. Diese Ausgabe liegt

folgender Internetpräsentation zugrunde: http://www.hs-augsburg.de/~harsch/germanica/Chronologie/18Jh/Goethe/goe_uf07.html <13.07.2014>.

Gottsched, Johann C. (1748): *Grundlegung einer deutschen Sprachkunst*. Leipzig. Bayerische Staatsbibliothek, München. Signatur: L.germ. 84. Permalink: http://www.mdz-nbn-resolving.de/urn/resolver.pl?urn=urn:nbn:de:bvb:12-bsb10583647-6.

Grabner-Haider, Anton/Maier, Johann/Prenner, Karl (2010): *Kulturgeschichte des frühen Mittelalters: Von 500 bis 1200 n.Chr.* Göttingen.

Grimm, Jacob und Wilhelm (1854-1961): *Deutsches Wörterbuch. 16 Bde. in 32 Teilbänden*. Leipzig. Quellenverzeichnis Leipzig 1971. Online-Version vom 27.04.2014.

Grubmüller, Klaus (2004): Sprache und ihre Verschriftlichung in der Geschichte des Deutschen. In: Armin Burkhardt [u.a.] (Hgg.): *Sprachgeschichte: ein Handbuch zur Geschichte der deutschen Sprache und ihrer Erforschung*. 4. Teilband. Berlin, S. 300–310.

Günther, Hartmut/Gaebert, Désirée-Kathrin (2011): Das System der Groß- und Kleinschreibung. In: Bredel/Reißig (Hgg.) (2011b), S. 96–106.

Günther, Klaus B. (1986): Ein Stufenmodell der Entwicklung kindlicher Lese- und Schreibstrategien. In: Hans Brügelmann (Hg.): *ABC und Schriftsprache*. Konstanz, S. 32–54.

Haarmann, Harald (2011): *Geschichte der Schrift*. München.

Heller, Klaus (1994): Rechtschreibreform. In: *Sprachreport. Informationen und Meinungen zur deutschen Sprache*. Extra-Ausgabe Dezember 1994 (nicht mehr aufrufbar).

Heller, Klaus (1996): Rechtschreibreform. Eine Zusammenfassung von Dr. Klaus Heller. 1. Neuaufl. In: *Sprachreport. Informationen und Meinungen zur deutschen Sprache*. Extra-Ausgabe Januar 1996 (nicht mehr aufrufbar).

Heller, Klaus (1996b): Rechtschreibreform. Eine Zusammenfassung von Dr. Klaus Heller. 2. Neuaufl. In: *Sprachreport. Informationen und Meinungen zur deutschen Sprache*. Extra-Ausgabe Juli 1996. http://pub.ids-mannheim.de/laufend/sprachreport/sr96-extra.html <(10.07.2014>.

Herodot's von Halikarnaß Geschichte (1828). Übersetzt von Adolf Schöll. 2. Bd. Stuttgart. Bayerische Staatsbibliothek, München. Signatur: A.gr.b. 1747-1/5. Permalink: http://www.mdz-nbn-resolving.de/urn/resolver.pl?urn=urn:nbn:de:bvb:12-bsb10236266-7.

Hinney, Gabriele (2010): Wortschreibungskompetenz und sprachbewusster Unterricht. Eine Alternativkonzeption zur herkömmlichen Sicht auf den Schriftspracherwerb. In: Bredel/Müller/Hinney (Hgg.) (2010b), S. 47–100.

Hinney, Gabriele (2011): Was ist Rechtschreibkompetenz? In: Bredel/Reißig (Hgg.) (2011b), S. 191–225.

Hof, Christiane (2009): *Lebenslanges Lernen. Eine Einführung*. Stuttgart.

Hoitz, Larissa (2010): Das Spiel als Lernmittel im Deutschunterricht. Theorie, Praxis und Empirie am Beispiel eines Rechtschreib- und Lesespiels. In: Bredel/Müller/Hinney (Hgg.) (2010b), S. 203–215.

Houben, Hubert (2008): *Kaiser Friedrich II. (1194–1250). Herrscher, Mensch, Mythos*. Stuttgart.

Ickelsamer, Valentin (1534): Ein Teutsche Grammatica [...]. In: Heinrich Fechner/Friedrich Ludwig K. Weigand/Laurus Kölbl (Hgg.) (1882): *Vier seltene Schriften des sechzehnten Jahrhunderts*. Berlin. Bayerische Staatsbibliothek, München. Signatur: L.germ. 240 n. Permalink: http://www.mdz-nbn-resolving.de/urn/resolver.pl?urn=urn:nbn:de:bvb:12-bsb11023569-9.

Ickler, Theodor (1997): *Die sogenannte Rechtschreibreform. Ein Schildbürgerstreich*. St. Goar 1997. http://www.vernuenftig-schreiben.de/dokumente/ickler_die_sogenannte_rechtschreibreform.pdf <20.07.2014>.

Ickler, Theodor (2006): *Falsch ist richtig. Ein Leitfaden durch die Abgründe der Rechtschreibreform*. München.

Jacobs, Joachim (2005): Spatien. *Zum System der Getrennt-und Zusammenschreibung im heutigen Deutsch*. Berlin.

Jansen, Heiner (2002): *BISC. Bielefelder Screening zur Früherkennung von Lese- und Rechtschreibschwierigkeiten.* 2., überarb. Aufl. Göttingen.
Karg, Ina (2008): Orthographieleistungsprofile von Lerngruppen der frühen Sekundarstufe I. Befunde – Kontexte – Folgerungen. Frankfurt am Main (= Germanistik – Didaktik – Unterricht 2).
Karg, Ina (2010): Diagnose und Förderung von Orthographiekompetenz. In: *Der Deutschunterricht* 62, H. 6, S. 9–19.
Karg, Ina/Kuzminykh, Ksenia (2014): *Sprache und Literatur als Bildungskomponenten. Diskurs, Historie und Empirie.* Frankfurt am Main (= Germanistik – Didaktik – Unterricht 11).
Kern, Artur (1931/1974): *Praxis des ganzheitlichen Lesenlernens. Mit Wochenbildern u. e. auslegbaren Phasenplan.* 14. Aufl. Freiburg i. Br. [u.a.].
Kintsch, Walter (1998): *Comprehension. A paradigm for cognition.* Cambridge.
Kintsch, Walter (2004): The construction-integration model of text comprehension and its implications for instruction. In: Robert B. Ruddell/Norman J. Unrau (Hgg.): *Theoretical models and processes of reading.* 5. Aufl. Newark DE, S. 1270–1328.
Klann-Delius, Gisela (2008): *Spracherwerb.* Stuttgart.
Klenck, Wolfgang (1997): Das Wörterbuch beim Diktat?! Vom qualifizierten Zweifel zur richtigen Schreibweise. In: *Praxis Deutsch* 25, H. 142, S. 34–35.
Koch, Peter/Oesterreicher, Wulf (1985): Sprache der Nähe – Sprache der Distanz: Mündlichkeit und Schriftlichkeit im Spannungsfeld von Sprachtheorie und Sprachgeschichte. In: *Romanistisches Jahrbuch* 36, S. 15–43.
Köhler, Susanne (1997): Ein Fantasiewörter-Diktat. Von »möglichen« und »unmöglichen« Schreibungen. In: *Praxis Deutsch* 25, H. 142, S. 31–33.
Kopke, Wolfgang (1995): *Rechtschreibreform und Verfassungsrecht. Schulrechtliche, persönlichkeitsrechtliche und kulturverfassungsrechtliche Aspekte einer Reform der deutschen Orthographie.* Tübingen.
Korkeamäki, Riitta-Liisa/Dreher, Mariam Jean (2000): Finnish Kindergartners' Literacy Development in Contextualized Literacy Episodes: A Focus on Spelling. In: *Journal of Literacy Research* 32, No. 3, S. 349-393. http://jlr.sagepub.com/content/32/3/349. The online version of this article can be found at: DOI: 10.1080/10862960009548085 <14.03.2014>.
Kürschner, Wilfried (2000): Fremdwort-Variantenschreibung. Befund – Problem – Lösung. In: Susanne Beckmann/Peter-Paul König/Georg Wolf (Hgg.): *Sprachspiel und Bedeutung. Festschrift für Franz Hundsnurscher.* Tübingen, S. 147–156.
Küspert, Petra/Schneider, Wolfgang (1999; 6. Aufl. 2008): *Hören, lauschen, lernen. Sprachspiele für Kinder im Vorschulalter. Würzburger Trainingsprogramm zur Vorbereitung auf den Erwerb der Schriftsprache.* Göttingen.
Küspert, Petra/Schneider, Wolfgang (2007a): *Hören, lauschen, lernen. Sprachspiele für Kinder im Vorschulalter.* Göttingen.
Küspert, Petra/Schneider, Wolfgang (2007b): *Hören, lauschen, lernen – vorgespielt.* Göttingen.
Krauß, Andrea (2010): Orthographieerwerb von Beginn an. Ein silbenorientiertes Konzept für den Anfangsunterricht. In: Bredel/Müller/Hinney (Hgg.) (2010b), S. 133–150.
Laube, Heinrich (1837/1973): *Reisenovellen.* Bd. 6. Mannheim (Faksimiledruck; photomechanische Reproduktion eines Exemplars in der Stadt- und Universitätsbibliothek Frankfurt am Main). Frankfurt am Main.
Lehtonen, Jaakko (1978): *On the Principles of Finnish Orthography. Further Contrastive Papers.* Jyvaskyla Contrastive Studies. 5. Reports from the Department of English, No. 7. http://eric.ed.gov/?id=ED171134 <04.04.2014>.
Lernchancen (2004): *Aus Fehlern lernen.* Themenheft Jg. 7, H. 39.
Linke, Angelika/Nussbaumer, Markus/Portmann-Tselikas, Paul R./Berchtold, Simone (2004): *Studienbuch Linguistik.* Tübingen.

Lundberg, Ingvar/Frost, Jørgen/Petersen, Ole-P. (1988): Effects of an extensive training program for stimulating phonological awareness in preschool children. In: *Reading Research Quarterly* 23, S. 263–284.

Lüthgens, Stephanie (2005): Die Diktatpraxis verändern. In: *Deutschunterricht* 58, H. 3, S. 37–43.

Maas, Utz (2011): Zur Geschichte der deutschen Orthographie. In: Bredel/Reißig (Hgg.) (2011b), S. 10–47.

Mandl, Heinz/Friedrich, Helmut/Hron, Aemilian (1986): Psychologie des Wissenserwerbs. In: Bernd Weidenmann [u.a.] (Hgg.): *Pädagogische Psychologie*. München/Weinheim, S. 143–218.

May, Peter (1990): Kinder lernen rechtschreiben. Gemeinsamkeiten und Unterschiede guter und schwacher Lerner. In: Hans Brügelmann/Heiko Balhorn (Hgg.): *Das Gehirn, sein Alfabet und andere Geschichten*. Konstanz, S. 245–253.

May, Peter (2008): Diagnose der orthografischen Kompetenz – von der HSP zur DSP. In: Schneider/Marx/Hasselhorn (Hgg.) (2008), S. 93–127.

Mentrup, Wolfgang (2007*): Stationen der jüngeren Geschichte der Orthographie und ihrer Reform seit 1933: zur Diskussion, Texttradition und -rezeption*. Unter Mitwirkung von Kerstin Steger. Tübingen (= Studien zur deutschen Sprache 29).

Mitchell, Bruce/Robinson, Fred C. (2012): *A guide to old English*. 8. ed., 1. publ. Malden MA [u.a.].

Moritz, Karl Philipp (2006): Anton Reiser. In: Ders.: *Sämtliche Werke: Kritische und kommentierte Ausgabe. Bd. 1, Teil 1: Text*. Herausgegeben von Christof Wingertszahn und Anneliese Klingenberg. Tübingen.

Munske, Horst Haider (2005): *Lob der Rechtschreibung. Warum wir schreiben, wie wir schreiben*. München.

Naumann, Carl L. (1990): Nochmals zu den Prinzipien der Orthographie. In: Stetter (Hg.) (1990b), S. 145–162.

Nerius, Dieter (2002): Die orthographischen Konferenzen von 1876 und 1901. Hildesheim [u.a.].

Nerius, Dieter (1987/2007): *Deutsche Orthographie*. Leipzig/4., neu bearb. Aufl. Hildesheim.

Nerius, Dieter/Scharnhorst, Jürgen (Hgg.) (1992): Studien zur Geschichte der deutschen Orthographie. Hildesheim.

Niedersächsisches Kultusministerium (Hg.) (2006): *Kerncurriculum für die Grundschule. Schuljahrgänge 1–4*. Hannover.

Noack, Christina (2010a): *Phonologie*. Heidelberg.

Noack, Christina (2010b): Orthographie als Leserinstruktion: Die Leistung schriftsprachlicher Strukturen für den Dekodierprozess. In: Bredel/Müller/Hinney (Hgg.) (2010b), S. 151–170.

Noack, Christina (2011): Entdeckung der Großschreibung. In: Bredel/Reißig (Hgg.) (2011b), S. 585–600.

Ossner, Jakob (2010): *Orthographie. System und Didaktik*. Paderborn.

Perlmann-Balme, Michaela/Plassmann, Sibylle/Zeidler, Beate (2009): *Deutsch-Test für Zuwanderer A2-B1. Prüfungsziele. Testbeschreibung*. Im Auftrag des Bundesministeriums des Innern. München. http://www.goethe.de/lhr/pro/daz/dfz/dtz_pruefungshandbuch.pdf <04.08.2014>.

Preussler, Otfried (1988): *Krabat*. Stuttgart. (Schulausgabe mit Materialien).

Primus, Beatrice (2010): Strukturelle Grundlagen des deutschen Schriftsystems.
In: Bredel/Müller/Hinney (Hgg.) (2010b), S. 9–45.

Queneau, Raymond (1959/1967): *Zazie dans le métro*. Paris.

Rat für deutsche Rechtschreibung (2010): *Bericht über die Arbeit des Rats für deutsche Rechtschreibung von März 2006 bis Oktober 2010*. http://rechtschreibrat.ids-mannheim.de/download/bericht2010.pdf <14.07.2014>.

Reichen, Jürgen (1982): *Lesen durch Schreiben*. Zürich.

Reißig, Thilo (2011): Die Geschichte des Orthographieunterrichts im 19. und 20. Jahrhundert.
In: Bredel/Reißig (Hgg.) (2011b), S. 48–80.

Röber, Christa (2006): *Lautung und Schrift in der Grundschule. Ein sprachanalytisches Konzept für Unterricht und Lehrerbildung.* Freiburg. https://www.ph-freiburg.de/fileadmin/dateien/fakultaet1/ew/ew1/Personen/roeber/publikationen/eigene/manuskript/cpb_kap_bestandsaufnahmen_mit_loesungen_2006_04_01_t_13_05.pdf <14.07.2014>.

Röber, Christa (2011): Ermittlung rechtschreiblicher Kompetenz. In: Bredel/Reißig (Hgg.) (2011b), S. 509–545.

Röber-Siekmeyer, Christa (2002): Schrifterwerbskonzepte zwischen Pädagogik und Sprachwissenschaft – Versuch einer Standortbestimmung. In: Röber-Siekmeyer/Tophinke (Hgg.) (2002), S. 10–29.

Röber-Siekmeyer, Christa/Tophinke, Doris (Hgg.) (2002): *Schrifterwerbskonzepte zwischen Sprachwissenschaft und Pädagogik.* Baltmannsweiler.

Rollings, Andrew G. (2004): *The spelling patterns of English.* München.

Schaeder, Burkhard (1994): Wir sind ein Wörterbuch! – Wir sind das Wörterbuch! Duden-Ost + Duden-West = Einheitsduden? In: *Zeitschrift für Germanistische Linguistik* 22, H.1, S. 58–90.

Scheerer-Neumann, Gerheid (1987): Kognitive Prozesse beim Rechtschreiben: Eine Entwicklungsstudie. In: Gerhard Eberle/Günter Reiss (Hgg.): *Probleme beim Schriftspracherwerb. Möglichkeiten ihrer Vermeidung und Überwindung.* Heidelberg, S. 193–219.

Scheerer-Neumann (1996): Der Erwerb der basalen Lese- und Schreibfertigkeiten (The Acquisition of Basic Reading and Writing Skills). In: Hartmut Günther/Otto Ludwig (Hgg.): *Schrift und Schriftlichkeit. Writing and Its Use. Ein interdisziplinäres Handbuch internationaler Forschung, Bd. II.* Berlin, S. 1153–1169.

Schneider, Wolfgang (1997): Rechtschreiben und Rechtschreibschwierigkeiten. In: Franz Weinert (Hg.): Enzyklopädie der Psychologie. Themenbereich D: Praxisgebiete. Serie I: Pädagogische Psychologie. Bd. 3: Psychologie des Unterrichts und der Schule. Göttingen, S. 327–363.

Schneider, Wolfgang/Marx, Harald/Hasselhorn, Marcus (2008): Aktuelle Trends der Rechtschreibdiagnostik: Eine Einführung. In: Schneider/Marx/Hasselhorn (Hgg.) (2008), S. 1–6.

Schneider, Wolfgang/Marx, Harald/Hasselhorn, Marcus (Hgg.) (2008): *Diagnostik von Rechtschreibleistungen und -kompetenz.* Göttingen (= Tests und Trends 6).

Schottelius, Justus G. (1663): *Ausführliche Arbeit Von der Teutschen HaubtSprache [...].* Braunschweig. Nachdruck. Hg. v. Wolfgang Hecht (1967). Tübingen.

Schottelius, Justus G. (1676): *Brevis et fundamentalis Manuductio ad Orthographiam.* Braunschweig. Bayerische Staatsbibliothek, München. Signatur: L.germ. 165. Permalink: http://www.mdz-nbn-resolving.de/urn/resolver.pl?urn=urn:nbn:de:bvb:12-bsb10584027-0.

Schröpfer, Johann (1968): *Orthographia Bohemica [lat. u. dt.]. Hussens Traktat »Orthographia Bohemica«.* Heidelberg.

Sick, Bastian (2004): *Der Dativ ist dem Genitiv sein Tod. Ein Wegweiser durch den Irrgarten der deutschen Sprache.* Köln 2004.

Siebs, Theodor (Hg.) (1898): *Deutsche Bühnenaussprache.* Berlin [u.a.].

Siekmann, Katja/Thomé, Günther (2012): *Der orthographische Fehler. Grundzüge der orthographischen Fehlerforschung und aktuelle Entwicklungen.* Oldenburg.

Šlosar, Dušan (2002): Tschechisch. In: Milos Okuka (Hg.): *Lexikon der Sprachen des europäischen Ostens.* Klagenfurt, S. 513–534 (= Wieser Enzyklopädie des europäischen Ostens 10). http://wwwg.uni-klu.ac.at/eeo/Tschechisch.pdf <31.01.2014>.

Staffeldt, Sven (2010): *Einführung in die Phonetik, Phonologie und Graphematik des Deutschen. Ein Leitfaden für den akademischen Unterricht.* Tübingen.

Stenschke, Oliver (2005): *Rechtschreiben, Recht sprechen, recht haben – der Diskurs über die Rechtschreibreform. Eine linguistische Analyse des Streits in der Presse.* Tübingen.

Stetter, Christian (1990a): Die Groß- und Kleinschreibung im Deutschen: Zur sprachanalytischen Begründung einer Theorie der Orthographie. In: Stetter (Hg.) (1990b), S. 196–220.

Stetter, Christian (Hg.) (1990b): *Zu einer Theorie der Orthographie. Interdisziplinäre Aspekte gegenwärtiger Schrift- und Orthographieforschung.* Tübingen (= Reihe Germanistische Linguistik 99).
Stock, Claudia/Schneider, Wolfgang (2008): Die Deutschen Rechtschreibtests für das Grundschulalter (DERET 1-2 und DERET 3-4). In: Schneider/Marx/Hasselhorn (Hgg.) (2008), S. 45–60.
Stock, Claudia/Schneider, Wolfgang (2011): *PHONIT. Ein Trainingsprogramm zur Verbesserung der phonologischen Bewusstheit und Rechtschreibleistung im Grundschulalter.* Göttingen [u.a.]
Süselbeck, Gisela (1996): Alternativen zum herkömmlichen Diktat. In: *Grundschule* 28, H. 4, S. 29–31.
Thaler, Verena (2003): *Chat-Kommunikation im Spannungsfeld zwischen Oralität und Literalität.* Berlin.
Thim-Mabrey, Christiane (2004): Rechtschreibregelung und Sprachsystem. In: *Sborník Prací Filozofické Fakulty Brněnské Univerzity: Studie Minora Facultatis Philosophicae Universitatis Brunensis R 9*, S. 9–24.
Thomé, Günther (1999): *Orthographieerwerb. Qualitative Fehleranalysen zum Aufbau der orthographischen Kompetenz.* Frankfurt am Main (= Theorie und Vermittlung der Sprache 29).
Thomé, Günther (2006): Entwicklung der basalen Rechtschreibkenntnisse. In: Ursula Bredel [u.a.] (Hgg.): *Didaktik der deutschen Sprache - Ein Handbuch.* 2 Bände, Bd. 1. (= Große Reihe UTB). Paderborn, S. 369–379.
Thomé, Günther/Thomé, Dorothea (2004): Der orthographische Fehler zwischen Orthographieerwerb und Entwicklungspsychologie. In: Albert Bremerich-Vos [u.a.] (Hgg.): *Neue Beiträge zur Rechtschreibtheorie und -didaktik.* Freiburg, S. 163–177.
Thomé, Günther/Thomé, Dorothea (2010): *Oldenburger Fehleranalyse für die Klassen 3 – 9. Instrument und Handbuch zur Ermittlung der orthographischen Kompetenz und Leistung aus freien Texten und für die Planung und Qualitätssicherung von Fördermaßnahmen* (mit Kopiervorlagen). 2., erw. u. verb. Aufl. Oldenburg.
Tophinke, Doris (2005): Rechtschreiben. In: Günter Lange/Swantje Weinhold (Hgg.): *Grundlagen der Deutschdidaktik. Sprachdidaktik – Mediendidaktik – Literaturdidaktik.* Baltmannsweiler, S. 101–127.
Torgerson, Carole J./Brooks, Greg/Hall, Jill (2006): *A Systematic Review of the Research Literature on the Use of Phonics in the Teaching of Reading and Spelling.* Sheffield.
Upward, Christopher/Davidson, George (2011): *The history of English spelling.* Malden MA [u.a.]
Venezky, Richard (1973): Letter-sound generalizations of first-, second-, and third grade finnish children. In: *Journal of Educational Psychology* 84, No. 3, S. 288–292.
Venezky, Richard (1980): The organised assault on English spelling. In: Uta Frith (Hg.): *Cognitive Processes in Spelling.* London [u.a.], S. 26–29.
Vennemann, Theo (1982): Zur Silbenstruktur der deutschen Standardsprache. In: ders. (Hg.): *Silben, Segmente, Akzente.* Tübingen, S. 261–305.
Vollmann-Profe, Gisela (1987): *Otfrid von Weißenburg. Auswahl.* Althochdeutsch/Neuhochdeutsch. Stuttgart.
Whorf, Benjamin L. (2008): *Sprache, Denken, Wirklichkeit. Beiträge zur Metalinguistik und Sprachphilosophie.* 25. Aufl. Reinbek b. Hamburg.
Wolfgang-Geilfuß, Jochen (2007): *Über die deutschen Worttrennungsregeln, ihr Erlernen in der Grundschule und das Lesen getrennter Wörter.* Berlin.

Korpora

IDS Mannheim (2013): W-öffentlich – alle öffentlichen Korpora des Archivs W (mit allen öffentlichen Neuakquisitionen). In: Archiv-Release: DeReKo – Deutsches Referenzkorpus (Version DeReKo-2013-I). https://cosmas2.ids-mannheim.de/cosmas2-web/ <Aufrufe jeweils bei den Rechercheergebnissen>.

Mittelbayerische Zeitung. Junior-Seiten. http://www.mittelbayerische.de/e-paper/ <09.07.2012 – 12.09.2012 und 02.05.2014 – 16.06.2014>.

Sachindex

Alphabet 1, 48f., 82, 123f., 126, 128, 130f., 135
alphabetische Phase 89
Alphabetsprache 80, 88, 105
anglophon 80, 124
Anlaut 56, 99, 103
ästhetisch 5, 69
Aufzeichnungsfunktion 75, 103
Ausdruckswunsch 7f., 38f., 41, 69, 78f.
Aussprache 20, 46ff., 54, 56, 60, 67, 83, 91, 99, 104, 127, 129f.

Bildung 50, 55, 61, 63, 96, 102, 108
Bildungssprachen 63
Bildungsstandards 19f., 65f., 106ff.
Buchstabe 7, 14f., 19, 35, 44, 46ff., 61, 72f., 80ff., 88ff., 95, 98ff., 103ff., 108, 113, 118, 121, 123ff., 129ff., 134f.
Buchstabiermethode 80, 82

Dehnung 58
Digraphenorthographie 128
Diktat 92, 111ff.
Diktatalternativen 113
Diphthong 78, 125, 129
Duden 11ff., 20f., 25, 28, 38, 47, 49, 51, 67, 69, 73f., 104

Eignungstest 20, 28ff.
Eingangstest 32
Erfassungsfunktion 11, 71, 81, 85, 103f., 112, 118, 122
Erwerbsphasen 92, 95, 115
Etymologie/etymologisch 38, 46, 62, 78

Fehler 39, 81, 85, 89, 91f., 94, 112, 114
Fehlertypologie 93ff., 115
Fertigkeiten 133f.
Fremdsprachen 21, 48
Fremdwort 15, 106, 108

Ganzwortmethode 81, 103, 110, 131
Gebärdensprache 43, 88
gespannt 52f., 55
Grammatik 8, 64, 83, 120, 129
grammatikalisch 59, 64, 67, 129
Graph 50f., 64

Graphem 48, 50ff., 60, 71, 90ff., 98, 100, 104, 112
griechisch 4, 18, 44f., 62f., 123, 125, 127

hebräisch 18, 44f., 124
Herkunftssprache 4, 19, 22, 64, 110

Kern 65, 75, 105
KMK/Kultusministerkonferenz 13f., 19, 106
Kommunikation 1, 4, 9f., 19, 26, 33, 43, 45, 51, 68, 80, 108, 113, 122f.
Kontext 29, 50, 56, 59, 77, 93, 102, 104, 107
Kritzelschrift/Kritzelphase 6, 88
kulturelle Teilhabe 7
kyrillisch 123

Landessprache 130
lateinisch 4, 7, 18, 44ff., 48, 62f., 82, 123ff.
Laut 14, 18, 21, 24, 35, 42, 45ff., 51ff., 59ff., 71ff., 77, 80, 82f., 88ff., 96ff., 103ff., 108, 110, 113, 116, 118, 124, 128ff., 134f.
Laut-Buchstaben-Zuordnung 14, 35, 49, 73, 88, 90, 98ff., 104f., 108, 113, 124, 129, 131, 135
Lautiermethode 51, 80, 105
Lautiertabelle 103
Lautqualität 128, 130
Leselehre 81, 84

Metasprache 80
Muttersprache 19, 22, 129

Nationalsprache 123
Norm 6, 63, 72, 123

Orthographiedidaktik 49, 80f.
Orthographiekenntnisse 8, 32, 85, 91
Orthographiekompetenz 10, 20, 32, 48, 91f., 97, 100f., 106, 110, 113f., 116, 120, 132, 134
Orthographiereform 4f., 7, 13, 15, 18, 23, 25, 27, 31f., 35, 37ff., 58f., 63f., 69, 132
Orthographieregelungen 11, 33, 68, 132
Orthographiesystem 39
Orthographiewissen 132
orthographische Phase 89, 92, 95
orthographische Regeln 46, 83

Phon 42, 49, 52, 55f., 60, 100, 104
Phonem 42, 48, 51ff., 60f., 71f., 90ff., 98, 100, 104f., 112
Phonem-Graphem-Korrespondenz 48, 55f., 91ff., 113
phonographisch 53, 60, 70f., 106
Phonologische Bewusstheit 88, 96f., 100f., 105

Rat für deutsche Rechtschreibung 15f., 35, 38, 45
Rechtschreibreform 11, 13, 15f., 22ff., 26, 96, 125
Regelwerk 4f., 9, 15, 25, 35, 47, 49, 67, 73f., 76f., 90, 132, 134
Reichenbogen 51, 103ff.
Routinen 10, 89f., 92, 109, 133f.

Schrift 4f., 7, 9f., 16f., 19, 42, 44ff., 48, 51ff., 59ff., 63f., 80f., 83, 86ff., 99, 104, 106, 109f., 123ff., 130
Schriftsprache 8, 80, 84f., 87ff., 103, 123f., 126, 128ff.
Silbe 46, 54, 57f., 69ff., 83f., 88, 96f., 103, 105, 117f., 124, 129
silbisch 57, 71f., 109
Situationsmodell 114
Sprachaufmerksamkeit 20
Spracheinflüsse 125
Sprachenlandschaft 126
Spracherwerb 19, 43, 60, 81

Sprachgebrauch 20, 35, 43, 63
Sprachkultur 32
Sprachlichkeit (des Menschen) 18
Sprachmoden 63
Sprachnutzer 24, 28f., 39, 43, 47, 53f., 63f., 67, 69, 85, 89, 104, 134
Sprachraum 5, 36, 124, 126
Sprachreflexion 8
Sprachreport 14f., 24
sprachschöpferisch 45
Sprachsystem 65, 69, 72f., 78, 122
Sprachunterricht 19, 62
Sprachverfall 21
Sprachvergleich 49
Sprachvermögen 8
Sprachverständnis 20, 29
Sprechergemeinschaft 4ff., 38f., 77, 96, 109, 125, 129
Strategie 89f., 98, 106ff., 115, 133f.

Test 20f., 29f., 32, 39, 99, 101f., 104f.
Toleranz 15, 127

Ursprache 18

Verschriftung 47f., 60, 62, 70, 123f., 126, 128f.
Volkssprache 123, 128
Vulgärsprachen 123

Wortschatz 8, 12, 21, 30, 81, 99, 102

Personenindex

Adelung 31, 46, 83
Augst 89

Blatt 64, 98, 102
Bredel 65, 67, 84, 91, 103f., 110, 113, 115

Cattell 85, 103
Cherubim 19, 28, 40, 90, 99

Dehn 89f.
Dürscheid 33, 40, 42, 72, 78, 88f., 115

Eisenberg 51, 53ff., 66, 78, 120

Fix 111ff.
Flesch 104, 124
Frith 88f., 91, 98
Fuhrhop 50ff., 60, 63, 74, 78, 110f., 115
Funke 25

Gadamer 114
Gaebert 65, 110
Goethe 11, 56, 133
Gottsched 46f., 59, 61, 83
Grimm 31, 46, 58
Günther 65, 84, 89, 103f., 115

Haarmann 9, 17
Hasselhorn 98
Heller 14, 64
Herodot 18
Hinney 6, 91, 104, 113, 115, 120

Ickelsamer 81ff., 103
Ickler 16

Karg 6, 17, 65, 86, 90ff., 95, 100, 103, 105, 112, 114f., 118
Kern 103

Kintsch 114
Klann-Delius 43
Küspert 97, 100, 117

Laube 133

Maas 12
Mandl 133
Marx 98, 117
McKeen Cattell 85, 103
Mentrup 12, 14, 17
Moritz 102f.
Munske 16

Nerius 12f., 17, 45ff., 55, 71, 78
Noack 65, 71, 78, 97, 110, 115

Ossner 52, 56, 71f., 78, 88, 105f., 115

Preussler 132
Primus 38, 54, 65, 75, 111

Queneau 127

Reichen 103f.
Röber 109f.

Scheerer-Neumann 88f., 92
Schneider 48f., 97f., 100, 116f.
Schottelius 3, 45f., 83
Siebs 47
Stenschke 14, 17, 22, 24, 40, 51, 53ff., 60f., 63, 72f., 78
Süselbeck 113

Thim-Mabrey 73, 75, 77f.
Thomé 89ff., 94, 115

Whorf 8

www.ingramcontent.com/pod-product-compliance
Lightning Source LLC
Chambersburg PA
CBHW081331230426
43667CB00018B/2900